Les Cahiers du Musée national d'art moderne
printemps 2022 159

Colloque « Elles font l'abstraction »

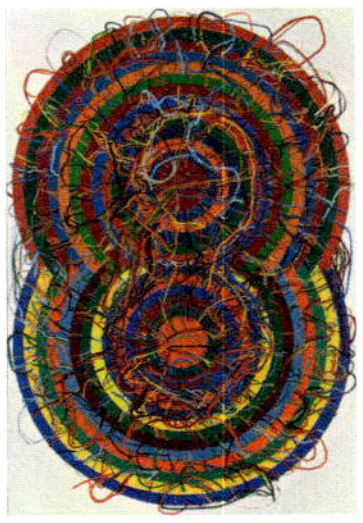

En couverture : Atsuko Tanaka, *Untitled*, 1964, peinture synthétique polymère sur toile, 333,4 x 225,4, New York, Museum of Modern Art, John G. Powers Fund, acc. no. 612.1965, © Kanayama Akira and Tanaka Atsuko, photo © 2022. Digital image, The Museum of Modern Art, New York/Scala, Florence

Directeur de la publication
______ **Laurent Le Bon**

Directeur du Mnam-Cci
______ **Xavier Rey**

Directrice des Éditions
______ **Claire de Cointet**

Rédacteur en chef
______ **Jean-Pierre Criqui**

Comité de rédaction
______ **Yve-Alain Bois**
______ **Georges Didi-Huberman**
______ **Sophie Duplaix**
______ **Florian Ebner**
______ **Patricia Falguières**
______ **Brigitte Leal**
______ **Nicolas Liucci-Goutnikov**
______ **Valérie Mavridorakis**
______ **Philippe-Alain Michaud**
______ **Frédéric Migayrou**
______ **Arnauld Pierre**
______ **Gilles A. Tiberghien**

Édition
______ **Julie Cortella**

Graphisme
______ **Vincent Lecocq / soyousee.com**

Fabrication
______ **Bernadette Borel-Lorie**

Iconographie
______ **Clarisse Deubel**

Les manuscrits doivent être adressés au secrétariat de la revue, direction des Éditions, Centre Pompidou, 75191 Paris cedex 04

Le rédacteur en chef reçoit sur rendez-vous : +33 (0)1 44 78 13 29

Contact presse : Margot Boyer margot.boyer@centrepompidou.fr

Pour les propos de Harmony Hammond : © Adagp, Paris 2022

Achevé d'imprimer en avril 2022 sur les presses de l'imprimerie STIPA à Montreuil

Imprimé en France

Photogravure : Arciel-graphic, Paris

© Éditions du Centre Pompidou, Paris, 2022

dépôt légal : avril 2022

Liberté • Égalité • Fraternité
République Française
Ministère
Culture

Le Centre national d'art et de culture Georges Pompidou est un établissement public national placé sous la tutelle du ministère chargé de la culture (loi n°75-1 du 3 janvier 1975).

issn : 0181-1525-18
cppap : 0720-K-8436

isbn : 978-2-84426-920-1
n° d'éditeur : 1769

commission paritaire : 0616B08436

En 4e de couverture : Verena Loewensberg, *Ohne Titel* [*Sans titre*], 1949, huile sur toile, 70 x 94, Paris, Centre Pompidou, Musée national d'art moderne, © Henriette Coray Loewensberg, 8001 Zurich, photo © Centre Pompidou, Mnam-CCI/Audrey Laurans / Dist. RMN-GP

Éditorial

L'exposition « Elles font l'abstraction », présentée au Centre Pompidou du 19 mai au 23 août 2021, puis au Musée Guggenheim de Bilbao du 22 octobre 2021 au 27 février 2022, proposait une histoire de l'abstraction depuis ses origines, articulant les apports spécifiques de quelque cent dix artistes femmes à ce nouveau langage plastique du XXe siècle jusqu'aux années 1980 environ. Les artistes y étaient présentées, selon les termes choisis pour le titre, comme actrices et cocréatrices à part entière du modernisme comme de ses suites. L'ampleur de ces contributions était telle qu'il est apparu indispensable d'organiser un colloque, qui s'est tenu du 19 au 21 mai 2021 au Centre Pompidou, permettant d'explorer d'autres pans de cette histoire. Nous avons pu tout d'abord établir un partenariat fructueux entre l'association Aware et le departement Culture et Création du Centre Pompidou, et je tiens à cet égard à remercier particulièrement Camille Morineau et ses équipes, ainsi que Mathieu Potte-Bonneville et Jean-Max Colard pour cette collaboration. Le soutien de Catherine Petitgas, amie de longue date du Musée national d'art moderne au sein des amis du Centre Pompidou, a ensuite rendu possible la réalisation de ce numéro des *Cahiers du Mnam* spécialement dédié à la publication des actes de ce remarquable colloque, grâce à l'engagement de Jean-Pierre Criqui dans cette aventure. Ce serait sans compter également la participation active de Laure Chauvelot, attachée de recherche, ainsi que celle d'Elizabeth Allen, à ce projet, qui voit ici le jour. Enfin, mes remerciements s'adressent tout particulièrement aux chercheurs et chercheuses qui ont proposé le fruit de leurs recherches, près de cent quatre-vingt ayant répondu à l'appel initial, ainsi qu'à ceux et celles dont les contributions sont publiées ici. Ma gratitude va tout d'abord à nos trois invitées d'honneur, Briony Fer, Harmony Hammond et Griselda Pollock, ainsi qu'à tous les contributeurs et contributrices qui ont élargi notre regard dans le temps et dans l'espace, avec rigueur et sagacité. Puisse cette publication, prolongeant celle du catalogue réalisé à l'occasion de l'exposition, n'être qu'une seconde étape dans l'écriture d'une plus large histoire à venir.

Christine Macel

Conservatrice, cheffe du service Création contemporaine et prospective, commissaire de l'exposition « Elles font l'abstraction »

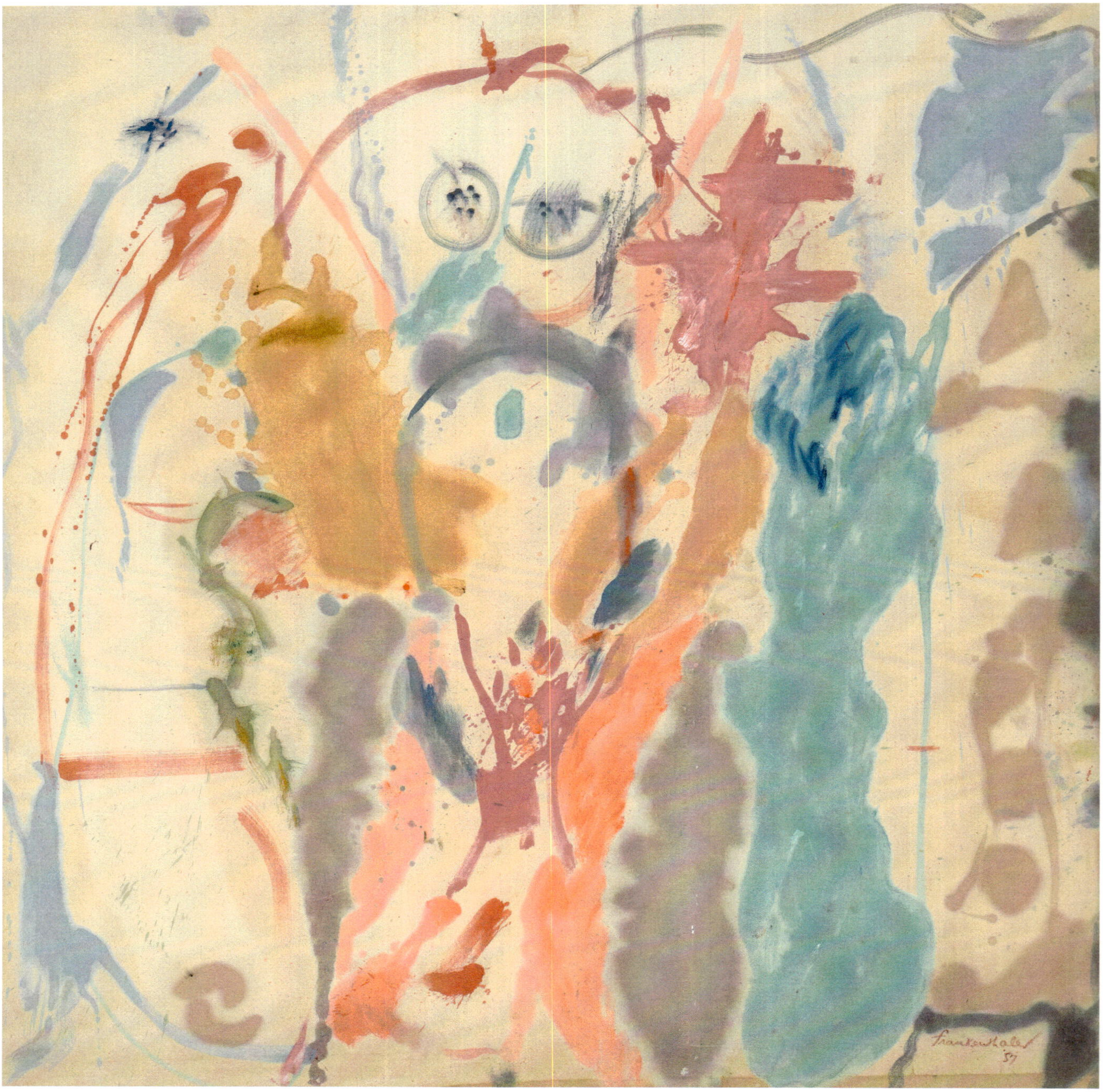

Helen Frankenthaler, *Other Generations*, 1957, huile sur toile, 174,7 x 177,9, Canberra, National Gallery of Australia, purchased 1973, NGA 1973.330, © 2022 Helen Frankenthaler Foundation, Inc./Adagp, Paris, photo National Gallery of Australia, Canberra

Griselda Pollock

L'esthétique de l'abstraction et la question de la différence

La peintre abstraite Bridget Riley (née en 1931) est toujours restée fidèle au projet initial de l'abstraction. Dans *Art and Sexual Politics*, Riley n'en déclarait pas moins que les femmes artistes avaient à peu près autant besoin du féminisme – « cette hystérie » – que d'un trou dans la tête[1]. Je suis en désaccord avec sa position, tout en la comprenant. Dans le climat d'un modernisme XXe siècle caractérisé par l'exclusion genrée, associer *art*, *sexe* et *politique*, constituait déjà en soi une transgression. Pire, la thématique du genre n'était rien moins que suicidaire pour toute femme artiste souhaitant être perçue comme une artiste tout court. Mais le féminisme a rendu incontestablement nécessaire la prise en compte de ces « troubles dans le genre ».

Que pouvait signifier alors le terme de *modernité* pour des artistes qui redéfinissaient la condition et les subjectivités de la femme (en tant qu'Idée) et des femmes (en tant qu'êtres psychosociaux) tout en s'emparant des potentialités transformatives de l'art moderne et, en particulier, de l'abstraction ? L'abstraction a-t-elle *émergé* – mais, du point de vue de la création, *divergé* – en raison d'une ou de différence(s) multiples, significatives et enrichissantes, articulées sur le plan formel et esthétique – y compris d'ailleurs par des artistes qui, comme Riley, prenaient leurs distances avec tout discours sur le genre ? Nous faut-il dès lors comprendre l'abstraction comme une investigation sur l'art et les différentes attitudes ayant pu conduire des artistes inscrits et inscrites dans les traditions de l'art occidental à dépasser certaines formulations du genre, héritées du passé et qui avaient jusque-là, sous l'influence d'un représentationalisme classique et chrétien, *figurativement* articulé une hiérarchie des différences de genres ? Dans l'histoire de l'art occidental, l'abstraction n'a-t-elle pas été cocréée – indubitablement, et pourtant de façons toujours *différentes* – par chacune de celles et chacun de ceux qui ne se sont, à titre personnel, jamais conformés aux appellations idéologiques d'*homme* ou de *femme*, ni à la normativité hétérocratique ? Que deviendraient alors les artistes ayant embrassé l'abstraction – et « qui » deviendraient-ils ou elles – en la mettant en œuvre ? Quelle trace leur pratique artistique inscrirait-elle par un travail associant la conscience moderne à des formulations esthétiques modernistes – créées individuellement, mais souvent côte à côte, par des femmes et des hommes blancs ou noirs, hétéros, *queer* ou *trans*, aux différents profils neurosensoriels ou géopolitiques, divers sur les plans religieux, ethnique et historique, ou se définissant au-delà de telles caractérisations limitatives ?

Ces questions témoignent de l'ampleur des défis théoriques et historiques à relever lorsqu'il s'agit de repenser l'art, l'abstraction et la question de la différence. Le mot *féministe* ne recouvre en rien une position unitaire. Je n'occupe pour ma part qu'un emplacement dans un paysage féministe – vaste, international et en transformation constante. Ma propre théorie de la différence s'appuie davantage sur des théories psychanalytiques de formation de la *subjectivité*, du *symbolique* et de l'*esthétique* que sur des thèses philosophiques ou sociales autour de la *sexualité* ou du *genre en tant qu'identité – choisie ou attribuée*.

Même lorsqu'une œuvre d'art est exposée avec l'étiquette « femme » (en tant que catégorie globale et non différenciée), les spectateurs et spectatrices découvriront pour eux-mêmes et elles-mêmes la *complexité de la différence*, dans la mesure où chaque pratique artistique, située dans l'histoire et positionnée dans l'espace géopolitique, vient élargir la partition d'ensemble de l'art moderne et révéler la multiplicité des subjectivités contemporaines. L'exposition met en scène la rencontre avec les œuvres d'art. Au travers des pratiques artistiques dues à des femmes dans toute leur diversité, nous apprenons à nous connaître. C'est ainsi que nous pourrions apprendre nous-mêmes à travers ces pratiques qui se sont inscrites dans notre culture, *au sein, en provenance et à partir du ou des multiples féminin(s)* que ces artistes ont révélées ou réprimées en leur for intérieur, artistes dont les apports ont été systématiquement refoulés par une histoire de l'art moderne sélective, excluante et empreinte de suprémacisme de race ou de genre. Cette histoire-là constitue une trahison de la modernité, en tant qu'elle nie la richesse et la signifiance de la différence – qui était la marque des luttes créatives et politiques autour de l'abolition de l'esclavage, de la colonisation, de l'exploitation économique et de la hiérarchie patriarcale.

Je proposerai en éclairage deux études de cas.

I

Je me suis récemment penchée à nouveau sur la peinture new-yorkaise des années 1950[2]. Je souhaitais analyser la façon dont Lee Krasner, peintre abstraite expérimentée (1908-1984), était parvenue avec *Prophecy* (juillet 1956) à surmonter l'intrusion traumatique dans sa toile d'une monstrueuse présence figurative, pour être capable de travailler, moins d'un an plus tard, à la création d'une série de peintures gestuelles proches de l'extase, à l'instar de *Sun Woman 1* (1957). Dans cette toile, l'évocation de la *jouissance* féminine apparaissait comme indissociable des actions et des gestes ayant permis à l'artiste de réaliser le tableau. Prise en tenaille entre les idéologies de genre des deux pôles culturels que constituaient Hollywood et New York, quelle pouvait être, dans ces années 1950, la place de Lee Krasner en tant que peintre, au cœur d'une décennie où, dans l'imaginaire culturel américain, « l'artiste » était incarné par Jackson Pollock, et « la femme » par Marilyn Monroe ? Comment une femme artiste pouvait-elle aborder, à travers la peinture gestuelle abstraite, l'art et la différence sexuelle ?

C'est en 1970 que me suis d'abord tournée vers l'étude de la peinture et de la sculpture abstraites, parce que j'avais été affligée par la scandaleuse partialité dont faisait preuve, en matière de genre, la sélection retenue pour « New York Painting and Sculpture : 1940-1970 », monumentale exposition organisée par le Metropolitan Museum de New York sous la houlette de son nouveau conservateur pour l'art moderne, Henry Geldzahler, qui venait d'être nommé. Nonobstant le nombre considérable de grandes peintres abstraites alors en activité, dont Lee Krasner, ce dernier avait en effet sélectionné 400 œuvres produites par 43 artistes dont une seulement, Helen Frankenthaler (1928-2011), était une femme. Depuis 1952, Frankenthaler jouissait d'une certaine notoriété auprès des critiques en raison de l'innovation technique qu'elle avait introduite en réunissant support et médium, maculant et imbibant de peinture des toiles non apprêtées ou du coton brut sans châssis – technique utilisée pour la première fois dans réalisation d'une peinture gestuelle de paysage à la Cézanne intitulée *Mountains and Sea* (1952, collection de la Helen Frankenthaler Foundation, en dépôt à la National Gallery of Art, Washington, D.C.). C'est ainsi que j'ai commencé à explorer la question de la différence, en étudiant des photographies de Jackson Pollock et de Frankenthaler en train de peindre.

Sans documenter à proprement parler une pratique d'atelier, ces photographies révèlent comment un *procédé* devient *signification*. Dans leur interaction, le geste et le mouvement ou la position du corps se conjuguent aux matériaux pour produire chez le regardant non seulement un effet visuel, mais aussi des affects. Ils exposent à ce titre la pratique picturale à une phénoménologie des corps différents et des esprits, infléchie par la psychodynamique et agissant, à travers la peinture, sur un espace à la fois réel (la toile libre non tendue) et virtuel (une *altérité vide* [*blank otherness*]). Les photographies ont saisi la différence imprimée de façon *non-consciente* à l'art abstrait au moment où l'action, incarnée dans le corps, faisait du geste son lexique fondamental. Processus, acte et matière se conjuguaient ainsi pour redéfinir l'art pictural, estompant les dichotomies artiste/œuvre et figuratif/abstrait. Le figuratif se trouvait absorbé par le corps-esprit (psyché-soma) en train de peindre, tandis que « l'œuvre » résultante n'était jamais réduite à une expression; elle inscrivait la trace d'un processus de fabrication en même temps que d'une décision esthétique. Si l'on s'appuie sur des concepts psychanalytiques ou psychodynamiques de la subjectivité *en action/en question*, il devient possible d'évacuer les hypothèses essentialistes du genre donné comme immuable. Les procédés employés par Pollock ou Frankenthaler généraient des transactions inattendues entre incarnation phénoménologique d'une part et, d'autre part, une corporéité et un imaginaire d'ordre psychosexuel, qu'il convient d'interpréter du point de vue formel et psychodynamique.

Cette pratique ou ce processus engendrait cet événement imprévu consistant à travailler les matériaux dans une arène plutôt que sur une surface. L'enjeu, pour cette peinture abstraite, était le suivant : *à quel moment et en vertu de quoi l'artiste déciderait-il ou déciderait-elle avoir créé une peinture, et pas simplement un amas chaotique de liquide coloré vainement gaspillé ?* L'art pictural se trouvait ainsi comme suspendu entre *métonymie* (ce que nous voyons n'est que la trace d'une action de l'artiste, susceptible de rester sémantiquement « morte », abstraite) et *métaphore* (la trahison de l'abstraction par l'incitation à des associations entre des lignes ou des couleurs et des signifiés allant au-delà de l'œuvre elle-même – le monde réel ou la conscience de l'artiste).

Le Whitney Museum of American Art avait organisé en 1969 une grande rétrospective de l'œuvre de Helen Frankenthaler. Est-ce cette exposition du Whitney qui obligea Geldzahler à inclure l'artiste dans sa propre exposition – unique femme sélectionnée parmi tant d'autres sur la scène new-yorkaise de la peinture et de la sculpture abstraites ? Toujours est-il qu'il choisit pour l'occasion une toile de la fin des années 1950, datant de sa période la plus complexe, *Other Generations* (1957, National Gallery of Australia, Canberra). Sur le site internet de l'institution australienne, les conservateurs écrivent à propos de cette œuvre :

Other Generations *provient d'une série de toiles produites à l'automne 1957. Celles-ci se distinguent des paysages expressionnistes assez denses créés par Frankenthaler en 1955 et 1956, par leur plus grande échelle, leur composition ouverte et leur liberté gestuelle. Dans plusieurs de ces toiles, des images vestigiales paraissent affleurer à la surface, par exemple dans* Nude *ou* Jacob's Ladder. *Dans* [Other Generations] *un buste de femme semble se matérialiser au centre, dans la partie supérieure du tableau*[3].

Interrogée au sujet de cette toile par les conservateurs du musée, *qui y voyaient une forme féminine*, l'artiste fit cette réponse :

*Les titres, c'est toujours un problème ! Souvent, je crains qu'ils ne soient trop facilement utilisés comme une « béquille », conduisant à mettre l'accent sur une interprétation littéraire et/ou subjective plutôt qu'esthétique... : s'agissant d'*Other Generations, *j'aurais tendance pour ma part à minimiser, tout en la reconnaissant, votre « association avec un buste féminin complet ». Il est en effet possible de projeter ou deviner* *les contours de ce qui pourrait être une ou plusieurs silhouettes. Mais ce qui est important, ce sont les diverses formes colorées, soigneusement disposées et de différentes tailles, qui semblent «s'engendrer» ou se régénérer l'une l'autre à la surface de la toile; des lignes et des formes de couleurs, fonctionnant dans un rapport négatif/positif, et qui créent l'espace*[4].

Nous percevons ici l'échange créatif entre geste et matière, tout en saisissant la dimension générative des relations formelles au niveau des processus de décision mis en œuvre par l'artiste pendant l'exécution de la toile. Quand (en termes de temps de réalisation) et comment (relativement à son sentiment de résolution et de plaisir) la peintre a-t-elle pu ou voulu considérer son œuvre comme achevée? Elle ne souhaite manifestement pas encourager l'interprétation des conservateurs de la National Gallery identifiant à un corps de femme un élément figuratif résiduel ou résurgent. Cette relation qu'ils établissent ne serait-elle pas, d'ailleurs, une réponse inconsciente – voire consciente – au fait que l'artiste est une femme? N'est-il pas légitime au demeurant de soulever cette question pour toutes et tous les artistes chez qui le *corps fantomatique* hante ou fait planer son ombre sur le moment de réalisation du tableau, de la sculpture, de la pièce dansée ou sonore, sachant que la peinture gestuelle abstraite implique nécessairement un renoncement d'ordre rituel à la métaphore, au profit d'une relation métonymique entre le corps et la toile – rapport qui constitue potentiellement un moyen de soutenir l'*intensité* ou l'affect sans succomber à une forme lisible, symbolique (en l'occurrence, celle de la métaphore)?

Other Generations pose aussi la question de sa lecture par rapport l'axe de présentation choisi. Frankenthaler ayant travaillé tout autour, et même au-dessus, de la toile, comment s'est prise la décision de son orientation finale, indiquée par l'emplacement de la signature? Un format vertical évoquerait le corps en position debout. Le titre retenu par l'artiste suggère la temporalité humaine, l'altérité, la présence et l'absence. Pourquoi les commissaires ont-ils vu, dans cette forme redoublée en haut du tableau, des seins et non des yeux? Il y a pourtant d'autres paires parmi les événements que Frankenthaler a autorisé à se manifester sur la toile, par des égouttements, des giclures, des taches de peinture. Je me suis livrée à l'expérience consistant à changer l'axe d'orientation d'un autre tableau de Frankenthaler, *Nude* (1958), qui, par son titre et l'effet produit, évoque (sans jamais le définir) le corps féminin dans l'art. Je me demandais jusqu'à quel point le souvenir d'une torsion du corps dans *Hélène Fourment sortant du bain (le petit manteau de fourrure)* (1636-1638) de Rubens avait pu s'inviter aux confins de l'imagination de l'artiste – non pas en tant que source, mais comme un partenaire fictionnel qui, pour en être absent, ne dialoguait pas moins avec «l'œuvre» finale, uniquement constituée *par la décision de désigner un axe vertical* pour le tableau. Cet exercice semble autoriser la découverte, dans l'art résolument abstrait, gestuel et processuel propre à Frankenthaler, d'un possible interlocuteur inédit – personnage féminin qui pourrait tout aussi bien engager un autre dialogue «artistique», cette fois avec la minuscule statuette néolithique dite Vénus de Willendorf, image fondatrice du corps féminin dans l'art de l'époque préclassique, étendue (j'imagine ici) à l'horizontale.

Ce que nous «voyons», ce n'est donc pas une figure mais un événement survenu pendant le processus de peindre, dont l'artiste a permis qu'il participe de l'ambiguïté intrinsèque de l'œuvre. L'excitation visuelle provoquée par les toiles de Frankenthaler tient à la suspension permanente de tout, à l'exception de cette possibilité que certains jeux sur le geste, les matériaux, la toile ou le corps lui-même puissent faire naître, tant pour l'artiste que pour le regardant, le souvenir des corps – corps peints, mis en image, désirés, nés de, partagés, habités.

II

En 2000, je suis allée au Palais des Beaux-Arts de Bruxelles (Bozar) voir la double exposition «Borderline», imaginée par ses deux commissaires, Piet Cousens et Paul Vandenbroek. Ceux-ci avaient orchestré un dialogue visuel entre deux corpus d'œuvres très différents, entre lesquels ils invitaient les visiteurs à percevoir – sur le plan visuel et théorique – une résonance inattendue mais profonde autour de «l'esthétique du féminin»[5]. Ils présentaient des tentures et tapis abstraits de formes

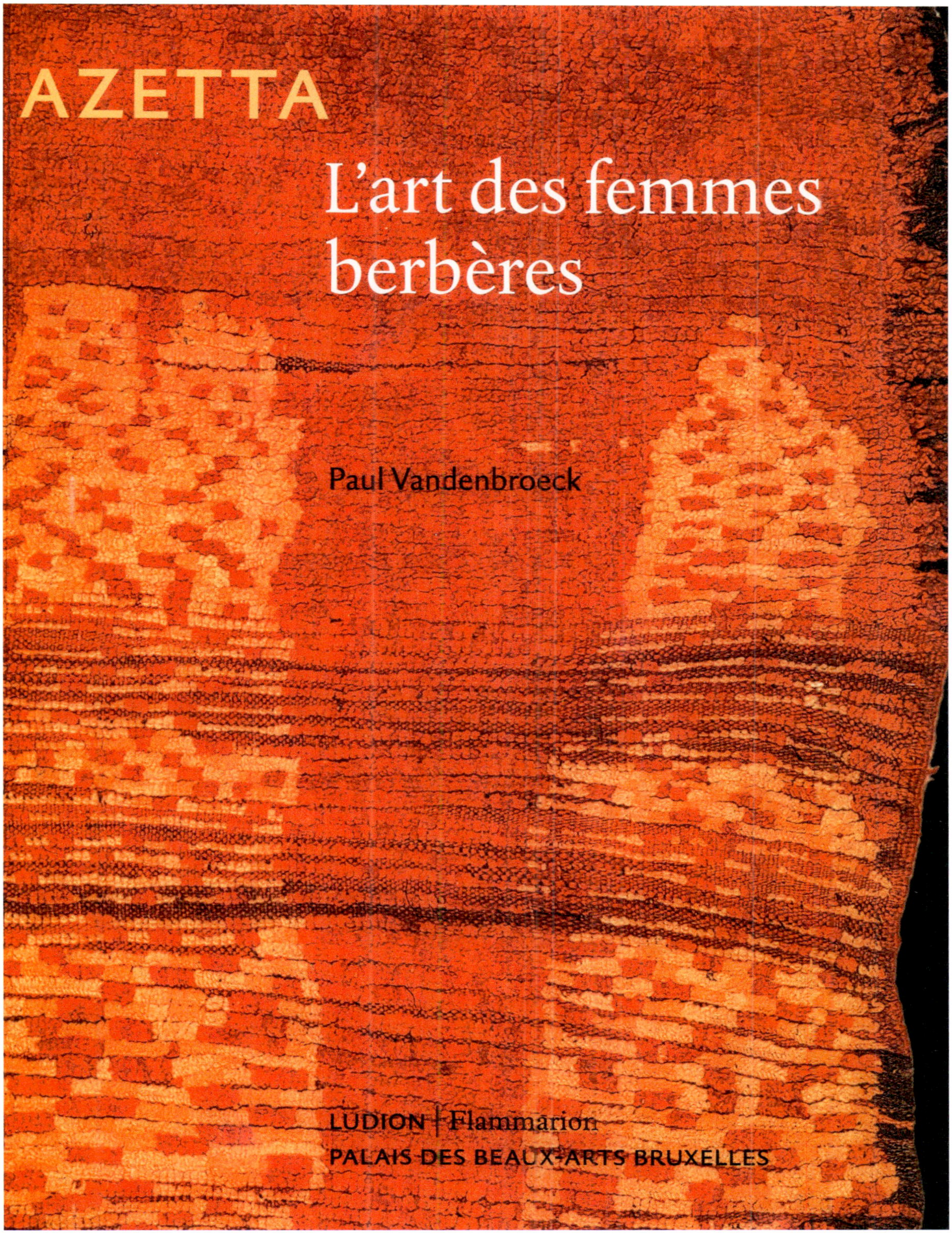

Paul Vandenbroek, *Azetta. L'art des femmes berbères*, Gand/Paris, Ludion/Flammarion, 2000, couverture, photo G. Pollock

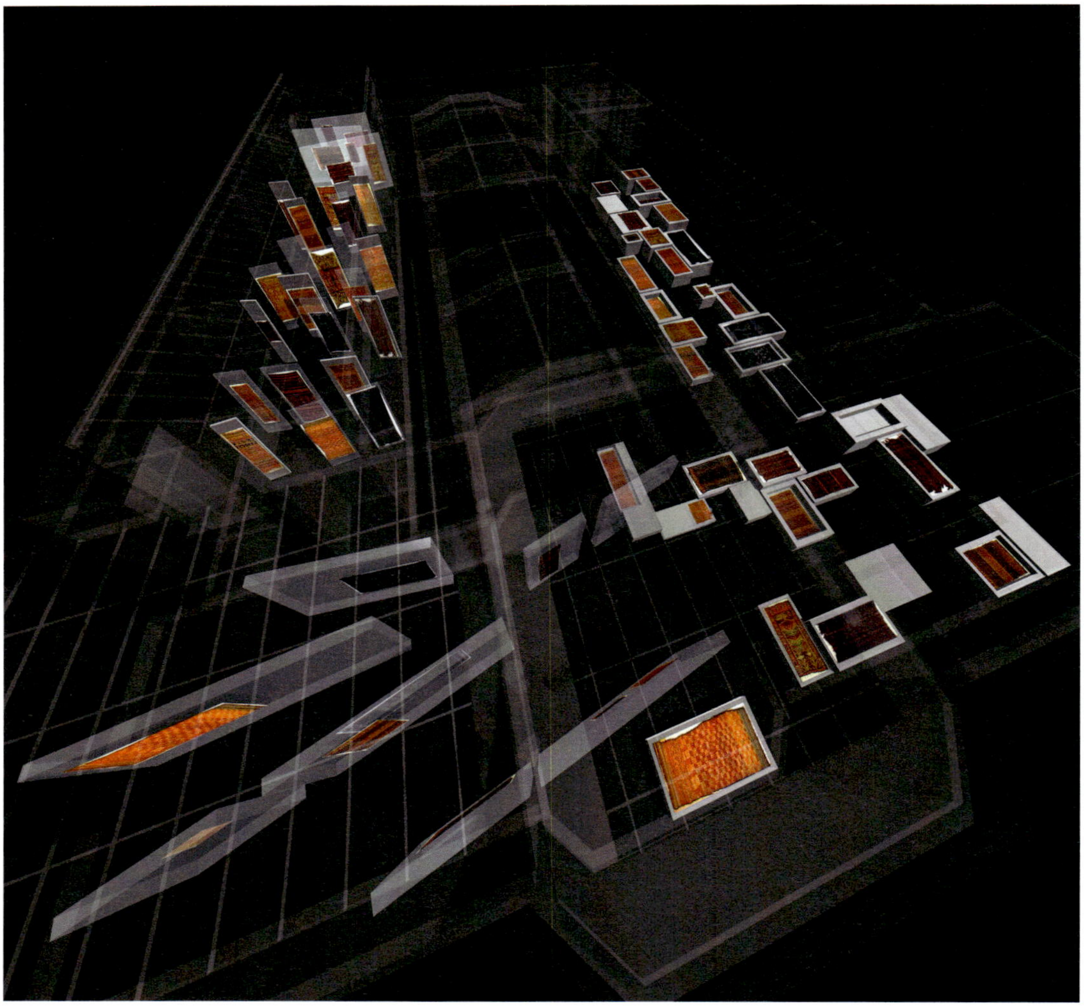

Zaha Hadic Architects, dessin pour l'exposition «Borderline», Bruxelles, Bozar – Palais des Beaux-Arts, 25 fév.-21 mai 2000, © Courtesy of Zaha Hadid Architects ©, photo courtesy of Zaha Hadid Architects

libres, tissés dans toute l'Afrique du Nord par des femmes berbères selon une tradition encore bien vivante, et dont les géométries abstraites et néanmoins symboliques font écho à celles que l'on peut trouver sur les poteries et dans le travail lapidaire du Néolithique. «Les textiles berbères manifestent avec force des vues féminines qu'on retrouve également dans la pratique et la théorie artistiques actuelles[6].» Les tissages berbères expriment en effet une esthétique conçue par des femmes, lesquelles ne suivent pas nécessairement des iconographies, formes et motifs symboliques ou hérités du passé. Chaque pièce tissée constitue en soi un événement artistique abstrait faisant intervenir le corps, le temps et l'univers mental. Chacune d'entre elles est à la fois matérielle et abstraite, temporelle et gestuelle. Le tissage s'accomp.it dans la durée, accueillant des événements esthétiques qui se produisent par hasard.

L'architecte Zaha Hadid (1950-2016) avait scénographié l'exposition de façon à permettre aux visiteurs d'accéder, tant physiquement que sensiblement, à la force esthétique collective, tout en reconnaissant la créativité singulière de chaque femme artiste ayant travaillé à l'élaboration de ces

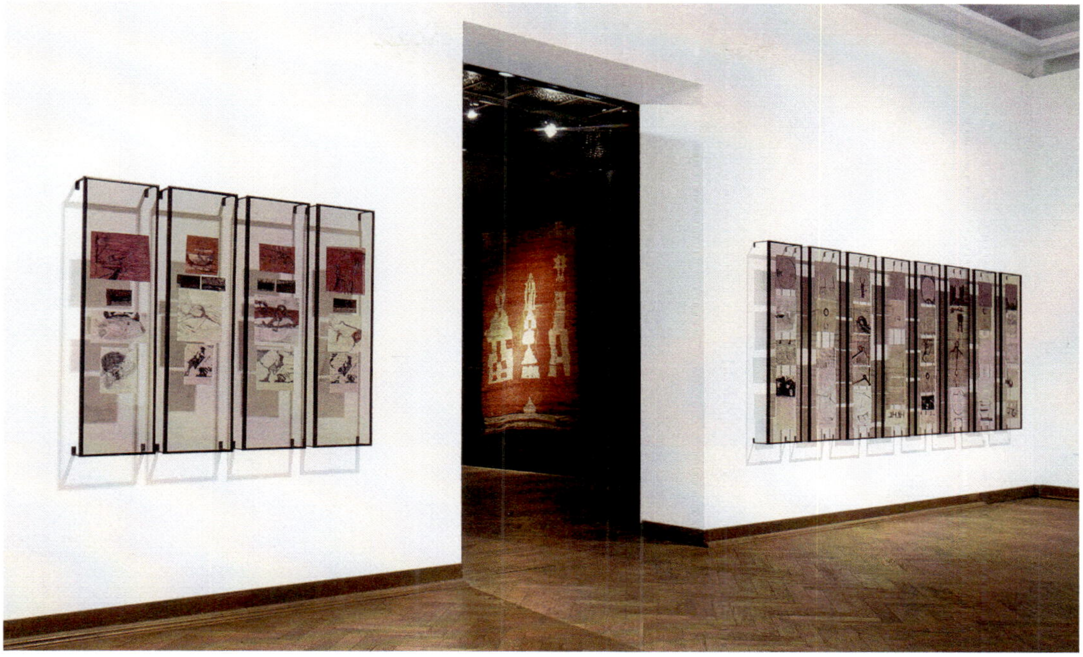

Vue de l'exposition «Borderline», Bruxelles, Bozar – Palais des Beaux-Arts, 25 fév.-21 mai 2000 au premier plan: œuvres de Bracha L. Ettinger, © Bracha L. Ettinger, photo © Bracha L. Ettinger

tissages libres. La scénographe nous plaçait d'abord en confrontation à la fois haptique et scopique avec des étendues de couleur texturées, ponctuées d'événements fortuits. De grandes pièces tissées, faiblement espacées, étaient suspendues à la verticale, leur accrochage formant entre elles des passages étroits qui permettaient aux visiteurs de circuler, dans une intimité des corps avec la matérialité et l'odeur de la laine, ce qui n'empêchait en rien de ressentir aussi les effets esthétiques visuels de chaque tissage. La profondeur esthétique venait de ce que l'on pouvait percevoir, dans les événements spontanés survenus dans chaque œuvre d'art textile, la trace des heures passées à un habile travail de la main, mais aussi une ouverture à la rêverie. Dans la salle suivante, plongée dans la pénombre, les tissages étaient cette fois placés à l'horizontale, dans des vitrines étagées, conduisant le corps du visiteur à se pencher vers eux ou au contraire à grimper entre ces boîtes vitrées pour embrasser du regard des champs de couleurs vives. Dans une troisième salle, d'autres œuvres tissées étaient suspendues seules à la verticale, ce qui soulignait la monumentalité singulière de chaque réalisation tout en faisant dialoguer entre elles les différentes pièces. Ce dispositif les faisait également entrer en résonance avec les affects, la visualité et même certains traits rencontrés dans l'autre exposition proposée simultanément – une rétrospective de la peintre contemporaine Bracha L. Ettinger (née en 1948). Les toiles d'Ettinger étaient présentées dans la longue galerie que le visiteur devait traverser pour rejoindre la troisième salle de l'exposition de textiles berbères et cette proximité provoquait un dialogue inattendu entre deux pratiques artistiques dues à des femmes, toutes deux envisagées à travers le prisme de la théorie esthétique de la transubjectivité «matrixielle» forgée par Ettinger. Post-peintre de l'après Holocauste, Bracha L. Ettinger s'est éloignée des modalités initiales de sa peinture-dessin gestuelle, où des formes minimales de crânes hantaient des paysages transformés en déserts blancs par le feu nucléaire. Au moment où Claude Lanzmann faisait prendre conscience, avec son film

Shoah (1985), de l'existence d'un tabou relatif à la *représentation* de l'Holocauste, Ettinger choisissait quant à elle d'abandonner sa pratique picturale d'origine pour lui en substituer une autre, inédite, conjuguant fidélité moderniste à la matérialité et aux processus et obligation historique et post-traumatique de mémoire et de résistance à l'indexicalité. C'est ainsi qu'elle donna naissance à une post-peinture aussi abstraite qu'indissociable de l'histoire[7].

En travaillant à partir de photographies argentiques d'archives (tant publiques que privées), hantées par le traumatisme de la catastrophe que le film de Lanzmann avait cherché avec tant d'insistance à ne documenter qu'au présent – à travers l'enregistrement de voix et de lieux qui lui étaient contemporains –, Ettinger a partiellement fait disparaître cette source analogique dans des résidus à la matérialité granuleuse, en introduisant continuellement ces images d'archives dans une photocopieuse. Dépourvue d'objectif, la machine traduisait aveuglément les zones claires et les zones d'ombre sous la forme de particules granuleuses, projetées ensuite contre un cylindre de cuivre électriquement chargé et aimanté afin d'être transférées sur papier et thermoscellées pour obtenir un duplicata. Mais Ettinger a choisi d'interrompre le processus avant la phase de fixation thermique. Répétant l'opération avec différentes images, toutes légèrement saupoudrées d'une fine poussière de cendres non fixée, elle a composé – comme en écho à Walter Benjamin – des palimpsestes de temps historique et de traumas, par-dessus lesquels elle a « peint » avec une brosse imprégnée d'encre, par un geste automatiste de balayage[8]. Elle a collé ces papiers sur des toiles et, comme l'aurait fait un automate, à grands coups de pinceaux et dans des couleurs intenses, les a recouverts d'innombrables couches successives de peinture à l'huile pour entretenir, souvent pendant des années, une forme de rêverie sur les vestiges d'un traumatisme[9].

Les toiles d'Ettinger sont donc bien des toiles abstraites. Par le biais de rituels inhérents au geste, à l'usage des matériaux et à des affects induits esthétiquement, mais aussi par les modalités mêmes de leur fabrication à la fois technologique et manuelle, ces « peintures » *touchent* aux traces historiques de la souffrance et de l'horreur avec des gestes d'*hospitalité compassionnelle* et d'*aesthetic wit(h)nessing* – témoignage esthétique d'une « empathie »[10]. Ces concepts sont nés de l'élaboration concomitante, chez l'artiste, d'une théorie psychanalytique du devoir moral qui s'impose après la Shoah, et de sa pratique post-picturale passant par une théorisation non phallique de la subjectivité, de l'esthétique et de l'éthique, qu'elle a elle-même qualifiée de « matrixielle »[11]. Dans le catalogue de l'exposition, Ettinger nous offre le concept d'*artworking* [*le travail de l'art*], élargissant la thèse freudienne d'un triptyque psychodynamique de la psyché en tant qu'économie impliquant le *travail de deuil*, le *travail du rêve* et la *perlaboration* – tout en accordant à l'art la potentialité de se changer en dispositif, toujours indéterminable, *de transport du trauma*[12].

L'exposition féministe-matrixielle orchestrée par Vandenbroek, en présentant côte à côte la peinture et les textiles, des artistes berbères et une artiste d'origine judéo-européenne, allait à l'encontre des canons muséaux modernistes. Les deux pratiques étaient définies comme abstraites selon les critères modernes de la théorie occidentale de l'art et un processus décolonisateur de reconnaissance de l'abstraction dans les traditions non-européennes, autrefois rejetées et considérées (en Occident) comme une simple fabrication de motifs géométriques. Mais les deux pratiques sont abstraites également en ce qu'elles constituent des *inscriptions au sein, en provenance et à partir du féminin*[13]. Aucun essentialisme n'est invoqué ici, bien entendu, puisque ce concept du *féminin* par lequel Vandenbroek faisait entrer au « Bozar » le tissage des femmes berbères était lui-même issu de l'esthétique matrixielle théorisée par Bracha L. Ettinger. Cette esthétique matrixielle est née *avec* et *entre* l'art et la psychanalyse, par le biais d'une remise en question systématique du « Symbolique » phallocentrique – un déplacement auquel Ettinger est également parvenue par l'imprégnation artisanale de l'image mécanique (retrouvée, retraitée à l'aveugle et refabriquée) avec l'émouvante « formule du pathos » créée par une peinture abstraite de la post-abstraction : trace, geste et couleur. Le projet féministe imaginé par Paul Vanderbroek revenait à suspendre les hiérarchies art/textile, hommes/femmes, Occident/reste du monde – dichotomies caractéristiques d'une vision moderniste et coloniale de l'histoire de l'art et des musées. Il lui a permis de placer dans une *confrontation stratégique* différents moments et différentes modalités dans la pratique esthétique abstraite due à des femmes, elles aussi différentes, cela par l'intermédiaire du format tout aussi féministe de la scénographie qu'avait conçue Zaha Hadid pour l'exposition.

« Borderline » faisait se rejoindre les temporalités *politico-linéaires* et *esthético-monumentales* suggérées par Julia Kristeva dans son essai « Le Temps des femmes »[14]. Le premier de ces deux doublets renvoie au temps progressiviste des nations, des empires et des colonies et à une vision de l'histoire de l'art inscrite dans le modernisme occidental. L'autre convoque les temporalités monumentales du corps et du psychisme, révélées par la psychanalyse et le langage. Ainsi, l'exposition « Borderline » déplaçait les oppositions structurelles en vertu desquelles l'Occident s'envisage comme unique destin du devenir historique et des arts de l'humanité. Vandenbroeck remettait aussi en question la vision coloniale qui sépare les pratiques esthétiques mondiales entre, d'un côté, le temps historique phallocentré de l'Occident et, de l'autre, l'enfermement du reste du monde dans une atemporalité anhistorique. Il permettait à la différence sexuelle – l'altérité de la ou des *otherness(es)* du féminin – de constituer une ressource capable de contester la domination de ces systèmes politico-symboliques en prenant acte, au travers de la théorie matrixielle et esthétique d'Ettinger, des effets de la colonisation moderne et du fascisme génocidaire du XXe siècle en tant qu'*événements* décisifs, *pour le féminisme*, et *pour quelque histoire de l'art moderne que ce soit*.

III.

La *modernité* engendre le cadre sociologique, politique et culturel de tout discours sur l'art moderne. Au milieu du XIXe siècle, dans l'appel lancé par le poète Charles Baudelaire aux « peintres de la vie moderne », le terme de « modernité » renvoyait aux effets – encore largement incompris – des processus socio-économiques du capitalisme industriel et urbain, dont les expériences subjectives pourraient être perceptibles *à condition que les artistes sachent concevoir les moyens artistiques de reconnaître les signes émanant des effets autant que des affects de la modernité, et de les enregistrer sur le plan esthétique.*

Les femmes ont pris part au projet esthétique consistant à donner forme à une modernité culturelle. Égalitaire, la Société anonyme coopérative des artistes peintres, sculpteurs et graveurs (1874-1886), que nous reconnaissons aujourd'hui sous l'étiquette « impressionniste », a été la première à mettre en pratique ce qui en deviendrait la caractéristique déterminante : *la cocréation de la modernité et de l'art moderne par des femmes et des hommes, quels que soient leur genre, leur orientation sexuelle ou leur origine ethnique.* Cette cocréation a néanmoins été systématiquement passée sous silence dans l'histoire de l'art moderniste – bourgeoise et discriminante en termes de race ou de genre. Tout en donnant l'apparence d'un ralliement total à la modernité, les musées d'art moderne ont, de façon systématique, acté l'exclusion des artistes femmes, *alors même que l'indéniable présence de ces dernières était un signifiant majeur de cette modernité.* Comment ce canon monogenré, racialement excluant et principalement hétérocratique, a-t-il pu être toléré si longtemps que nous, femmes et féministes, ayons dû le contester en vain ou presque *pendant plus d'un demi-siècle*, et même attendre *les premières décennies du XXIe siècle* pour réussir certaines incursions – fussent-elles mineures – dans quelques expositions muséales grand public, mais qui restent encore de rares exceptions ? Aujourd'hui, lorsque nous montons une exposition pour *re-présenter* des femmes artistes que les musées ont négligé de collectionner ou de promouvoir au moment opportun de leur pratique créative, nous réalisons qu'en dépit de notre intention de rendre ces femmes visibles, celles-ci sont inévitablement perçues comme des *tard-venues* dans l'histoire majoritaire, des *découvertes* récentes, ou encore de rares exceptions *oubliées*. Ces termes les rendent automatiquement *autres*. Elles sont collectivement placées dans la catégorie rudimentaire des *femmes*, même si notre intention était de faire en sorte qu'elles soient individuellement connues et reconnues en tant que *cocréatrices singulières, historiques et constamment présentes des diverses*

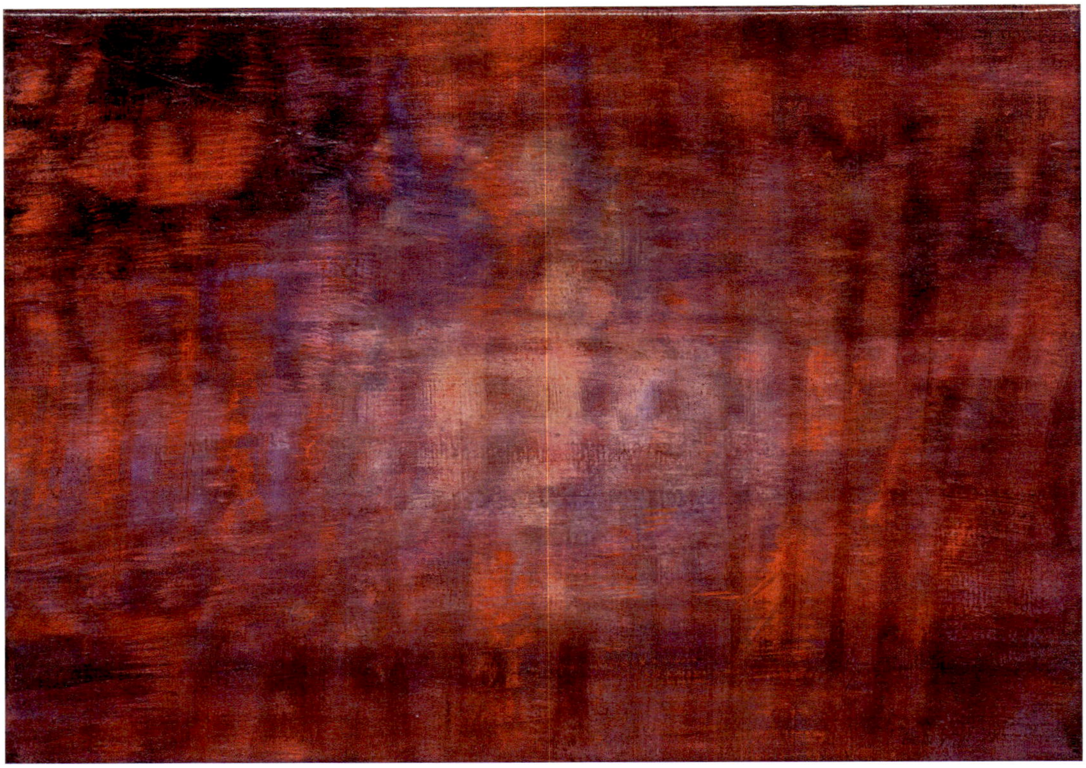

Bracha L. Ettinger, *Ophelia and Eurydice, No. 3*, 2002-2009, huile sur papier monté sur toile, 25,4 x 36, © Bracha L. Ettinger, photo © Bracha L. Ettinger

modalités des pratiques esthétiques modernes.

Au revers de cet effacement moderniste, on trouve une histoire ininterrompue de la création diverse de femmes inspirées, que la modernité elle-même a rendu capables de contester la triangulation de forces héritées du XIXe que constitue, selon Kristeva, l'alignement de la Famille, de l'État capitaliste et du discours religieux chrétien[15]. L'avant-garde a émergé en tant que concurrente esthétique et idéologique à la triade Église-Famille-État, incitant à une prise de conscience du genre et de la sexualité des femmes et des sujets *queer* qui manifestaient une dissidence à l'égard des concepts bourgeois *de femme et de genre*, et opposaient en même temps une résistance aux limitations de leur être social imposées par l'ordre bourgeois. En écho du commentaire de Bridget Riley, des philosophies universalistes, qui se voulaient neutres du point de vue du genre, ont attiré à elles des modernistes femmes cherchant à échapper à la *surféminisation* infligée par l'ordre bourgeois. Pourtant, derrière la *sous-féminisation* en apparence neutre de l'art moderne (l'art n'a pas de sexe), on n'a offert aux femmes absolument aucun espace pour la reconnaissance d'une spécificité ou d'une différence que l'inventivité des formes artistiques modernistes, notamment l'abstraction, autorisait à explorer du point de vue esthétique. Le modernisme a mis en œuvre l'exploration de questions fondamentales parmi lesquelles la matérialité, la phénoménologie de l'incarnation, les opérations esthétiques de la formulation et de la forme elle-même, les conditions psychosexuelles de désirs différents, le théâtre de ce que beaucoup des modernistes appelaient « l'esprit » – un au-delà, qu'il soit cosmique, spirituel ou psychique, du monde capitaliste et matérialiste. Et pourtant, tout signe de ce qui avait été défini, à tort ou à raison, comme *féminin* servait à disqualifier les artistes femmes de leur participation à l'entreprise moderniste, sans jamais parvenir toutefois à les en écarter.

Le défi de « l'avant-garde », auquel les femmes avaient pris leur part depuis le début – défi lancé à l'ordre social et symbolique bourgeois du patriarcat – fut presque immédiatement trahi par la muséalisation moderne, la rationalisation formaliste et l'effacement de tout examen de la complexité et de la différence à l'aune de la sémiotique et du psychisme, ainsi que de l'incarnation sociale et phénoménologique – un examen que les pratiques esthétiques modernistes, et notamment abstraites, avaient pourtant rendu possible, précisément du fait de cette cocréation de l'art abstrait. Désormais nous pouvons enfin apprendre par nous-mêmes, en nous appuyant sur ce que ces pratiques artistiques conduites par des femmes dans leur diversité ont imprimé dans notre culture *au sein, en provenance et à partir du ou des multiples féminin(s)* que ces artistes ont révélés ou réprimés en elles – artistes dont les apports ont été systématiquement refoulés par le déni de la richesse et de la signifiance de la différence.

Traduit de l'anglais par Jean-Marc Agostini

Notes

1. Bridget Riley, « The Hermaphrodite », dans Linda Nochlin (ed.), *Art and Sexual Politics. Why Have There Been No Great Women Artists*, New York, MacMillan & Collier Books, 1973, p. 83.
2. Griselda Pollock, *Killing Men & Dying Women. Imagining Difference in 1950s New York Painting*, Manchester, Manchester University Press, 2022.
3. <https://searchthecollection.nga.gov.au/object?uniqueId=43903>.
4. Helen Frankenthaler, courrier adressé à la National Gallery, Canberra, Australia, 29 novembre 1988, Canberra, Archives of the National Gallery of Art.
5. « Borderline », Bruxelles, Bozar – Palais des Beaux-Arts, 25 fév.-21 mai 2000, deux catalogues : Paul Vandenbroek, *Azetta. L'art des femmes berbères*, Gand/Paris, Ludion/Flammarion, 2000 et Piet Cousens et Paul Vandenbroek (dirs), *Bracha Lichtenberg Ettinger. Artworking 1985-1999*, Bruxelles/Gand, Palais des Beaux-Arts/Ludion, 2000.
6. P. Vandenbroek, *Azetta. L'art des femmes berbères, op. cit.*, p. 5.
7. Jean-François Lyotard, « Les Traces diffractées », dans *Bracha Lichtenberg Ettinger. Halala-Autistwork*, cat. d'expo (Aix-en-Provence, Cité du livre, 29 janv.-25 fév.; Jérusalem, Israel Museum, 25 mai-3 juil. 1995), Aix-en-Provence, Arfiac, 1995, p. 5-31.
8. Christine Buci-Glucksmann, « L'Espace intérieur de la peinture », dans *Bracha Lichtenberg Ettinger. Halala-Autistwork, op. cit.*, p. 53-58.
9. G. Pollock, « *Nichsapha*: Yearning/Languishing and the Immaterial *Tuché* of Colour in Painting after Painting after History », dans P. Cousens et P. Vandenbroek (dirs), *Bracha Lichtenberg Ettinger. Artworking 1985-1999, op. cit.*, p. 45-70.
10. *Id.*, *Art in the Time-Space of Memory and Migration. Bracha L. Ettinger in the Freud Museum*, Leeds/Londres, Freud Museum/the Wild Pansy Press, 2013.
11. Bracha L. Ettinger, *Regard et espace-de-bord matrixiels. Essais psychanalytiques sur le féminin et le travail de l'art*, trad. de l'anglais par J. Bouniort, J.Lacoste et G. Szpeker-Benat, Bruxelles, La lettre volée, 1999; Bracha L. Ettinger, *Matrixial Subjectivity, Aesthetics and Ethics. Selected Writings Vol 1 1990-1999*, G.Pollock (éd.), Basingstoke, Palgrave MacMillan, 2020.
12. *Id.*, « Art as the transport-station of trauma », dans P. Cousens et P. Vandenbroek (dirs), *Bracha Lichtenberg Ettinger. Artworking 1985-1999, op. cit.*, p. 91-116.
13. G. Pollock, « Inscriptions in the Feminine », dans Catherine de Zegher, *Inside the Visible. An Elliptical Traverse of Twentieth Century Art, in, of and from the Feminine*, Cambridge (Mass.), The MIT Press, 1996, p. 67-88.
14. Julia Kristeva, « Le Temps des femmes », *Cahiers de recherche de Sciences des textes et documents*, n° 5, hiver 1979, p. 5-19; repris dans *id.*, *Les Nouvelles maladies de l'âme*, Paris, Fayard, 1993, p. 297-331.
15. *Id.*, *La Révolution du langage poétique*, Paris, Éditions du Seuil, 1974.

Griselda Pollock est professeur émérite d'histoires sociales et critiques de l'art à l'Université de Leeds. Elle propose une profonde critique féministe, postcoloniale et *queer* de l'écriture de l'histoire de l'art en tant que discours masculiniste blanc, eurocentré et exclusif. Elle est l'autrice de *Old Mistresses. Women, Art & Ideology* (avec Rozsika Parker, nouvelle édition Bloosmbury, 2020), *Vision and Difference. Femininity, Feminism, and Histories of Art* (Routledge, 1988), *Differencing the Canon. Feminist Desire and the Writing of Art's Histories* (Routledge, 1999), *Encounters in the Virtual Feminist Museum. Time, Space and the Archive* (Routledge, 2007), *After-Affects/After-Images. Trauma and Aesthetic Transformation in the Virtual Feminist Museum* (Manchester University Press, 2013) et de *Charlotte Salomon in the Theatre of Memory* (Yale University Press, 2018). À paraître en 2022 : *Mary Cassatt* (Thames & Hudson), *Killing Men & Dying Women. Imagining Difference in 1950s New York Painting* (Manchester University Press).

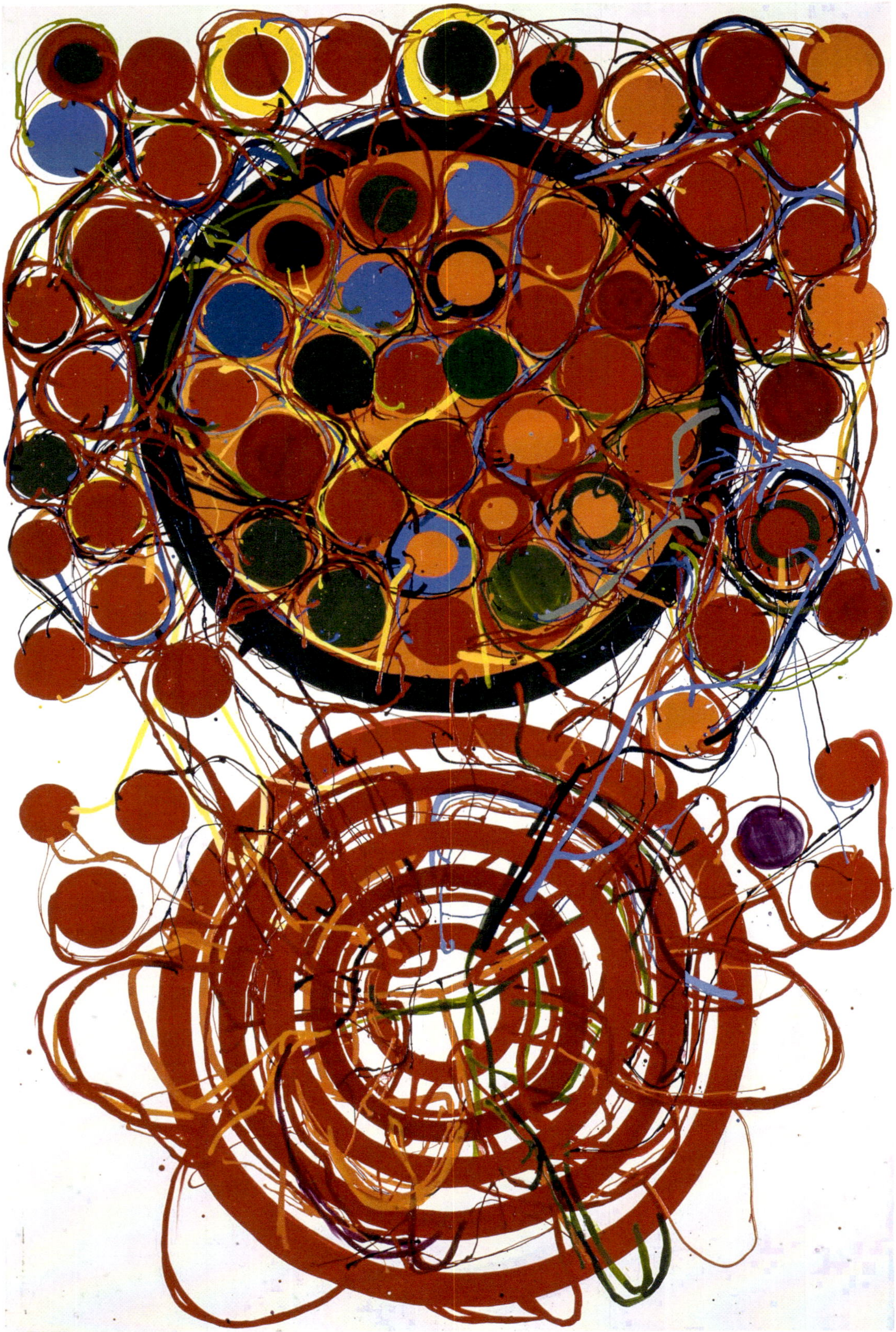

Atsuko Tanaka, *Work*, 1964, peinture à la résine synthétique sur toile, 195,8 x 131,8, Sendai, The Miyagi Museum of Art, photo The Miyagi Museum of Art, © Kanayama Akira and Tanaka Atsuko Association

Izumi Nakajima

Anti-action

Atsuko Tanaka et l'esthétique de la culture de masse dans le Japon d'après-guerre

L'art abstrait et le contexte artistique japonais après la Seconde Guerre mondiale

J'aimerais, pour commencer, examiner deux tableaux. Le premier de Kazuo Shiraga, qui date de 1958, dans lequel une peinture laque cramoisie jaillit de la toile comme une éclaboussure de sang, laissant voir clairement les marques du corps de l'artiste et l'acte de création agressif qu'il inscrit sur la toile. Dans son dialogue avec l'art informel, Shiraga – célèbre pour avoir réalisé certaines œuvres directement avec ses pieds – voyait dans l'action l'aspect le plus important de la peinture[1]. Le second tableau, exécuté par Atsuko Tanaka, est ordonné mais néanmoins dynamique, plat mais oppressant, artificiel mais vivement coloré. On n'y trouve aucune trace de la gestuelle des peintres de l'Action Painting, ni de la matérialité instable de l'art informel. Ces deux artistes, on le sait, appartenaient au mouvement japonais d'après-guerre Gutai, dont les artistes hommes, comme Shiraga, étaient adeptes de l'Action Painting. L'œuvre de Tanaka, en revanche, n'a pas encore été pleinement comprise dans ses relations avec l'Action Painting et avec le travail de son compatriote.

Dans le présent essai – qui se veut une étude de cas des récits genrés sur la peinture abstraite dans le Japon d'après-guerre –, j'entends démontrer l'importance des présupposés genrés, tout en montrant comment les femmes artistes japonaises y ont résisté en définissant un langage et un mode d'expression tout aussi puissant. J'aborderai aussi l'œuvre de Tanaka par rapport au parcours d'autres femmes artistes de son temps. On se souvient généralement de la peinture d'après-guerre comme d'une période régie par des institutions dominées par les hommes et par des modes d'expression masculins. Or on comptait au Japon, parmi les principaux protagonistes de la peinture abstraite, plusieurs femmes, dont certaines étaient célèbres, comme Yayoi Kusama ou Atsuko Tanaka, d'autres moins, comme Hideko Fukushima, pour ne citer que quelques noms. Le terme clé ici est «anti-action[2]», qui nous aidera à mettre en évidence ce qui est commun à ces femmes, mais aussi ce qui les différencie, entre elles et avec leurs contemporains masculins. Du point de vue de l'histoire de la peinture abstraite, les artistes femmes au Japon restent marginalisées ou surindividualisées. Nous montrerons comment leurs œuvres des années 1950 et du début des années 1960 bousculent et enrichissent au contraire l'histoire de la peinture abstraite japonaise et mondiale d'après-guerre. Ce faisant, nous chercherons à situer l'œuvre de Tanaka en tant que critique de l'esthétique masculiniste de l'art abstrait d'après-guerre.

L'art abstrait d'après-guerre et le genre au Japon

En 1947, le droit de vote accordé aux femmes, sous l'égide de l'armée d'occupation américaine, attire l'attention sur les femmes en tant que symboles de cette nouvelle ère de l'après-guerre – une époque qui voit arriver au Japon l'art informel et l'expressionnisme abstrait, et durant laquelle de nombreuses femmes entrent sur la scène artistique. À l'instar de l'universalisme libéral et des principes de liberté individuelle, l'idéologie véhiculée par l'abstraction expressive influence diversement le nationalisme de la société japonaise d'après-guerre, et notamment la nouvelle critique d'art, qui permet aux artistes femmes de bénéficier de ce mouvement vers l'universalisme abstrait. On peut donc dire que l'art informel a favorisé au Japon l'émergence de ces femmes. Michel Tapié comptait d'ailleurs, parmi les représentantes de l'art informel, des femmes comme Joan Mitchell et Claire Falkenstein, auxquelles il adjoint, lors de son séjour au Japon, un certain nombre de Japonaises, comme Fukushima et Tanaka.

À la suite de cette sélection opérée par Tapié, la critique d'art japonaise évolue. La notion d'universalisme abstrait, apparue au Japon après la guerre, encourage d'abord la critique formaliste pure, qui permet aux femmes de participer pleinement à l'arène artistique, et leurs œuvres commencent à être évaluées selon des critères autres que leur «féminitude» – leur statut physiologique de créatrices –, comme c'était traditionnellement le cas dans la génération d'avant-guerre. Avec l'avènement de l'esthétique informelle, les jeunes critiques recentrent leur attention sur la matérialité de l'œuvre, le processus de production, la méthode et autres aspects qui caractérisent l'abstraction d'après-guerre, et permettent aux femmes de se libérer des attentes d'une féminité conventionnelle, ne serait-ce que fallacieusement et temporairement. Certaines font preuve d'une très grande originalité et obtiennent même une reconnaissance supérieure à celle des hommes – dont les œuvres étaient généralement considérées comme appartenant à un courant secondaire de l'Action Painting américain. Au Japon, au départ, l'art abstrait d'après-guerre a donc contribué à faire tomber les barrières entre les sexes.

Toutefois, un virage s'opère rapidement et l'art abstrait finit par se masculiniser fortement. Dès la fin de l'occupation, dans les années 1950, on observe en effet une «masculinisation» de l'art japonais, au moment où l'art se féminise en Europe et aux États-Unis. Dans *Art in the Encounter of Nations*, qui étudie la place des artistes japonais dans l'expressionnisme abstrait américain, Bart Winther-Tamaki considère qu'il existe une structure genrée dans l'échange interculturel qui s'opère à travers la peinture abstraite d'après-guerre. Le rôle d'abord assigné au Japon était celui d'une simple «altérité», à laquelle se rattachait la féminité[3]. Majoritairement masculins, les critiques japonais ont progressivement pris conscience de la réaction paternaliste des critiques occidentaux à l'art japonais, y compris chez Tapié, et ils ont fini par comprendre que l'informel ne contribuerait pas à la restauration de l'art contemporain japonais après-guerre.

À partir de 1960 environ, l'Action Painting remplace l'art informel, et les œuvres de Jackson Pollock et autres tenants américains de ce mouvement sont immédiatement reçues au Japon comme relevant d'un art masculin[4]. En introduisant «l'action» – ce style masculin de gestuelle héroïque et violente – dans l'art abstrait japonais, les critiques d'art du pays cherchent à affirmer l'autorité de l'art national face à l'émasculation de la critique d'art euro-américaine. En 1960, par exemple, le critique Shin'ichi Segi décrit en ces termes la peinture de Hisao Dōmoto, considéré comme l'un des artistes clés de l'art informel :

> [Les tableaux de Dōmoto] *ont le caractère d'un personnage au grand cœur quelque peu audacieux, qui dissipe les nuances légères qui persistent autour de l'émotion. Ils sont virils, pour ainsi dire. Sachant que la plus grande partie de l'art japonais reconnu jusqu'ici à l'étranger est féminin, l'importance d'un artiste comme Dōmoto, qui surgit sur la scène internationale, est vraiment énorme et capable de sortir les Japonais de leur servilité*[5]*...*

Les propos de Segi semblent supposer une volonté du critique de protéger les œuvres de Dōmoto – alors internationalement reconnu – de toute féminisation, en mettant en avant leur symbolisme. Les artistes identifiés comme «informels» vont être progressivement appréciés avant tout pour leur «action» – c'est-à-dire pour l'*acte* de peindre –, et la peinture en général va devenir un domaine dans lequel l'acte de création est codé comme masculin.

«Anti-action»

Ainsi, au milieu des années 1960, on commence à privilégier l'action, c'est-à-dire la masculinité de la représentation picturale, et la reconnaissance des praticiennes de la peinture abstraite recule. Cela ne signifie pas que les femmes cessent de créer. Au contraire, il est intéressant de noter que, durant la vogue de l'Action Painting, plusieurs artistes femmes ont réalisé des œuvres «sans action». Certaines artistes abstraites éminentes partageaient – bien que pas ouvertement – un sentiment de malaise ou un refus, et entraient en résistance contre l'action en tant que tendance picturale peu à peu masculinisée par le discours critique sur l'art. Portées par des artistes femmes comme Yayoi Kusama, Hideko Fukushima, Atsuko Tanaka et d'autres, ces réactions constituent, selon moi, la tendance que j'appelle «anti-action». En 1961, Kusama explique que son mode d'expression est «l'exact opposé de l'espace émotionnel créé par l'Action Painting[6]». Ses célèbres filets ont été conçus, au moins en partie, comme une contre-attaque aux présupposés masculins de l'Action Painting. Kusama fait le commentaire suivant :

Les historiens de l'art planqués vénéraient les motifs créés par l'Action Painting et, en fait, les actions de Jackson Pollock qui urinait sur de la neige blanche ou du béton, bouleversant ainsi sérieusement la méthodologie du pénis.

Le soleil brille de mille feux pour le pénis, et la terre tourne autour de lui[7].

Les *Infinity Nets*, exécutés par Yayoi Kusama en un mouvement minimal de la main, étaient, dans un sens, la négation de la brutalité de l'action. Il y eut aussi une artiste comme Hideko Fukushima, bien qu'elle ne soit pas aussi connue aujourd'hui, qui avouait avoir «des doutes sur l'acte de peindre[8]». Pour effacer toute trace d'elle-même lors de la réalisation d'un tableau, elle conçut une technique unique «au tampon», qui consistait à encrer un

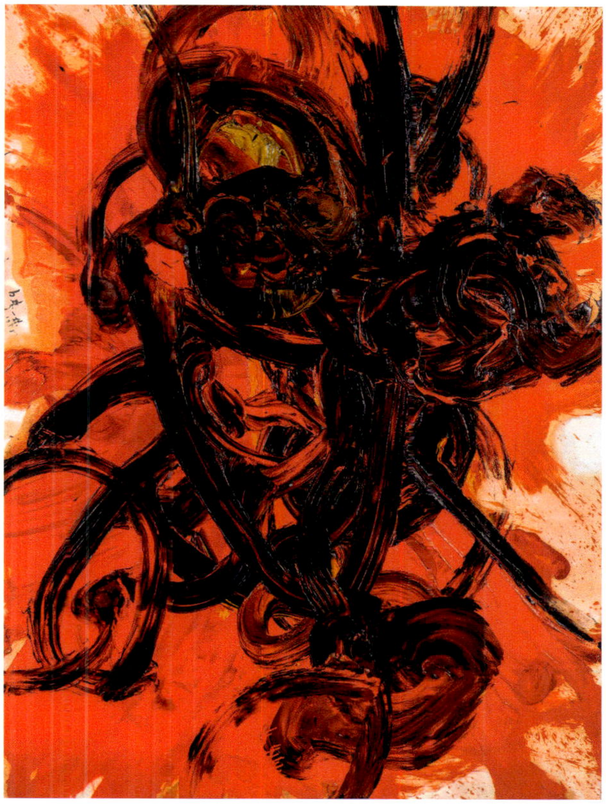

Kazuo Shiraga, *Work II*, 1958, huile sur papier monté sur papier, 183 x 243, Hyogo Prefectural Museum of Art, © The Estate of Kazuo Shiraga, photo Hyogo Prefectural Museum of Art

bouchon de bouteille avec de l'encre *sumi* et à le presser sur l'image. Sur le plan de l'expression, cela ne signifiait rien de plus que déposer passivement des marques, ce que l'on pouvait voir comme un mode pictural opposé aux jets de peinture générés par une «action» agressive.

Plusieurs artistes ont ainsi manifesté des tendances s'inscrivant en faux contre l'Action Painting, mais je voudrais m'intéresser plus particulièrement ici à Atsuko Tanaka – qui a clairement affirmé vouloir s'opposer à l'action – et montrer comment cette artiste Gutai résiste à l'idée moderniste de création telle qu'elle est représentée par l'Action Painting, grâce à un langage d'invention inspiré par la culture consumériste d'après-guerre.

Quiconque connaît Tanaka sait qu'elle s'est servie de dessins pour composer son œuvre la plus connue, *Denkifuku* («Robe électrique», 1956) – qui

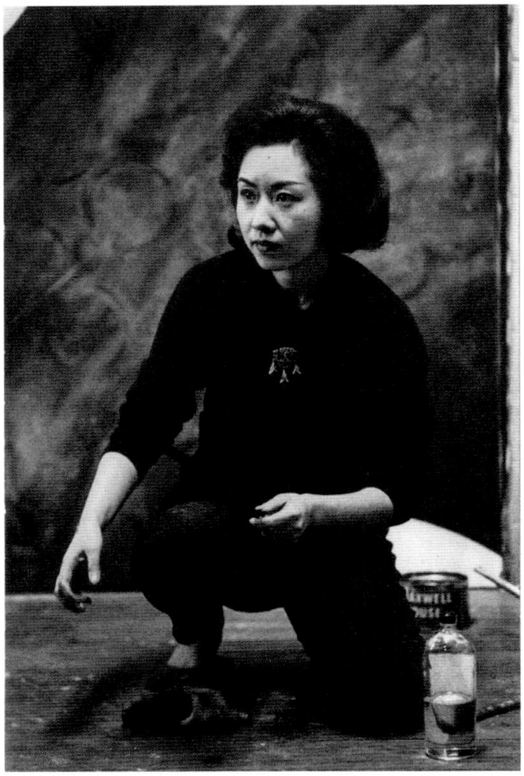

Portrait photographique de Hideko Fukushima par Shozo Kitadai, vers 1960. © Tokyo Publishing House, photo © Tokyo Publishing House

était pour elle une authentique peinture. Il y a une intensité dans cet enchevêtrement de couleurs vives et de lumières réfléchissantes, dont l'effet est proche de celui créé par certains tableaux relevant de l'Action Painting. Pourtant, alors que d'autres membres de Gutai, comme Shiraga et Shōzo Shimamoto, exprimaient pleinement les caractéristiques de l'action, Tanaka disait vouloir produire des peintures non pas d'action mais de « sang-froid[9] ». Et effectivement, elle travaillait sans gestes extravagants ni traces évidentes de son intervention, utilisant une peinture laque brillante appliquée en fines couches, qui dissimulent le geste de l'artiste. C'est pourquoi, pendant longtemps, sa peinture n'a pas donné lieu aux interprétations décisives qui auraient pu aider à mieux les comprendre. Afin d'examiner plus profondément la place des œuvres de Tanaka dans l'histoire de la peinture abstraite, je me concentrerai ici sur deux caractéristiques.

Matière, matériaux et culture de masse

Examinons tout d'abord la singularité des œuvres de Tanaka du point de vue de leur matérialité. Comme l'explique Jirō Yoshihara, chef de file du groupe Gutai, dans le « Manifeste de l'art Gutai », la « matière » est un sujet important :

L'art Gutai ne transforme pas la matière. L'art Gutai donne vie à la matière. L'art Gutai ne falsifie pas la matière.

Dans l'art Gutai, l'esprit humain et la matière se serrent la main tout en restant en rivalité. La matière ne s'assimile pas à l'esprit. L'esprit ne demande pas à la matière de lui être subordonnée[10].

Le sujet abordé dans le manifeste japonais original est le *busshitsu*, terme qui couvre un large éventail de significations allant de la substance au matériau et au support. La citation montre que la « matière » à laquelle se référaient les artistes Gutai connote fortement la matérialité et le symbolisme caractéristiques de l'art abstrait. Dans le contexte de l'Action Painting, elle était comprise par eux comme le matériau qui a subi physiquement l'action de l'artiste, comme la laque cramoisie et la boue utilisées par Shiraga ou les explosions de peinture de Shimamoto. La matérialité de la peinture était considérée dans sa relation à la violence de l'Action Painting et en fonction d'une esthétique centrée sur l'artiste. Sur les sept illustrations figurant dans le « Manifeste de l'art Gutai », trois sont des photographies de Murakami, Shiraga et Shimamoto au travail, où les corps masculins sont mis en avant au moment où ils frappent le papier, lancent des bombes de peinture ou, à demi-nus, étalent la pâte avec leurs pieds. Il ne fait aucun doute que ces photographies d'artistes investis dans la « matière » ont contribué à créer l'image genrée du groupe Gutai.

De son côté, Tanaka utilise du papier, du tissu, des cloches et des ampoules, de la peinture industrielle, etc., c'est-à-dire les nouvelles substances et les nouveaux matériaux de l'après-guerre, qui n'exigeaient pas d'investissement physique particulier. Pour elle, c'est la « matière » qui compose ses « peintures », une matière à l'opposé de celle employée dans l'Action Painting à son époque, et qui, loin d'incarner la subjectivité de l'artiste, reflète plutôt

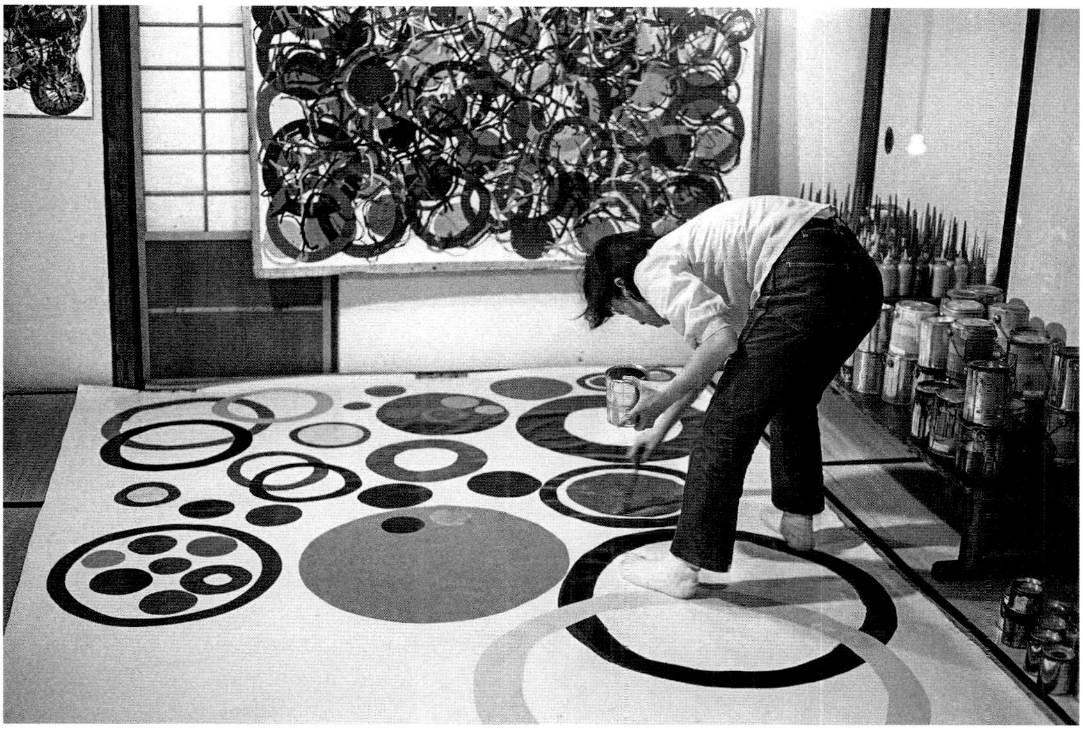

Atsuko Tanaka au travail, vers 1966, © Kanayama Akira and Tanaka Atsuko Association, photo courtesy of Kanayama Akira and Tanaka Atsuko Association

une fascination pour la nouvelle culture de masse qui apparaît alors au Japon.

Il ne fait aucun doute que *Denkifuku* a été le plus grand défi lancé par Tanaka à cette « nouvelle matière ». Cette œuvre, on le sait, a été inspirée par les néons d'une gare d'Osaka dans les années 1950. Les mots mêmes de Tanaka – « Les néons des publicités pour médicaments étaient éblouissants » – évoquent une réaction nouvelle à une ville en plein essor pendant la période de reconstruction des années 1950, où les enseignes lumineuses et les néons étaient encore rares. Dans une optique traditionnelle, il y a un fossé à franchir entre cette vision et l'idée d'en faire une œuvre d'art, mais Tanaka a compris dans les lumières de la ville que son désir d'expression et sa manière de le transformer allaient dans le sens des idées culturelles urbaines des années 1950, et se distinguaient du mode d'expression artistique de l'Action Painting. Elle explique même que son but était « d'éliminer toutes les émotions humaines et de produire la beauté de la "matière" elle-même[11] ».

Je défends donc l'idée que le regard de Tanaka sur la matière n'est pas tant celui d'une créatrice cherchant à s'exprimer dans l'abstraction, que celui d'une « consommatrice » stimulée par les nouveaux matériaux de l'après-guerre. En d'autres termes, se situant à l'opposé du principe de l'art moderne qui privilégie l'acte de création, Tanaka s'est fondée dans son art sur des principes de recyclage et de reconstruction. Deborah Cherry et d'autres historiennes de l'art feministes ont longtemps souligné que l'appareil critique de la peinture abstraite d'après-guerre avait un caractère éminemment misogyne, qu'il excluait les femmes et la culture populaire comme des « impuretés culturelles[12] ». L'intérêt de Tanaka semble avoir été de s'engager activement dans cette « impureté » de la culture populaire, qui n'appartenait pas au grand art, dans une attitude qui préfigure les tendances des années 1960 et leur investissement plus explicite dans la culture de masse.

« Peintures non peintes »
et recyclage de la culture de masse

Une deuxième caractéristique d'Atsuko Tanaka consiste à traiter la « matière » sans véritablement mettre l'accent sur l'acte de peindre. Dès le début de sa carrière, loin de toute action, elle a cherché à « ne pas peindre ». Dans *Calendar* (1954), par exemple, elle crée un collage en forme de calendrier avec des feuilles fabriquées à partir de différents matériaux nouveaux. Par la suite, elle exécutera des « peintures » à base de découpages. Dans *Work (Yellow Cloth)* (1955), elle pratique des entailles presque invisibles en bordure de morceaux de tissu du commerce teints en jaune. Il n'y a pas de peinture, et presque aucune intervention, mais elle parle néanmoins de « peinture ». En ce qui concerne ce tissu de coton jaune, Tanaka dit avoir choisi une « couleur dégoûtante » pour éviter d'y trouver une valeur esthétique[13]. Au sujet de la rayonne rose (soie artificielle, appelée à l'époque *Jinken* [soie humaine]) utilisée dans son tableau suivant, *Work* (1954), elle fait le commentaire suivant :

Je voulais briser la beauté stable de mon travail. Le tissu couleur pêche recouvrait une vingtaine de tatamis, c'est de la soie artificielle. Je l'ai achetée après avoir cherché dans tout Osaka la couleur la plus dégoûtante. Je voulais casser la façade artistique conventionnelle en l'étalant sur le sol et en la laissant refléter le soleil dans une étrange lueur[14].

Les fibres synthétiques étaient un substitut aux étoffes naturelles. Fabriqués par l'homme, ces tissus nouveaux symbolisaient l'ère industrielle de l'après-guerre, mais leur nouveauté était également synonyme de produits de second ordre et de vulgarité, de qualité médiocre et de mauvais goût. Pour Tanaka, le coton et la soie synthétiques qu'elle utilise sont des « matériaux » non artistiques, qui ne véhiculent ni le symbolisme culturel ni la signification de matières artistiques traditionnelles comme les toiles et les peintures à l'huile. Les utiliser, c'est tester de nouvelles valeurs artistiques qui remettent en question les critères de jugement conventionnels. Là encore, c'est la « matière » introduite après-guerre qui porte l'expression, et non la main de l'artiste. Dans ses œuvres, Tanaka cherchait, dirait-on, à « ne pas peindre » tout en produisant de la « peinture ». Si l'on se souvient de l'importance accordée à l'époque à l'acte de peindre, il s'agit là d'un acte de refus conscient. À une époque où l'action portait des traits fortement masculins, l'attitude de Tanaka peut être considérée comme l'expression de l'« anti-action » qu'elle proposait en tant que manière alternative de peindre, comme reflet de la culture matérielle de l'époque plutôt que d'une intériorité individuelle.

Par la suite, Tanaka retourne à la peinture, mais sa passivité à l'égard de l'acte de peindre se manifeste dans la manière dont elle intègre dans ses œuvres des dessins « industriels » ready-made. Ce mode d'anti-action peut être rattaché aux modes de consommation décrits précédemment, dans la mesure où ces dessins nous rappellent la vogue, après la guerre, des magazines et équipements scientifiques. Les progrès remarquables de la technologie à l'époque se traduisent en effet au Japon par un engouement pour la physique, et par la création de nombreux magazines scientifiques pour enfants et adultes. Ces revues expliquaient comment fabriquer des appareils et des jouets à base de systèmes électriques simples, et les lecteurs intéressés par la science y découvraient toutes sortes de dessins et de schémas techniques. Dans les années 1950, la sensibilité artistique de Tanaka était donc proche de l'exaltation provoquée par l'abondance matérielle de l'après-guerre et par les conséquences de la technologie et de l'électricité sur la vie des citadins, plus que par la notion de créativité individuelle au sens traditionnel du terme.

La transition de Tanaka, de l'action vers des stratégies d'anti-action consistant à adopter la culture de la consommation et des tactiques de « non-peinture », peut aussi s'expliquer par la nature genrée de la production et de la consommation culturelles, comme nous aide à le comprendre Andreas Huyssen. Ce dernier explique en effet que le modernisme, dans son effort pour se donner une authenticité propre, s'est représenté comme masculin et a attribué au féminin la culture populaire[15]. Dans ses premières œuvres, Tanaka insiste sur l'expérience de la nouvelle culture industrielle et de la société de consommation, la valorise et la représente en tant que source de nouvelles expressions et sensations esthétiques. Si, avec

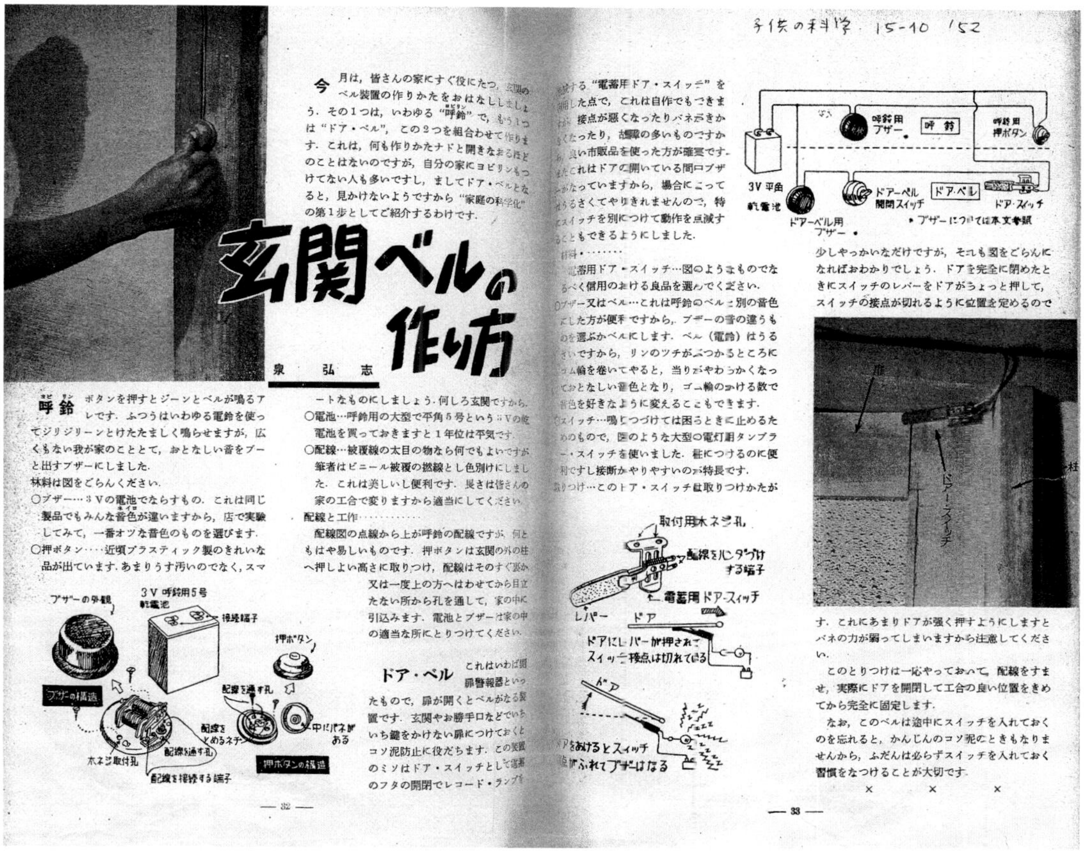
手佐の科学 15-10 '52

今月は，皆さんの家にすぐ役にたつ，玄関のベル装置の作りかたをおはなししましょう．その1つは，いわゆる“呼鈴”で，もう1つは“ドア・ベル”，この2つを組合わせて作ります．これは，何も作りかたナドと開きなおるほどのことはないのですが，自分の家にヨビリンもつけてない人も多いですし，ましてドア・ベルとなると，見かけないようですから“家庭の科学化”の第1歩としてご紹介するわけです．

玄関ベルの作り方

泉 弘 志

呼鈴 ボタンを押すとジーンとベルが鳴るアレです．ふつうはいわゆる電鈴を使ってジリジリーンとけたたましく鳴らせますが，広くもない我が家のこととて，おとなしい音をブーと出すブザーにしました．

材料は図をごらんください．

○ブザー…3Vの電池でならすもの．これは同じ製品でもみんな音色が違いますから，店で実験してみて，一番オツな音色のものを選びます．

○押ボタン…近頃プラスティック製のきれいな品が出ています．あまりうす汚いのでなく，スマートなものにしましょう．何しろ玄関ですから．

○電池…呼鈴用の大型で平角5号という3Vの乾電池を買っておきますと1年位は平気です．

○配線…被覆線の太目の物なら何でもよいですが筆者はビニール被覆の撚線とし色別けにしました．これは美しいし便利です．長さは皆さんの家の工合で変りますから適当にしてください．

配線と工作…………

配線図の点線から上が呼鈴の配線ですが，何ともはや易しいものです．押ボタンは玄関の外の柱へ押しよい高さに取りつけ，配線はそのすぐ裏か又は一度上の方へはわせてから目立たない所から孔を通して，家の中に引込みます．電池とブザーは家の中の適当な所にとりつけてください．

ドア・ベル これはいわば開扉警報器といったもので，扉が開くとベルがなる装置です．玄関やお勝手口などでいちいち鍵をかけない扉につけておくとコソ泥防止に役だちます．この装置のミソはドア・スイッチとして電蓄のフタの開閉でレコード・ランプを点滅する“電蓄用ドア・スイッチ”を利用した点で，これは自作でもできますが接点が悪くなったりバネがきかなくなったり，故障の多いものですから，良い市販品を使った方が確実です．またこれはドアの開いている間中ブザーがなっていますから，場合によってはうるさくてやりきれませんので，特にスイッチを別につけて動作を点滅することもできるようにしました．

材料……

○電蓄用ドア・スイッチ…図のようなものでなるべく信用のおける良品を選んでください．

○ブザー又はベル…これは呼鈴のベルと別の音色にした方が便利ですから，ブザーの音の違うものを選ぶかベルにします．ベル（電鈴）はうるさいですから，リンのツチがぶつかるところにゴム輪を巻いてやると，当りがやわらかくなっておとなしい音色となり，ゴム輪のかける数で音色を好きなように変えることもできます．

○スイッチ…鳴りつづけては困るときに止めるためのもので，図のような大型の電灯用タンブラー・スイッチを使いました．柱につけるのに便利ですし接断がやりやすいのが特長です．

取りつけ…このドア・スイッチの取りつけかたが少しやっかいなだけですが，それも図をごらんになればおわかりでしょう．ドアを完全に閉めたときにスイッチのレバーをドアがちょっと押して，スイッチの接点が切れるように位置を定めるのです．これにあまりドアが強く押すようにしますとバネの力が弱ってしまいますから注意してください．

このとりつけは一応やっておいて，配線をすませ，実際にドアを開閉して工合の良い位置をきめてから完全に固定します．

なお，このベルは途中にスイッチを入れておくのを忘れると，かんじんのコソ泥のときもなりませんから，ふだんは必らずスイッチを入れておく習慣をなつけることが大切です．

× × ×

— 32 —

— 33 —

Article expliquant comment fabriquer des lumières de Noël clignotantes, extrait de *Kodomo no Kagaku* [*Science de l'enfant*], décembre 1952, photo I. Nakajima

le développement de la culture capitaliste, l'autonomie de l'art moderne en vient à être considérée comme un acte culturel masculin, l'œuvre de Tanaka nous permet de réévaluer la relation entre l'art, les femmes et la culture populaire. Tanaka a renouvelé la façon d'être artiste, en utilisant activement sa relation étroite avec la culture populaire et en se définissant à la fois comme productrice et comme consommatrice de culture. Or, la plupart des artistes considérés comme les créateurs de la peinture abstraite d'après-guerre ont finalement été des acteurs culturels traditionnels, c'est-à-dire des hommes. En prenant en considération les liens entre les œuvres de Tanaka et la culture industrielle ou la culture de masse, j'ai voulu montrer que celles-ci peuvent être vues comme un acte de résistance contre l'importance accordée à l'art axé sur l'action, principalement incarné par des hommes. La démarche de Tanaka illustre donc les tentatives originales d'une femme en quête d'une nouvelle relation entre l'industrialisation, la société de consommation et l'art.

Ses compositions lucides, ses surfaces planes et ses couleurs brillantes déplaisaient à un public critique qui s'attendait à voir de l'« Action Painting », c'est-à-dire des tableaux dans lesquels imaginer l'action de l'artiste, ou identifier des symboles dans les traces laissées par ses gestes. Dans les œuvres de Tanaka, il n'y a pas de place pour la projection d'émotions personnelles : ce sont des œuvres d'anti-action, que l'on peut rapprocher de ce que nous fait vivre la culture de la marchandise, avec ses produits industriels et ses couleurs artificielles, qui n'expriment pas une intériorité artistique mais représentaient à l'époque des sensations nouvelles. Le fil

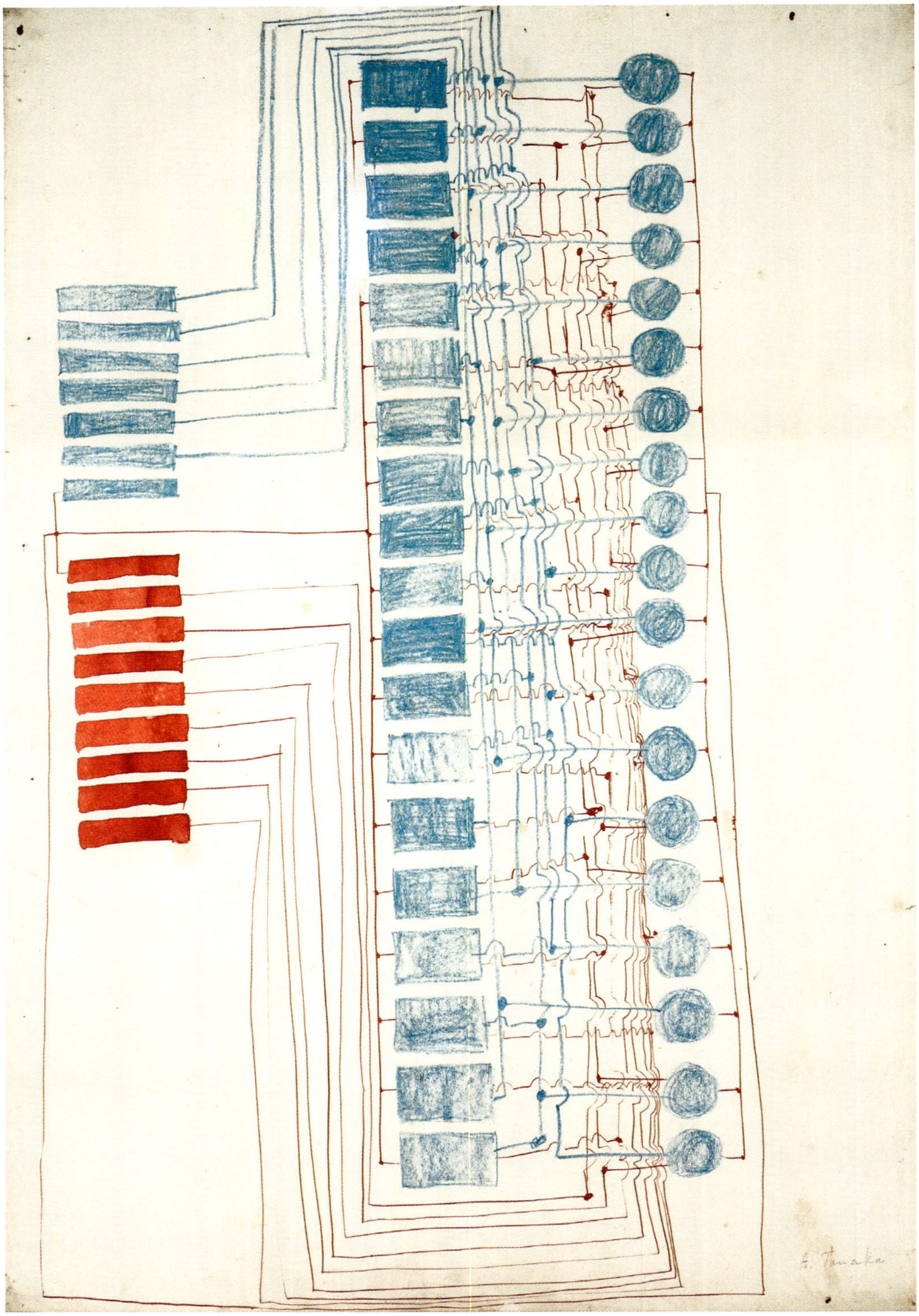

Atsuko Tanaka, dessin d'après *Denkifuku* [*Robe électrique*], 1956, crayon, encre à l'huile et encre à l'eau sur papier, 109 x 77, Kanazawa, XXIe Century Museum of Contemporary Art, © Kanayama Akira and Tanaka Atsuko Association, photo Atsushi Nakamichi/Nacása & Partners, courtesy XXIe Century Museum of Contemporary Art, Kanazawa

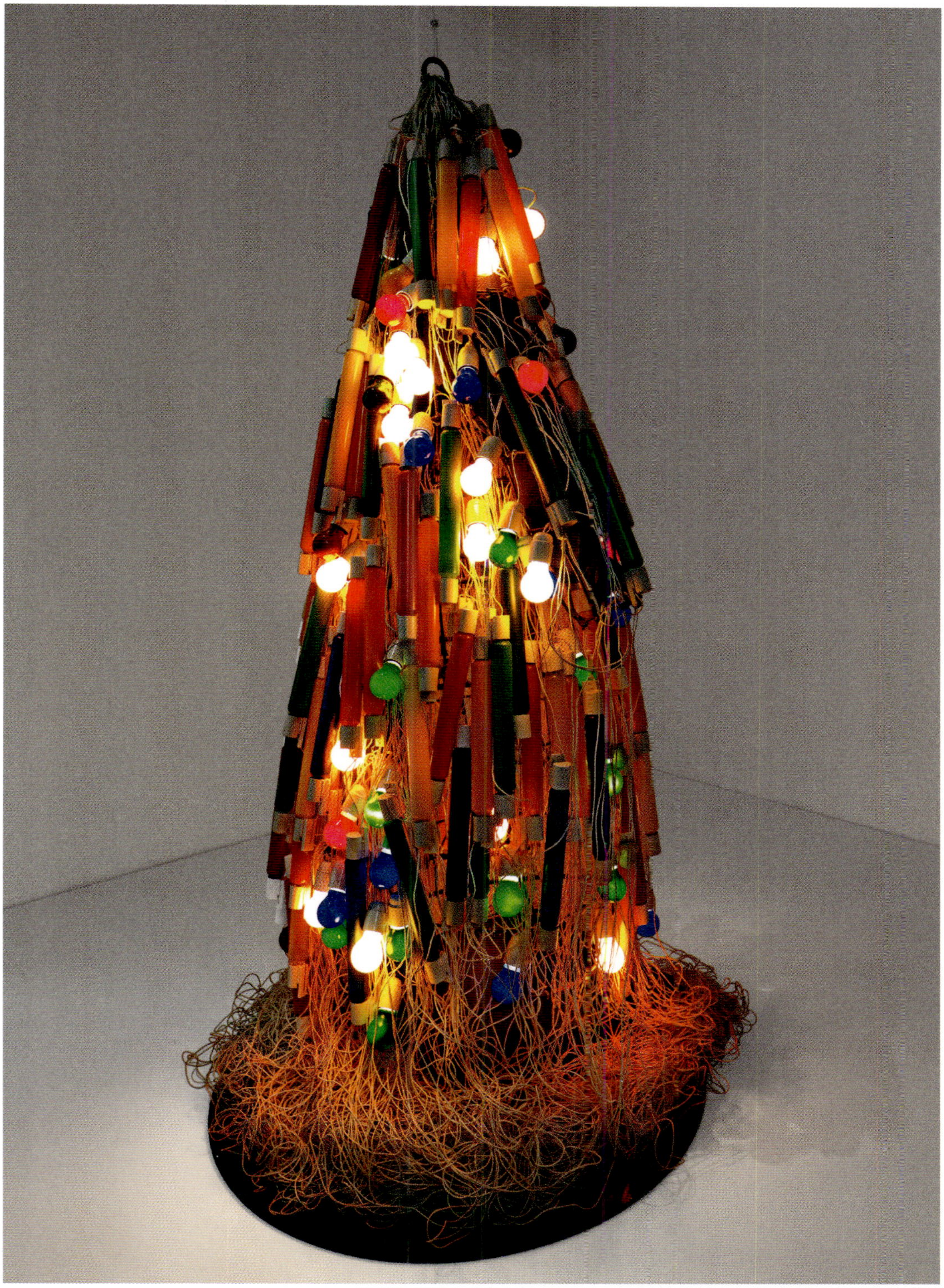

Atsuko Tanaka, *Denkifuku* [*Robe électrique*], 1956-1999, reconstitution, ampoules de couleur, linolites vernis en 8 teintes, feutre, câble électrique, métal, bois peint, boîtier électrique, 165 x 90 x 90, Paris, Centre Pompidou, Musée national d'art moderne, © Kanayama Akira and Tanaka Atsuko Association, photo © Centre Pompidou, Mnam-CCI/Georges Meguerditchian/Dist. RMN-GP

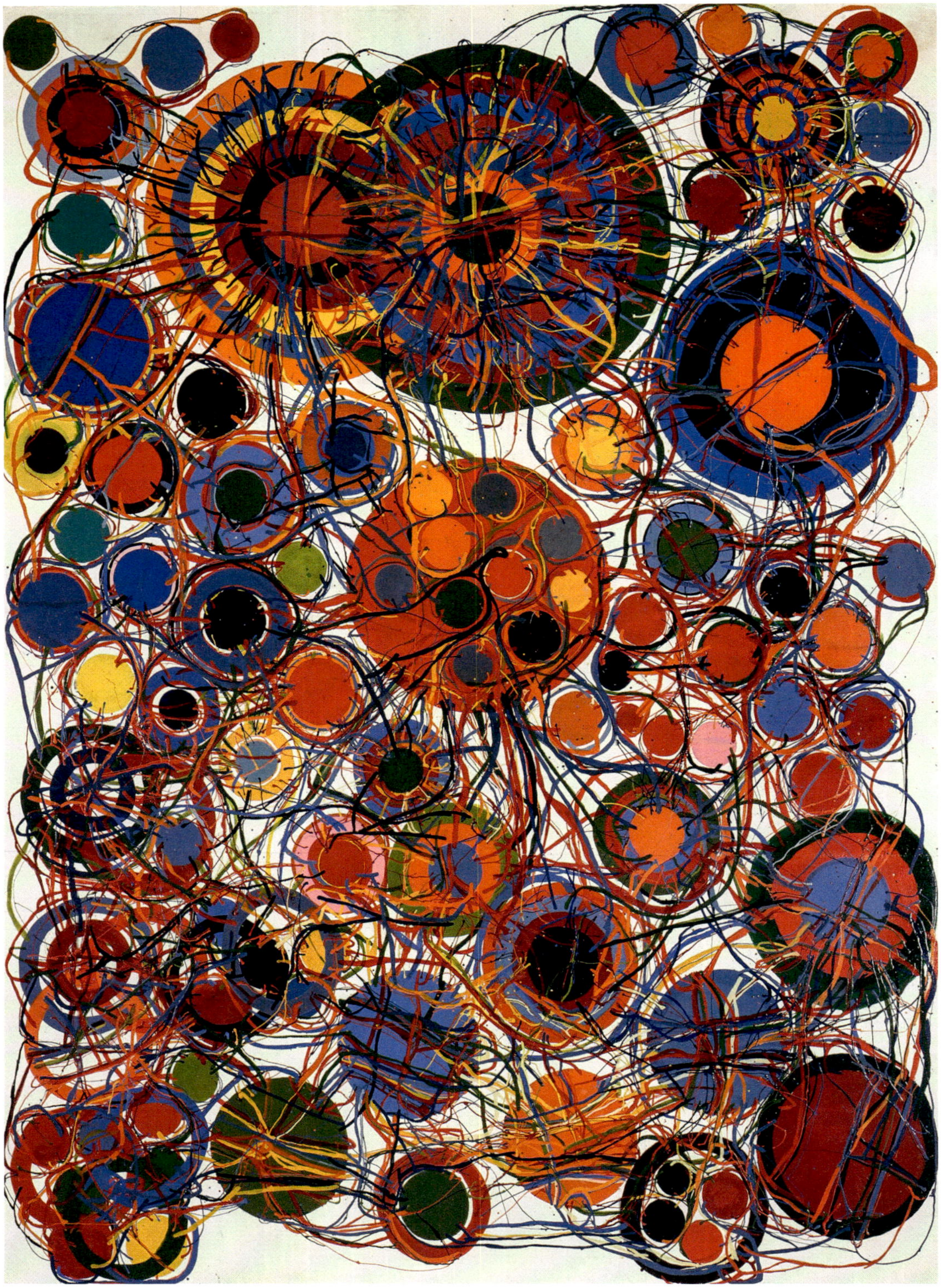

Atsuko Tanaka, *Gate of Hell* [*Porte de l'enfer*], 1965-1969, peinture vinyle et acrylique sur toile, 331,5 x 245,5, Osaka, The National Museum of Art, © Kanayama Akira and Tanaka Atsuko Association, photo The National Museum of Art, Osaka

conducteur qui traverse l'œuvre de Tanaka illustre la façon dont les artistes femmes ont trouvé, en refusant l'action, des alternatives à l'art abstrait de l'après-guerre. Loin de l'individualisme de l'Action Painting, Atsuko Tanaka exprime dans son art l'expérience des masses, et notamment celle des femmes.

Traduit de l'anglais par Jean-François Allain

Notes

1. Kazuo Shiraga, « Kōi koso » [L'action est ce qui compte], dans *Gutai shiryō-shū. Dokyumento Gutai 1954-1972* [Documents Gutai. Document Gutai 1954-1972], Ashiya City Foundation for Cultural Promotion, 1993, p. 274 (publié pour la première fois dans *Gutai*, n° 3, octobre 1955). Dans ce texte, Shiraga souligne l'importance de l'« action » dans la production, et dans le n° 5 de *Gutai* (juillet 1957), il déclare que l'action a permis « d'intégrer le corps et l'esprit ».
2. Izumi Nakajima, *Anti-akushon. Sengo nihonn bijutsu to josei gaka* [Anti-action. L'art japonais d'après-guerre et les femmes artistes], Tokyo, Brücke, 2019.
3. Bert Winther-Tamaki, *Art in the Encounter of Nations. Japanese and American Artists in the Early Postwar Years*, Honolulu, University of Hawai'i Press, 2001.
4. Yusuka Nakahara, « Jakuson Porokku no baai » [Dans le cas de Jackson Pollock], *Bijutsu Techō* [Note sur l'art], juin 1960, p. 76-84.
5. Shin'ichi Segi, « Gendaibijutsu no sakka zo2 Dōmoto Hisao » [Portrait de l'art contemporain 2], *Bijutsu Techō*, février, 1960, p. 132-141.
6. Citée dans Atsushi Tanikawa, « Zōshoku no Gaenma- Kanojo ha ikanishite jidai wo kakenuketaka » [Le fantôme de la multiplication : comment elle a traversé les âges], *Bijutsu Techō*, juin 1993, p. 65-78. « J'ai vécu à l'apogée de Tens Street, la Mecque de l'Action Painting, et je n'ai pas fait d'Action Painting dans la vague de cette époque. Je me tenais en plein milieu et j'ai immédiatement fait le contraire de l'Action Painting. C'est tout un filet. Il n'y avait pas de composition, pas de centre, pas de tremblement de la peinture. »
7. Yayoi Kusama, *Uddosutokku Inkei giri* [Trancheur de pénis de Woodstock], Tokyo, Peyotl kōbō, 1988, p. 242.
8. Cité dans Atsushi Miyakawa, « Atorie deno taiwa/Fukushima Hideko Onkyōteki na kukan » [Dialogue dans l'atelier/Hideko Fukushima, espace acoustique], *Bijutsu Techō*, août 1964, p. 17-26, ici p. 24.
9. Citée dans « Tanaka Atsuko : Kaiga no denki gurubu » [Tanaka Atusko : le sillon électrique de la peinture], *Bijutsu Techō*, juillet 2001, p. 109-117, ici p. 111.
10. Jiro Yoshihara, « Gutai Bijutsu Sengen » [Manifeste de l'art Gutai], *Geijutsu Shichō* [Nouveau courant artistique], décembre 1956, p. 202-204.
11. Anonyme, « Ishō nii denkyu ippai "butai no bijutsu" ni uchikomu » [Beaucoup d'ampoules dans le costume : se consacrer à "l'art de la scène"], *Kokusai shinbun* [Journal international], 13 juillet 1957.
12. Jane Beckett et Deborah Cherry, « Modern Women, Modern Space : Women Metropolitan Culture and Vorticism », dans *Women Artists and Modernism*, Katy Deepwell (éd.), Manchester/New York, Manchester University Press, 1998, p. 36-54.
13. Tanaka Atsuko, « Tanaka Atsuko jisaku wo kataru » [Tanaka parle de son propre travail], *Circle/Lines Tanaka Atsuko ten fukyu puroguramu kirokushū*, Shizuoka/Shizuoka Prefectural Museum of Art, 2003, p. 9.
14. Tanaka, « Mochīfu wo kataru » [Parler des motifs], *Sangyō Keizai Shinbun*, 21 juillet 1955, p. 3.
15. Andreas Huyssen, « Mass Culture as Woman : Modernism's Other », dans *After the Great Divide. Modernism, Mass Culture and Postmodernism*, Londres/New York, MacMillan, 1986, p. 44-64.

Izumi Nakajima est historienne de l'art et s'intéresse plus particulièrement à l'art des femmes artistes à l'après-guerre et aux théories féministes. Diplômée des universités de Leeds et de Hitotsubashi, elle enseigne aujourd'hui l'histoire de l'art en tant que professeur associé à l'Université métropolitaine de Tokyo. Parmi ses publications récentes, citons *Anchi-Akushon. Sengonihon kaiga to josei gaka* (« Anti Action. La peinture abstraite dans le Japon d'après-guerre et les femmes artistes », Brücke, 2019) et « Dream for Solidarity : Palestinian Art JAALA et Haryu Ichiro dans les années 1970 et 1980 », dans *Past Disquiet. Artists International Solidarity and Museums-in-Exile* (Muzeum Sztuki Nowoczesnej w Warszawie, 2018).

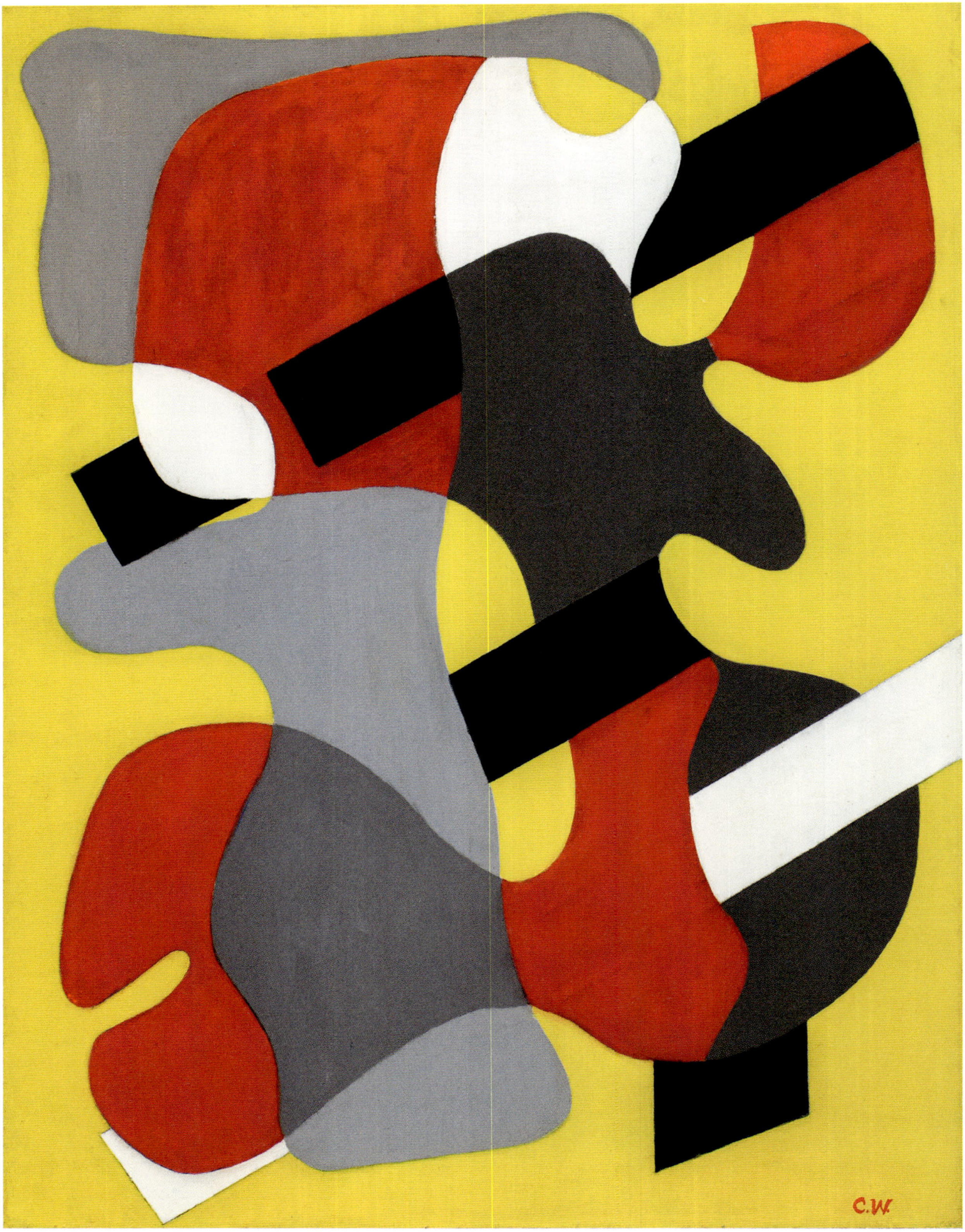

Charmion von Wiegand, *The Nuptial Form*, 1946-1947, huile sur toile, 71,1 x 55,9, © Estate of Charmion von Wiegand; Courtesy of Michael Rosenfeld Gallery LLC, New York, NY, photo courtesy of Michael Rosenfeld Gallery LLC, New York, NY

Maja Wismer & Felix Vogel

Charmion von Wiegand et la peinture abstraite

Aux alentours de 1950, Charmion von Wiegand (née à Chicago en 1896 et morte à New York en 1983) a été reconnue en tant qu'artiste pour une œuvre qui élargissait les conventions du néoplasticisme en conjuguant l'abstraction géométrique moderniste à certaines codifications esthétiques renvoyant à l'imagerie orientale. À cette époque-là, elle était relativement nouvelle dans l'univers de la peinture abstraite, mais bien loin de l'être sur la scène artistique new-yorkaise. Membre active des cercles littéraires des années 1920 et correspondante de presse installée dans le Moscou postrévolutionnaire autour de 1930, von Wiegand s'était imposée en tant que critique d'art avec un point de vue qui englobait à la fois les idées socialistes et l'art abstrait. Quoiqu'ayant elle-même pratiqué la peinture dès 1927, elle s'est d'abord fait connaître en tant qu'écrivain – et c'est d'ailleurs dans ce rôle qu'elle a approché Piet Mondrian, à une époque où il venait de s'exiler à New York. Mais que ce soit en tant que peintre, critique d'art, commissaire d'exposition ou présidente des American Abstract Artists (AAA), von Wiegand s'est toujours intéressée de près à l'histoire, à la signification et aux transformations de l'abstraction. Outre ses publications sur les paradigmes de l'œuvre de Mondrian, son étude approfondie des idées néoplasticiennes a fourni tout au long de sa vie à Charmion von Wiegand l'élan nécessaire à sa propre exploration de l'abstraction géométrique. Bien que représentée dans les collections de nombreux musées de premier plan, essentiellement aux États-Unis, son œuvre reste aujourd'hui largement méconnue. Le défi représenté par un langage visuel qui, si l'on envisage rétrospectivement l'art du XXe siècle, résiste à toute classification évidente allait nécessairement rester indissociable de l'étude de von Wiegand, mais aussi de l'héritage artistique et intellectuel qui est le sien – tout comme son sempiternel rattachement à l'étiquette « Mondrian ».

Dans cette contribution, nous souhaitons mettre en évidence le rôle très actif joué par Charmion von

Wiegand dans l'établissement de l'art abstrait aux États-Unis durant les années 1930 et 1940 – et qui devrait légitimement lui être reconnu. Notre ambition est aussi de témoigner du caractère polymorphe de ses propres explorations artistiques de l'abstraction – du néoplasticisme aux mandalas bouddhistes et du dessin automatique au *color-field painting*. Son œuvre peint autant que ses écrits doivent à cet égard être envisagés comme un questionnement ininterrompu sur la nature véritable de l'abstraction. Il convient enfin de reconnaître que, si von Wiegand est largement absente des canons de l'art abstrait, c'est en raison de sa conception multiforme de l'abstraction, et en particulier parce qu'elle a conçu ses œuvres tardives comme des représentations d'un « dogme » religieux spécifique, entrant de ce fait dans un champ habituellement tenu à l'écart des historiographies de l'art en Occident. Dans une perspective contemporaine, ce dernier point n'est guère à son désavantage.

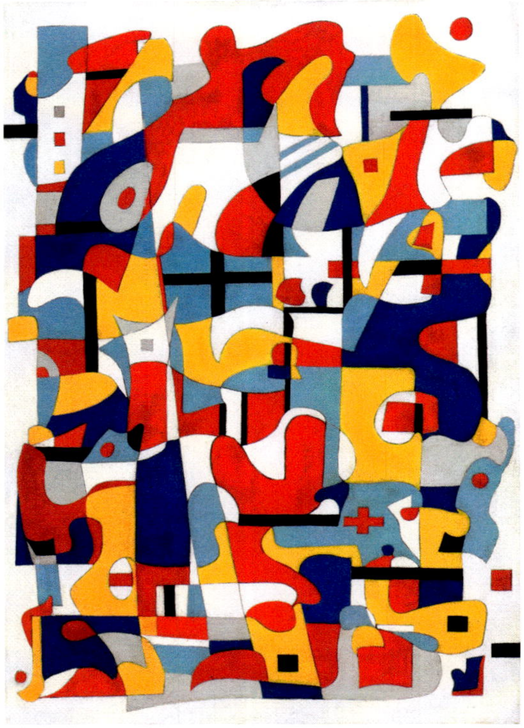

Charmion von Wiegand, *Forms #6, Disparate Forms*, 1946, huile sur toile, 89,5 x 63,5, Seattle Art Museum, gift of Gladys and Sam Rubinstein, acc. no 2015.14.1, © Estate of Charmion von Wiegand; Courtesy of Michael Rosenfeld Gallery LLC, New York, NY, photo Elizabeth Mann

Charmion von Wiegand, agent de liaison dans l'histoire de l'art abstrait aux États-Unis

Charmion von Wiegand a d'abord exercé en tant qu'écrivain-journaliste. À son arrivée à Moscou, en 1929, elle était la seule femme correspondante d'une agence de presse américaine établie dans la capitale soviétique. Ce qui l'intéressait en URSS, ce n'était pas tant l'art progressiste d'un Aleksandr Rodchenko ou d'une Varvara Stepanova que les effets immédiats de la révolution sur le quotidien des Soviétiques, ou encore l'art de propagande soviétique.

De retour aux États-Unis vers 1930, elle participa en tant que journaliste aux débats sur le statut social des artistes et l'importance de l'art dans la société – avec en toile de fond la Grande Dépression, époque où des périodiques comme *Art Front* ou *New Masses* comparaient les mérites respectifs de l'art figuratif et de l'art abstrait. L'artiste et réalisateur Hans Richter et le scénographe Frederick Kiesler devinrent alors pour elle des amis, et des interlocuteurs privilégiés; avec l'artiste Carl Holty, elle travailla en outre au manuscrit d'une *Histoire de l'art abstrait*.

Après avoir lu le pamphlet d'Herbert Read *Five on Revolutionary Art*, où l'historien de l'art saluait en Piet Mondrian un « véritable artiste révolutionnaire », von Wiegand voulu rencontrer ce dernier, qui venait d'arriver de Londres pour s'installer à New York. Le dialogue entretenu par von Wiegand et Mondrian – depuis leur première rencontre, en avril 1941, jusqu'à la mort du peintre néerlandais, le 1er février 1944 – allait être déterminant pour ses deux protagonistes[1]. L'étroite fréquentation des méthodes de travail et les concepts théoriques d'un artiste parvenu à la maturité allait en effet se révéler fondamentale pour von Wiegand, lui donnant accès à une solution artistique probante pour une forme d'abstraction géométrique dotée d'un contenu social pertinent[2].

À partir de là, elle allait éditer et traduire de nombreux écrits de Mondrian, et devenir membre des American Abstract Artists, dont elle assurerait plus tard la présidence. C'est elle aussi qui écrivit le premier article exhaustif sur Mondrian d'un point de vue américain, « The Meaning of Mondrian », publié en 1943 dans le *Journal of Aesthetics and*

Art Criticism[3]. Dès 1942, von Wiegand et Stephan C. Lions assurèrent ensemble le commissariat de l'exposition « Masters of Abstract Art », organisée au bénéfice de la Croix-Rouge dans les locaux du New Art Center d'Helena Rubinstein, à New York. On pouvait y découvrir notamment des œuvres de Stuart Davis, Joan Miró, Mondrian, Vassily Kandinsky et Hans Richter. Après la disparition de Mondrian, von Wiegand organisera également plusieurs expositions new-yorkaises à la Pinacotheca Gallery de Rose Fried. Parmi celles-ci, « The White Plane », qui réunissait entre autres des œuvres de Mondrian et de Kandinsky, mais aussi une exposition consacrée à Kurt Schwitters, préparée en collaboration avec Katherine Dreier et Naum Gabo.

Si l'on sait que von Wiegand a engagé, dès les années 1920, un dialogue avec des artistes comme Joseph Stella, et qu'elle a commencé à peindre et dessiner dans le mode figuratif à peu près à la même époque, les premières pièces constitutives de ce que l'on considère aujourd'hui comme son œuvre artistique ne datent que du début des années 1940. La composition graphique de ses productions du milieu de cette même décennie – et plus encore leurs titres – ne laissent cependant aucun doute sur le fait que, contrairement à la thèse tant de fois réaffirmée de sa dette envers Mondrian, von Wiegand a développé son premier corpus d'œuvres avec en arrière-plan le courant du « biomorphisme » (omniprésent dans la vie artistique et intellectuelle du New York des années 1940), et donc plutôt en écho à Richter et Kiesler. Il est d'ailleurs probable que la scénographie conçue par Kiesler pour la collection de Peggy Guggenheim, dans sa galerie Art of This Century, ait joué un rôle déterminant dans le développement de von Wiegand en tant qu'artiste à part entière.

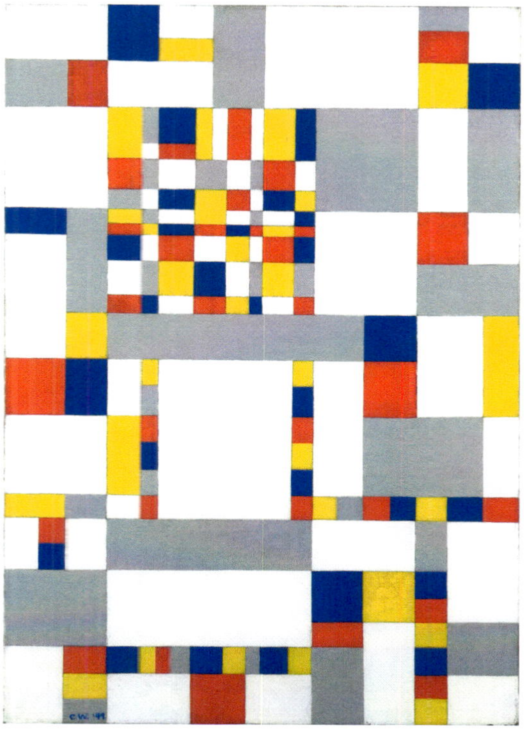

Charmion von Wiegand, *Radiating Plane*, 1949, huile sur toile, 88,9 x 64,1, New York, New York University Art Collection, Grey Art Gallery, gift of Howard Wise, acc. no. 1965.45, © Estate of Charmion von Wiegand; Courtesy of Michael Rosenfeld Gallery LLC, New York, NY, photo Grey Art Gallery, New York University

Charmion von Wiegand à travers son exploration picturale de l'abstraction

La question de ce que signifie réellement l'abstraction dans l'œuvre de Charmion von Wiegand demeure un sujet compliqué, dans la mesure où la logique visuelle, les méthodes et les objectifs esthétiques de l'artiste varient d'une toile à l'autre. Si toutes ses œuvres justifient l'emploi du qualificatif « abstraites », elles ne sont, par essence, nullement homogènes. Il en va de même de ses écrits sur l'art abstrait, qui pouvaient aller du rejet de la peinture non objective (accusée, dans l'une de ses premières critiques pour *Art Front*, d'être détachée de toute référence terrestre) à un intérêt pour la peinture extrême-orientale, ou d'une analyse formaliste des œuvres de Piet Mondrian à une conception de l'art abstrait comme « fondement d'un concept mondial de l'art[4] ».

Arrêtons-nous d'abord sur quelques œuvres caractéristiques de Charmion von Wiegand. Un exemple des débuts de sa pratique picturale nous est donné par les dessins automatiques qu'elle utilisait souvent comme matière première pour ses œuvres peintes. On en trouve notamment dans un carnet de notes daté de 1942, ou dans un collage de technique mixte remontant à peu près à la même époque. Une huile sur toile, *Forms #6, Disparate Forms* (1946), constitue un exemple représentatif de la « phase biomorphique » de l'artiste. Les formes organiques de ce tableau, qui ne sont pas sans rappeler Joan Miró, proviennent de dessins automatiques et viennent s'insérer dans une grille qui n'est pas encore celle de Mondrian. Dans ces quelques œuvres, l'abstraction est avant tout le fruit de l'intérêt que von Wiegand porte à la psychanalyse et au surréalisme, ou une tentative d'engendrer des images non représentationnelles à partir de l'inconscient. Ce travail témoigne aussi de sa proximité avec les cercles de Kiesler et Richter, et avec le milieu de la galerie Art of this Century ouverte par Peggy Guggenheim.

Si une toile comme *City Lights* (1947) peut légitimement être perçue comme une imitation de Mondrian, elle peut aussi – à l'instar d'autres œuvres appartenant à la même période – s'envisager comme une *re-figuration* littérale du néoplasticisme du peintre néerlandais. Après tout, ce que nous y voyons, ce ne sont pas des formes géométriques sans référent externe, mais bien une abstraction de l'environnement urbain. Ce que l'on entend ici par « re-figuration du néoplasticisme » devient une évidence si l'on confronte directement les deux œuvres. Si, chez Mondrian, toute référence externe est éliminée, Charmion von Wiegand, s'affranchissant de tout dogmatisme, se sert de la grille structurelle de Mondrian, mais en y introduisant des éléments qu'il faut bel et bien comprendre comme représentationnels. Charmion von Wiegand se démarque en cela du cercle néoplasticiste des Fritz Glarner, Burgoyne Diller et consorts.

Réalisée seulement deux ans plus tard, la toile *Radiating Plane* (1949) est pourtant très différente, rappelant plutôt l'engouement du moment pour le *color-field painting*. Il convient de la rattacher, dans l'œuvre de von Wiegand, à une phase marquée par son adoption d'un langage non représentatif, fonctionnant en dehors de toute référence extérieure. D'autres toiles – et en particulier celles qui relèvent de sa phase la plus tardive – viennent compliquer encore davantage cette dualité entre abstrait et non-représentationnel, ainsi qu'entre les moyens et les objectifs. *The Ascent to Mt. Meru* (1962) en constitue un bon exemple. Selon une lecture occidentale, ce tableau s'interpréterait en effet comme l'abstraction géométrique d'une montagne, représentée simultanément sous différents angles – à supposer d'ailleurs qu'il fasse intervenir un quelconque référent (externe). Mais en même temps, la toile respecte un mode de représentation propre à la tradition tibétaine, selon lequel il est tout à fait normal de montrer un objet vu à la fois d'en haut et de côté. Dans cette optique, *The Ascent to Mt. Meru* est dès lors un mandala, ce qui pose inévitablement la question de savoir s'il ne fonctionne pas plutôt comme une invitation à la méditation, l'abstraction constituant dans ce cas un moyen pour parvenir à une fin. La commissaire d'exposition Haema Sivanesan considère pour sa part que cette période représente, dans l'œuvre de Charmion von Wiegand, les prémices de son évolution vers le langage visuel d'un bouddhisme moderne et transculturel[5].

L'argument consistant à affirmer que tous ces exemples, qui recouvrent une période d'une vingtaine d'années seulement, semblent disparates et difficilement conciliables ne tient que si l'on applique le critère normatif d'une supposée nécessité de cohérence de l'œuvre ou, à tout le moins, celui d'une œuvre susceptible de s'analyser, du point de vue de l'histoire de l'art, à l'aune d'un développement logique et progressif. Charmion von Wiegand elle-même en était consciente. Dans un entretien accordé en 1968, elle déclara ouvertement que, lorsqu'elle avait commencé à étudier l'art du bouddhisme, elle y avait d'abord vu un « conflit esthétique[6] » avec les idéaux du néoplasticisme, mais que ce problème n'avait guère tardé à perdre à ses yeux toute pertinence.

Ayant ainsi observé la façon dont Charmion von Wiegand a négocié, dans sa propre production artistique, sa confrontation à l'abstraction et au non-représentationnel, on ne sera guère surpris d'apprendre que, dans les années 1950 et 1960, c'est un fusionnement de divers courants de l'abstraction qui est venu alimenter non seulement sa peinture, mais aussi ses écrits. Publié en 1957, son essai « Tradition orientale et art abstrait » reposait sur l'hypothèse que l'avènement de l'art abstrait en Occident allait le rapprocher des traditions iconographiques d'Extrême-Orient. Les conséquences en seraient d'une portée considérable :

Pendant et au sortir de la Première Guerre mondiale, les pionniers de l'art abstrait formulèrent un nouveau langage plastique dans lequel les différences

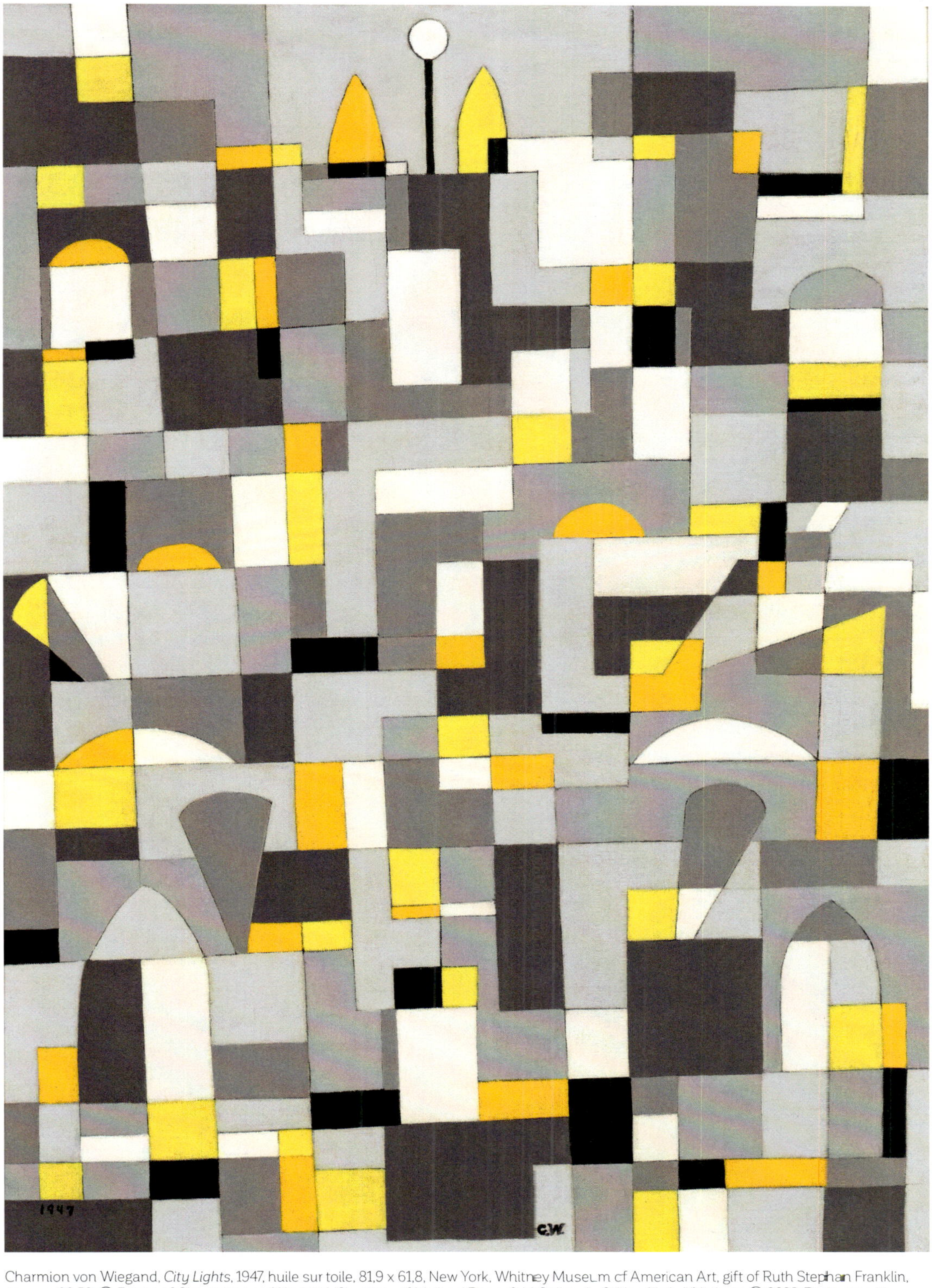

Charmion von Wiegand, *City Lights*, 1947, huile sur toile, 81,9 x 61,8, New York, Whitney Museum of American Art, gift of Ruth Stephan Franklin, acc. no. 68.56, © Estate of Charmion von Wiegand; Courtesy of Michael Rosenfeld Gallery LLC, New York, NY, photo © 2022. Digital image Whitney Museum of American Art/Licensed by Scala

nationales, locales et particulières furent peu à peu absorbées dans une expression universelle [...]. Mais aujourd'hui, tout ce que l'art a de vital sur le plan créatif se produit, pour l'essentiel, dans le domaine abstrait; c'est à ce niveau-là que se situent tous les débats esthétiques[7].

En fin de compte, von Wiegand s'intéressait aussi à l'équivalence – voire à l'égalisation – entre des traditions picturales totalement différentes : ici, l'autonomie de l'art moderne en Europe et en Amérique du Nord, là, un art religieux et spirituel propre à l'Asie. Implicitement, la spiritualité est ainsi posée *a priori* comme un critère légitime dans l'art abstrait. Von Wiegand voyait même, dans le triomphe de l'expressionnisme abstrait, un progrès supplémentaire vers un supposé nivellement des traditions et particularismes culturels locaux :

Nonobstant la beauté des œuvres d'art créées par les expressionnistes abstraits, le mouvement dans son ensemble a constitué un pas de plus vers la désintégration de la tradition occidentale. Dans cette crise, l'art occidental peut soit s'enfoncer dans son propre passé, se replier sur lui-même et [...] réitérer mécaniquement ses formules, soit aller de l'avant et chercher à atteindre un horizon nouveau sur le fondement d'un concept mondial de l'art[8].

En définitive, son «concept mondial de l'art» constituait une tentative de décrire ce qui n'était rien de moins que la consolidation de l'art abstrait, étendu sur le plan historique et temporel de façon à lui donner sa légitimité – au motif qu'il a toujours existé, partout dans le monde. Pareille conviction repose sur l'idée que l'art est autonome, et ses formes, détachées de tout contexte historique et local. Procédés esthétiques, buts spirituels et religieux, revendications politiques et traditions locales se voient ainsi réduits à un unique dénominateur commun, exclusivement défini par une ressemblance de surface. Cette approche place von Wiegand en compagnie d'autres historiens de l'art de son temps, parmi lesquels Werner Haftmann qui, dans son ouvrage de 1954, *Die Malerei im 20. Jahrhundert*, développait une théorie de «l'abstraction en tant que langage universel», par laquelle il tentait d'expliquer, de façon anhistorique, formaliste et décontextualisée, la domination mondiale exercée par l'art abstrait après 1945[9]. Derrière cette idée pointait également – comme d'ailleurs chez von Wiegand – la volonté d'établir une équivalence absolue au regard de laquelle les différences culturelles et historiques étaient d'une importance négligeable. De telles vues ne sont pas sans poser problème, dans la mesure où, selon la perspective qui est aujourd'hui la nôtre, certains courants seraient dès lors assimilables à de «l'appropriation culturelle». L'argument universaliste devient toutefois plus compréhensible (quoiqu'il n'en requière pas forcément moins d'explications complémentaires) si l'on introduit dans l'équation le contexte de l'époque, et la compréhension spécifique de ce que signifie le terme abstraction dans une interprétation historique. Écrivant dans les années 1950, Haftmann avait en effet pour principale préoccupation la réhabilitation de l'art dit «dégénéré»; il aspirait à ce que l'Allemagne de l'Ouest, solidement ancrée dans le libéralisme occidental, puisse renouer avec la scène artistique internationale[10]. Au contraire, les critiques d'art autant que les œuvres produites par von Wiegand à partir des années 1950 doivent s'envisager dans le contexte politique (et culturel) du maccarthysme, c'est-à-dire les persécutions subies par la gauche, à laquelle appartenait très certainement l'artiste elle-même – qui écrivait des articles pour différentes publications marquées à gauche – et d'autres personnes de son entourage.

Les raisons de l'absence de Charmion von Wiegand dans le canon esthétique

Ainsi que le souligne Nancy J. Troy dans un récent article sur von Wiegand (lequel, en tant que récit de son implication auprès de Mondrian, constitue aujourd'hui une ressource précieuse du point de vue de l'histoire de l'art pour quiconque s'intéresse au travail de l'artiste néerlandais), certains aspects de la relation entre von Wiegand et Mondrian n'ont pas été pris en compte – tandis que la dette stylistique de von Wiegand a, elle, été mise en avant à maintes reprises par les journalistes et les critiques, façonnant en quelque sorte à l'artiste une image qui l'enfermait dans une position subalterne dans les archives de l'histoire de l'art[11]. Troy explique comment von Wiegand est restée extérieure au groupe

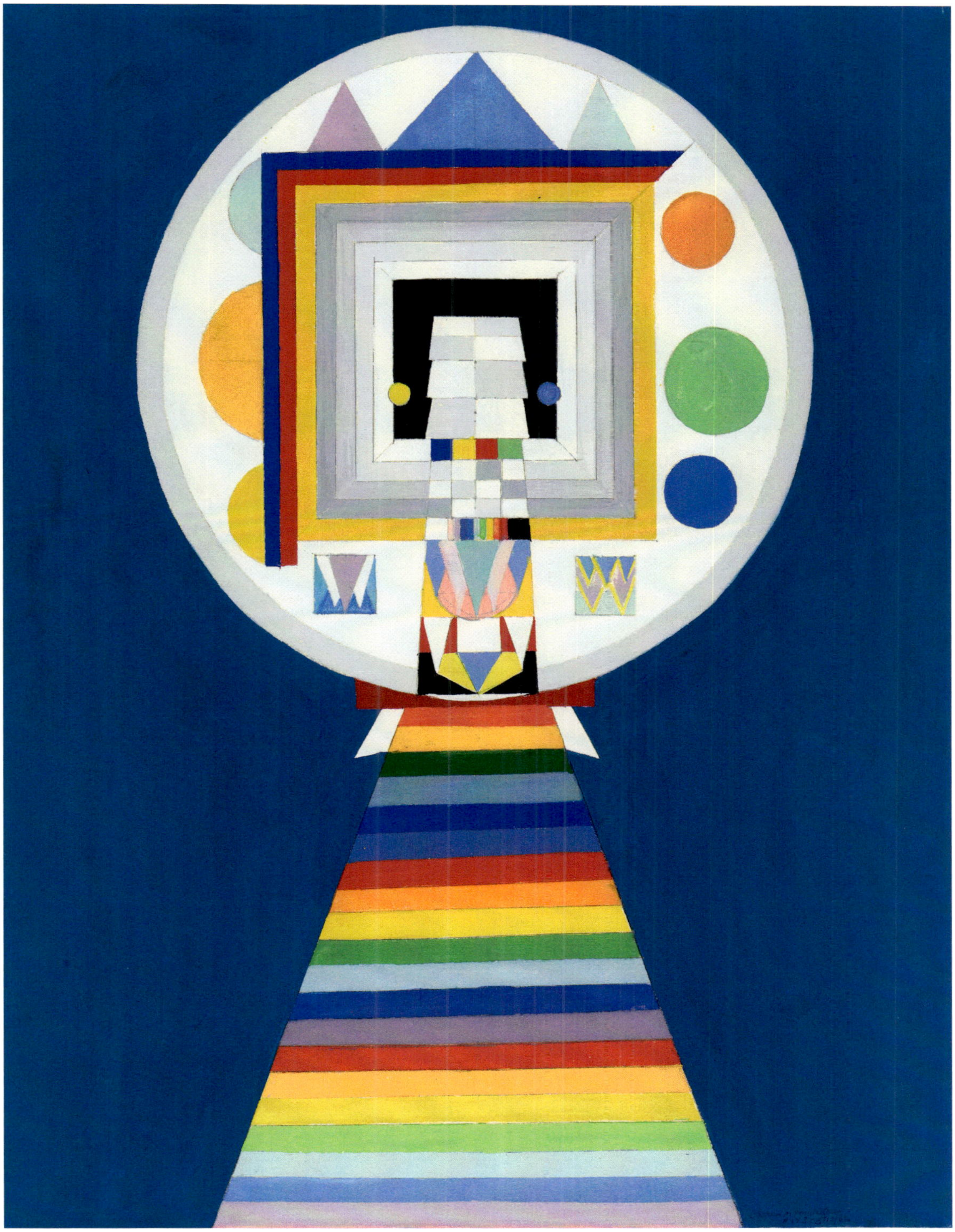

Charmion von Wiegand, *The Ascent to Mt. Meru*, 1962, gouache et graphite sur papier, 59,4 x 46,7, New York, Solomon R. Guggenheim Museum, gift, Ruth Abrams in memory of Gerald Scofield, 1982, © Estate of Charmion von Wiegand; Courtesy of Michael Rosenfeld Gallery LLC, New York, NY, photo Solomon R. Guggenheim Museum, New York

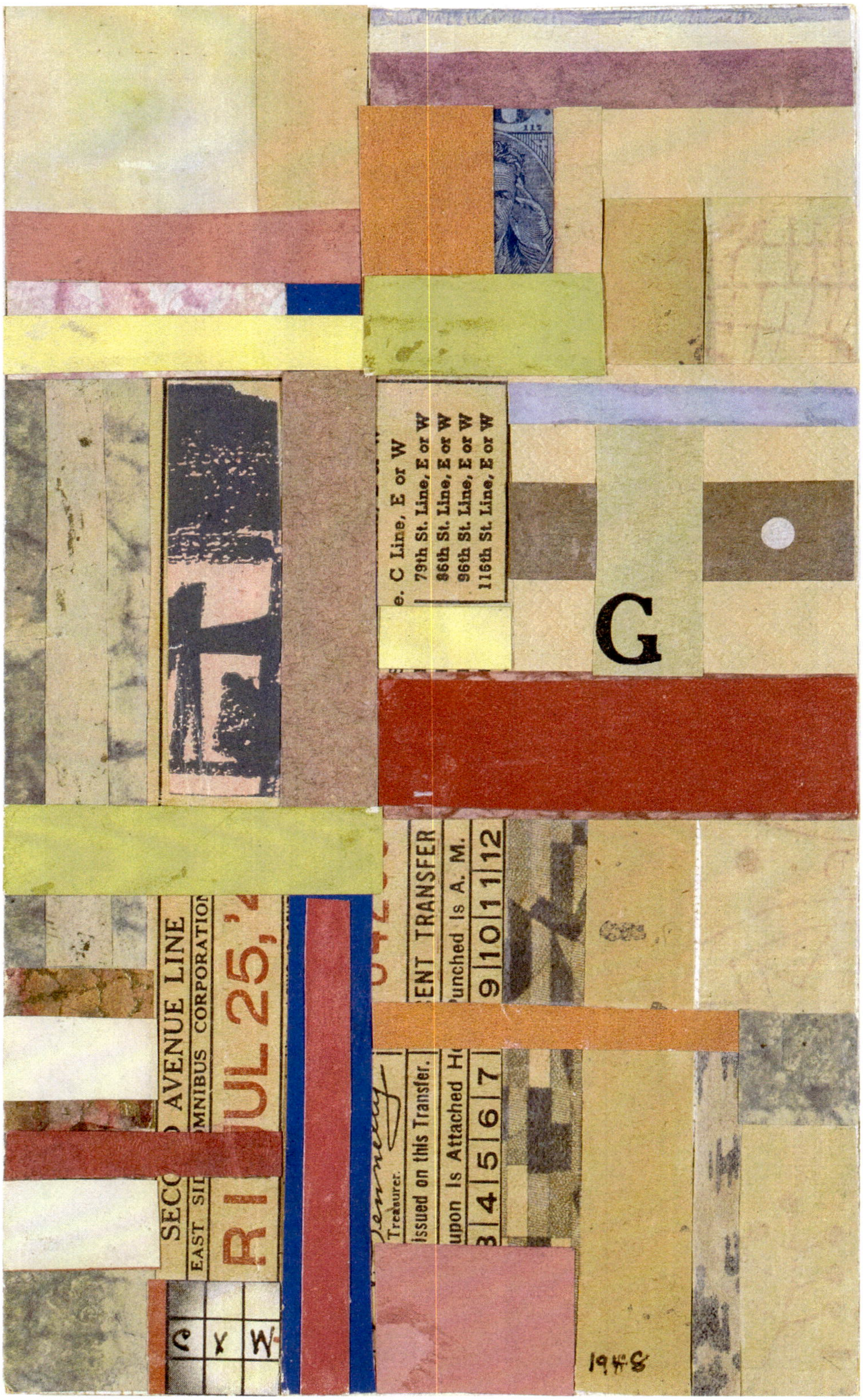

Charmion von Wiegand, *Transfer to Cathay*, 1948, papier sur papier, 19 x 11,6, Washington D.C., Smithsonian American Art Museum, gift of Patricia and Phillip Frost, 1986.92.97, © Estate of Charmion von Wiegand; Courtesy of Michael Rosenfeld Gallery LLC, New York, NY, photo Smithsonian American Art Museum

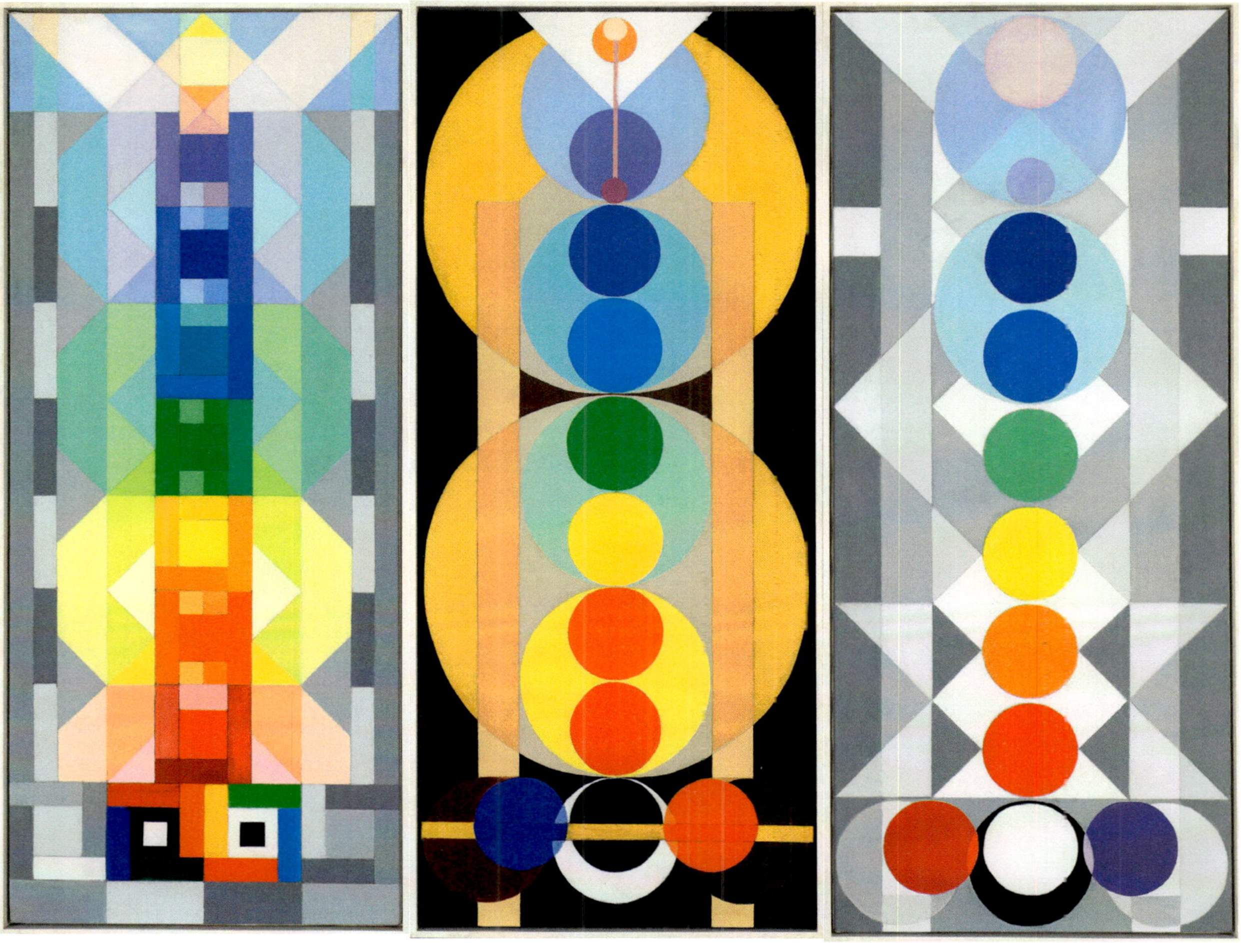

Charmion von Wiegand, *Number 700*, triptyque, 1961, huile et crayon graphite sur lin, 107,3 x 138 (panneau de gauche : 107 x 46; panneau central : 107 x 45,9; panneau de droite : 107,3 x 46), New York, Whitney Museum of American Art, gift of Alvin M. Greenstein, acc. no. 62.39, © Estate of Charmion von Wiegand; Courtesy of Michael Rosenfeld Gallery LLC, New York, NY, photo © 2022. Digital image Whitney Museum of American Art/Licensed by Scala

d'artistes (à large dominante masculine) affiliés à Mondrian, et comment elle ne s'est jamais vue créditée ni de l'effort consenti pour traduire et éditer de nombreux essais du peintre, ni pour l'article qu'elle a publié sur lui dès 1943[12]. Pour autant, l'absence, chez von Wiegand, de « style identifiable » du point de vue plastique n'a pas été la seule raison de son invisibilisation dans l'histoire de l'art, jusqu'à nos jours. L'œuvre et le positionnement artistique de Charmion von Wiegand échappent en effet de surcroît à toute catégorisation facile, si l'on veut s'en tenir aux critères de sélection communs à tout le XXe siècle – parmi lesquels un style reconnaissable, ou l'innovation artistique; Lee Krasner a connu à cet égard un destin assez semblable[13].

Connaissant ceux des tableaux de von Wiegand qui dépeignent sans hésitation possible la ville de New York, on peut aujourd'hui se demander par exemple pourquoi l'artiste n'a pas été associée, en 1956, à l'exposition collective « American Artists Paint the City », qui présentait justement ce courant au pavillon Américain à la Biennale de Venise, sous le commissariat de Katharine Kuh. La réponse tient probablement aux motivations de la commissaire, laquelle avait résolument choisi de se concentrer sur l'Amérique du Nord : une artiste comme von

Wiegand – dont le passé socialiste était connu, et qui n'était pas seulement ouverte à la tradition artistique européenne, mais s'y impliquait activement – n'avait sans doute pas été jugée suffisamment représentative. Quoi qu'il en soit, von Wiegand elle-même ne s'intéressait nullement aux débats teintés de connotations nationalistes. Comme nous l'avons vu plus haut, elle était déjà convaincue à cette époque que l'avenir était à l'influence de l'art asiatique : « Aujourd'hui, ce sont les arts d'Extrême-Orient qui imprègnent l'atmosphère artistique, et dont on peut s'attendre à voir grandir l'influence[14]. »

Au milieu des années 1950, von Wiegand a d'ailleurs bien failli rompre complètement avec ce qui, depuis 1800, constituait l'un des paradigmes de l'autonomie de l'art occidental, à savoir son détachement de tout contexte religieux. C'était aussi le paradigme sous-jacent aux différentes tendances réunies en 1986 par le commissaire Maurice Tuchman au Los Angeles County Museum of Art, pour l'exposition « The Spiritual in Abstract Art ». Dans le catalogue, un essai de Donald Kuspit nous livre un indice quant aux raisons pour lesquelles le travail de von Wiegand n'avait pas été inclus dans cette sélection. L'art contemporain puissamment spirituel, écrit-il, « n'est pas le vecteur de communication du dogme religieux, mais d'un certain type d'expérience irréductible et non discursive[15] ». Selon Haema Sivanesan, la véritable contribution de von Wiegand à l'histoire de l'art du XXe siècle – si l'on s'en tient au critère moderniste *classique* d'innovation artistique en tant qu'indice de qualité – serait le travail qu'elle a livré pour « produire une image du "bouddhisme moderne" – c'est-à-dire, une image du bouddhisme comme phénomène transculturel[16] ».

Au début des années 1990, dans son article sur une exposition d'œuvres de von Wiegand à Hartford (Connecticut), un critique s'interrogeait en ces termes : « Pourquoi donc n'est-elle pas plus connue, dix ans à peine après sa mort[17] ? » Il est quasi certain que toute tentative de réponse à cette question devrait faire mention du double positionnement des œuvres de l'artiste – à la fois dans la tradition occidentale d'un art abstrait autonome, et en référence à un domaine qui, lui, ne relève pas de l'historiographie de l'art occidental[18]. À l'avenir, il conviendrait que les projets portant sur Charmion von Wiegand s'attachent à envisager son œuvre non seulement dans la perspective de l'art abstrait géométrique, mais aussi en faisant le lien avec des artistes comme George Brecht, Robert Filliou ou Ray Johnson – artistes avec lesquels elle a au demeurant très bien pu être en contact, étant donné leur intérêt commun pour la pratique du bouddhisme. On sait en tout cas avec certitude qu'elle a rencontré Ray Johnson, le pionnier du Mail Art, puisqu'ils ont eu une exposition commune en 1977 à la Sid Deutsch Gallery, à New York.

À ces éléments s'ajoutent son travail en tant que commissaire et organisatrice d'expositions, et comme journaliste, et la façon minutieuse dont elle a façonné sa propre biographie, et s'est efforcée de la corréler à sa production artistique. C'est aujourd'hui seulement que tous ces facteurs viennent, ensemble, mettre en lumière le rôle de Charmion von Wiegand sur la scène artistique américaine, des années 1940 aux années 1970.

Traduit de l'anglais par Jean-Marc Agostini

Notes

Certaines parties de cet essai ont déjà été publiées dans deux articles : Felix Vogel, « Autonomy – Spirituality – Universalism: The Meaning of Abstraction », dans M. Wismer (ed.), *Charmion von Wiegand. Expanding Modernism*, Londres, Prestel, 2021, p. 117-128 et M. Wismer, « The Paradox of Transformation », dans *ibid.*, p. 12-30. Notre recherche s'appuie sur le projet de l'exposition « Charmion von Wiegand: Expanding Modernism », qui devait initialement être présentée au Kunstmuseum Basel à l'automne 2020, et qui est désormais prévue pour 2023. Une part importante de cette contribution a été conçue et débattue avec les étudiants de l'Institut d'histoire de l'art de l'université de Bâle, ainsi que lors d'une journée d'études avec des collègues étrangers, à l'automne 2019, au Kunstmuseum Basel.

1. Herbert Read, *Five on Revolutionary Art*, Betty Rea (ed.), Londres, Wishart, 1935. Pour de plus amples détails sur la correspondance entre von Wiegand et Mondrian, voir Martin Brauen, « You are a writer and I don't want to know about your painting », dans M. Wismer (ed.),

Charmion von Wiegand. Expanding Modernism, Londres, Prestel, 2021, p. 41-60; ainsi que M. Brauen, *A Sameness Between Us. The Friendship of Charmion von Wiegand and Piet Mondrian in Letters and Memoirs*, Stuttgart, Arnoldsche Art, 2021.

2. Pour aller plus loin sur ce sujet, voir l'essai de Nancy J. Troy, « Mondrian was my Guru: Charmion von Wiegand and Piet Mondrian in the 1940s and 1950s », dans M. Wismer, *Charmion von Wiegand. Expanding Modernism*, *op. cit.*, p. 67-90.

3. C. von Wiegand, « The Meaning of Mondrian », *The Journal of Aesthetics and Art Criticism*, vol. 2, n° 8, automne 1943, p. 62-70.

4. *Id.*, « The Oriental Tradition and Abstract Art », dans *The World of Abstract Art*, American Abstract Artists (ed.), New York, George Wittenborn, 1957, p. 55-67, ici p. 55.

5. Voir Haema Sivanesan, « Charmion von Wiegand's Vision of Modern Buddhism », dans M. Wismer, *Charmion von Wiegand. Expanding Modernism*, *op. cit.*, p. 91-116.

6. Entretien de Paul Cummings avec Charmion von Wiegand, 9 octobre et 3 novembre 1968, Archives of American Art, Smithsonian Institution, Oral history.

7. C. von Wiegand, « The Oriental Tradition and Abstract Art », dans *The World of Abstract Art*, *op. cit.*, p. 56.

8. *Ibid.*, p. 62.

9. Werner Haftmann, *Die Malerei im 20. Jahrhundert*, Munich, Prestel, 1954, trad. en anglais par R. Manheim sous le titre *Painting in the Twentieth Century*, New York, Praeger, 1960.

10. Cette revendication est encore plus problématique à d'autres égards. Certaines informations ont été publiquement révélées il y a peu indiquant qu'Haftmann avait été membre du parti nazi, et qu'il avait pris part à la torture et à l'exécution de partisans italiens pendant la Seconde Guerre mondiale. Sa position en tant qu'apologiste influent de l'art moderne dans l'Allemagne d'après-guerre – notamment en raison de son rôle important dans les premières éditions de la documenta – apparaît de ce fait sous un jour nouveau. Une réévaluation de ses écrits à la lumière de ces éléments reste à entreprendre.

11. N. J. Troy, « Mondrian was my Guru: Charmion von Wiegand and Piet Mondrian in the 1940s and 1950s », art. cité.

12. C. von Wiegand, « The Meaning of Mondrian », art. cité.

13. Voir Suzanne Hudson, « Present Conditional », dans Eleanor Nairne (dir.), *Lee Krasner. Living Colour*, Londres, Thames & Hudson, 2019, p. 42.

14. C. von Wiegand, « The Oriental Tradition and Abstract Art », art. cité, p. 55.

15. Donald Kuspit, « Concerning the Spiritual in Contemporary Art », dans *The Spiritual in Art. Abstract Painting, 1890-1985*, cat. d'expo., Los Angeles, Los Angeles/New York, Los Angeles County Museum of Art/Abbeville Press, 1986, p. 319.

16. H. Sivanesan, « Charmion von Wiegand's Vision of Modern Buddhism », art. cité, p. 115

17. Owen McNally, « A Mondrian Influence, but Wiegand an Original », *Hartford Courant*, 21 novembre 1993, cité dans N. J. Troy, « Mondrian was my Guru: Charmion von Wiegand and Piet Mondrian in the 1940s and 1950s », art. cité, p. 89.

18. Voir D. Kuspit, « Concerning the Spiritual in Contemporary Art », art. cité.

Maja Wismer est responsable du département des arts après 1960 et de l'art contemporain au Kunstmuseum Basel (Bâle).

Felix Vogel est professeur en art et savoirs à l'Université de Cassel et membre du documenta Institute.

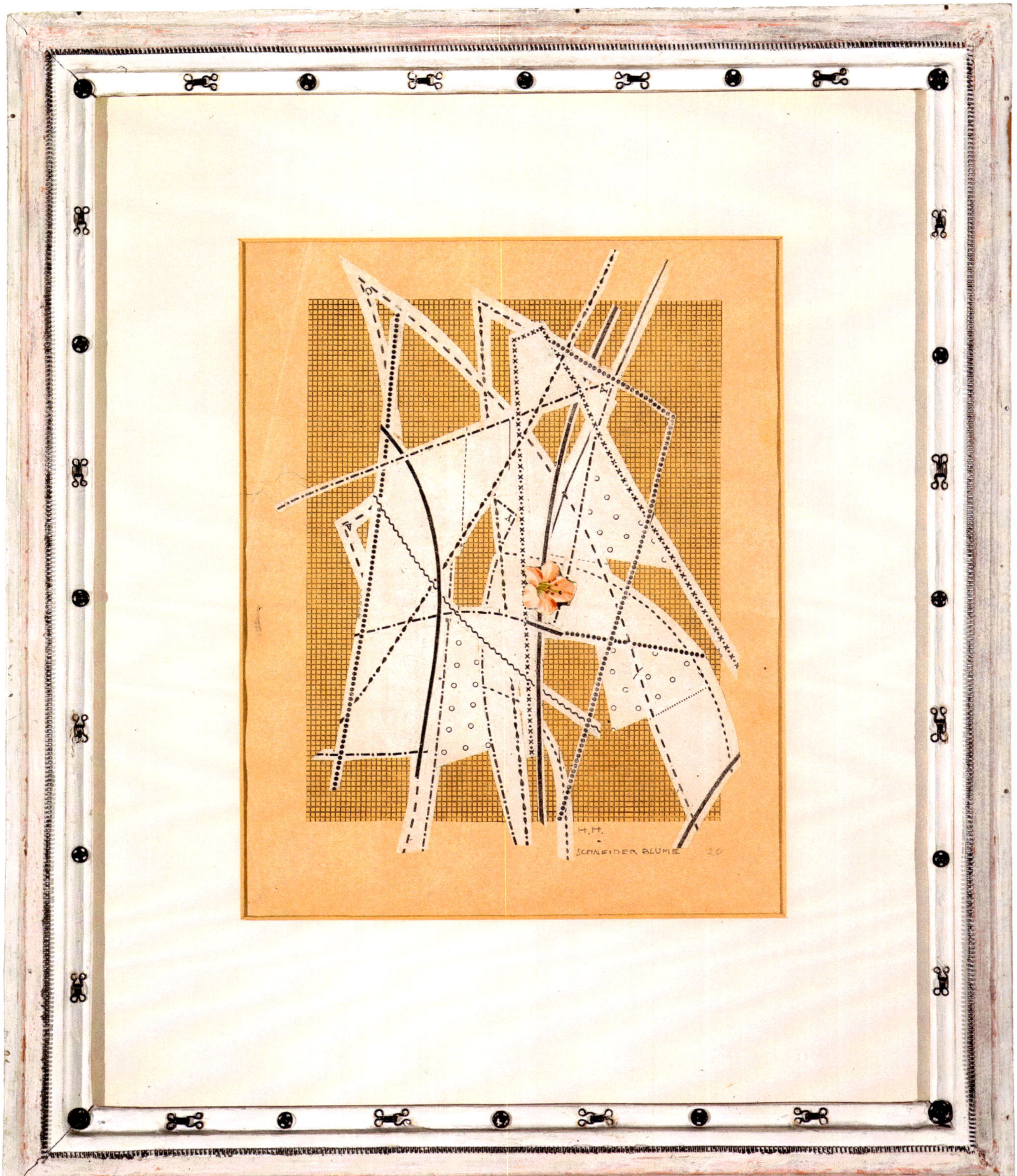

Hannah Höch, *Schneiderblume* [*Fleur de tailleur*], 1920 [plus probablement 1924-1925], collage de papier et d'imprimés monté sur papier, 51,4 x 43,8, Washington D.C., Hirshhorn Museum and Sculpture Garden, gift of Louise Rosenfield Noun in Honor of James T. Demetrion, 1996, © Adagp, Paris 2022, photo Lee Stalsworth. Hirshhorn Museum and Sculpture Garden

Max Boersma

Le patron dégenré

Hannah Höch, le cubisme et les collages-dessins

Dans les dernières années de sa vie, en référence à un ensemble constitué par certaines de ses œuvres, Hannah Höch les qualifia alternativement de *Collage-Zeichnungen* (« collages-dessins »), *Klebe-Zeichnungen* (« dessinés-collés ») ou patrons-collages[1]. Comportant plus de quinze pièces, cette série de collages abstraits reste l'un des corpus les moins étudiés de la plasticienne allemande[2]. Il est pourtant né en même temps que d'autres œuvres plus caractéristiques de l'artiste, sous la République de Weimar. Datée de 1920 (mais plus probablement réalisée en 1924-1925), *Schneiderblume* (« Fleur de tailleur ») occupe une place à part parmi ces œuvres; elle est la seule à avoir été insérée dans un encadrement, confectionné par Höch en détournant des fermetures éclair, boutons-pression et agrafes de couture. Remarquable par son caractère instinctif et aléatoire, le collage présente un assemblage indiscipliné de formes à plat et d'enchaînements linéaires faits de points, de tirets et d'ondulations s'étirant dynamiquement au-delà des limites du fond stable que constitue un papier au quadrillage très serré; légèrement décentrée, une fleur rose surmontée d'anthères rouges vient rompre la palette par ailleurs austère de noir, blanc et beige. Pour cette construction centrale, Höch a disséqué et réassemblé des éléments puisés dans une matière première essentielle pour l'ensemble de cette série : un patron de couture vendu dans le commerce.

Apparu au XIXe siècle, le patron de couture est un support technique particulier, qui n'a guère été étudié – un instrument éphémère du quotidien dans la modernité occidentale. « Rien n'est aussi peu cher et pourtant si précieux, si courant et pourtant si méconnu, si sous-estimé et pourtant si bénéfique », affirmait une publicité américaine en 1916, « [a]ssurément l'une des inventions fondamentales de l'histoire de l'humanité – l'Étoffe des Rêves »[3]. Pour *Schneiderblume*, Höch a retravaillé une ou plusieurs fiches de patron de couture publiées par Ullstein & Co. – le plus grand groupe d'édition allemand de l'entre-deux-guerres, mais aussi, de 1916 à 1926, l'employeur de l'artiste, qui dessinait pour lui des modèles de broderie, dentelles, vêtements et autres[4]. Un patron Ullstein consistait en la codification d'un réseau très dense de panneaux de confection se superposant sur une même fiche recto verso, elle-même organisée par rapport à une légende illustrée. Glissés entre les pages des magazines de mode et des livres publiés par Ullstein ou vendus séparément dans le commerce, ces objets en papier, peu coûteux, incitaient leurs utilisateurs

– principalement, des utilisatrices – à confectionner elles-mêmes leur garde-robe à la maison. Le patron contribuait ainsi à faire évoluer non seulement le style des vêtements, mais aussi leur processus de fabrication. À l'époque, ces patrons étaient donc tout à la fois un moyen d'expression créative et d'autonomisation de l'individu, un vecteur de progrès social et professionnel, et une « technologie du genre », pour reprendre l'expression de Teresa de Lauretis ; en d'autres termes un outil devenu marchandise, intervenant dans la fabrication d'apparences genrées, mais aussi dans les hiérarchies genrées des tâches et du travail[5].

Indifférente à la logique technique contenue dans la fiche, la *Schneiderblume* de Höch construit sa forme en détourant certaines lignes et figures tirées du patron pour les combiner avec d'autres éléments imprimés. Jusqu'ici passé plutôt inaperçu, ce collage offre pourtant une lecture remarquablement astucieuse des dynamiques de genre à l'œuvre au sein du cubisme et de ce que l'on a appelé le « chemin vers l'abstraction » – tout particulièrement à la lumière des commentaires livrés par l'artiste dans certains articles ou dans des textes non publiés. J'avancerais pour ma part que *Schneiderblume* manifeste un jeu d'interactions entre « genrer » et « dégenrer » donnant à voir le patron féminisé tout en réexaminant de façon critique ses modalités de fabrication, qui étaient tout sauf neutres. En conjuguant les techniques de production artisanale de masse et l'art d'avant-garde, le collage de Höch illustre en outre l'examen polymorphe du genre auquel s'est livrée l'artiste, et suggère une autre généalogie de l'abstraction dans l'entre-deux-guerres, une filiation qui s'attache davantage aux techniques du quotidien.

Vaisselle sale et fils modernistes

Höch est parvenue à l'âge adulte dans une société qui commençait à peine à entrevoir la profondeur des racines culturelles de la différence entre les genres. Née en 1889, elle avait en effet environ 13 ans au moment où l'influent sociologue allemand Georg Simmel affirma sans détour que « la culture de l'humanité n'est en somme rien d'asexuée[6] ». « Cette culture qui est la nôtre », écrivait-il en 1902 dans son essai « Weibliche Kultur » (« Culture féminine »), « se révèle, à l'exception de rares domaines, entièrement masculine. L'industrie et l'art, le commerce et la science, l'administration civile et la religion furent la création de l'homme »[7]. Höch a ainsi fait l'expérience de ce régime patriarcal comme d'un phénomène inéluctable, tant dans les milieux bourgeois que dans les milieux d'avant-garde : dissuadée par son père d'étudier les beaux-arts, elle a opté à défaut pour les arts appliqués et s'est aussi vue bien souvent rabaissée au sein du groupe dada de Berlin, qu'elle avait rejoint aux côtés de son compagnon de l'époque, Raoul Hausmann.

Écrit aux environs de l'année 1920, son récit non publié « Der Maler » (« Le Peintre ») exprime le fossé patent qui sépare les tâches ménagères, féminisées, de la production artistique, masculinisée. Sur quatre pages dactylographiées, le texte narre l'existence domestique du peintre « moderne » Gotthold Himmelreich auprès de sa femme et de leur unique rejeton. La dramaturgie du récit central se déploie autour des tâches ménagères du foyer. Absorbé par ses aspirations intellectuelles, l'artiste se sent insulté quand on lui demande de faire la vaisselle. Rebelle à ces intrusions, et pendant que sa femme (qui n'est jamais nommée) s'occupe de subvenir à ses besoins quotidiens, Himmelreich se consacre inconditionnellement à son grand-œuvre : un tableau dont l'ambition est de dépeindre l'essence même de l'âme féminine – qu'il entrevoit, de façon pour le moins mystérieuse, sous la forme d'échalotes sauvages. Au bout de deux ans, n'étant pas parvenu à atteindre cet objectif qui se dérobe à lui, notre peintre de fiction opte à la place pour une pure abstraction verte qu'il intitule *L'Âme de la femme*. À l'issue de sa première exposition, l'œuvre est immédiatement saluée par le chef de l'État comme la manifestation de « la révolution », et le Musée national en fait l'acquisition. Bien souvent envisagé sous l'angle biographique, « Der Maler » est le reflet à peine romancé de la tumultueuse relation extraconjugale que Raoul Hausmann a entretenue pendant sept ans avec Höch. Tout en proclamant sa foi en l'égalité des sexes, celui-ci tournait systématiquement en dérision les ambitions artistiques de Höch ; après l'avoir persuadée de financer sur son salaire les aspirations créatives qu'il entretenait pour

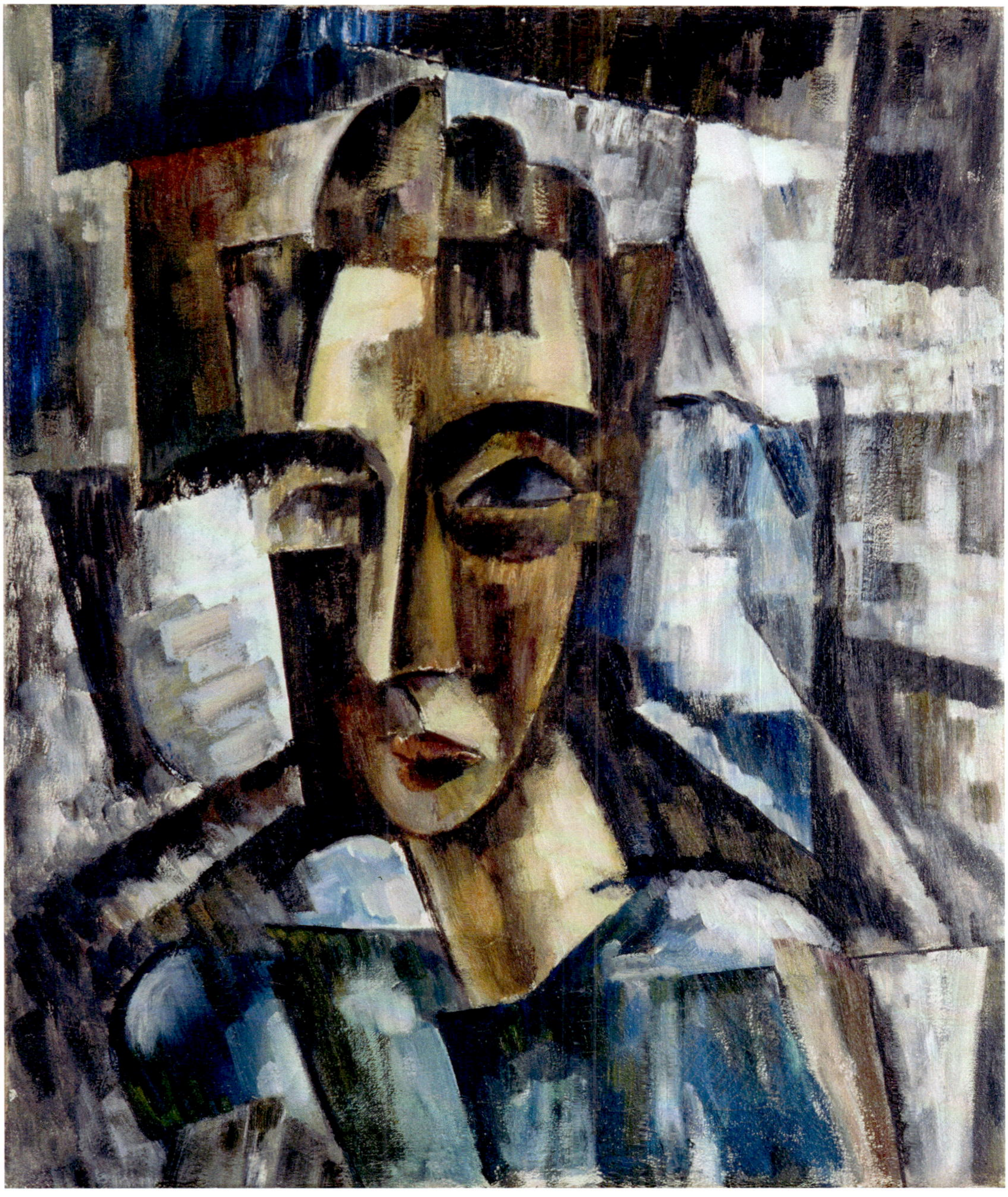

Raoul Hausmann, *Hannah abstrakt*, 1916, huile sur toile, 60 x 40, collection particulière, © Adagp, Paris 2022, photo Germanisches Nationalmuseum, Nürnberg

lui-même, il la força par deux fois à avorter, refusant de quitter sa femme comme il le lui avait promis[8].

Dans la caricature sans équivoque qu'elle nous livre, la fable composée par Höch met directement en cause les projets du cubisme et de l'abstraction, raillant leur propension au mysticisme et à la misogynie. L'ambition picturale d'Himmelreich de « *cuber* la ressemblance des échalotes sauvages avec une âme de femme » résulte de sa découverte « qu'un vide remplit chacun de ces objets de bas en haut » ;

il aspire ainsi à présenter « dans une peinture *cubiste* construite avec une infinie clarté, l'âme féminine disséquée de manière scientifiquement positiviste, de sorte que toute personne versée dans l'*abstraction* puisse se dire, c'est elle, voilà bien à quoi elle ressemble dans son essence même »[9]. L'histoire fournit une grille de lecture très utile pour comprendre la position de l'artiste par rapport aux discours expérimentaux de l'avant-garde, dans la mesure où Höch brosse cette satire du génie créatif masculin tout en mettant l'accent sur sa dépendance aux travaux de reproduction[10]. Fait assez révélateur, au début de leur relation, Hausmann a réalisé plusieurs portraits de Höch dans le « cubisme entièrement personnel » qu'il revendiquait – notamment pour une toile de 1916 intitulée *Hannah abstrakt*, représentant sa maîtresse dans un style cubiste mâtiné d'influences primitivistes et expressionnistes[11].

Le récit composé par Höch dénonce la volonté du peintre masculin d'établir une analogie entre le corps de la femme et des formes issues de la nature (les échalotes sauvages parodiant ici des fleurs et autres motifs analogues), mais il vise aussi certaines motivations plus secrètes de cette dissection formaliste. L'histoire révèle en effet que les ambitions « scientifiquement positivistes » d'Himmelreich proviennent de ce qu'il a entendu dire que « ces petites femmes, souvent extrêmement malléables, ne pouvaient pas toujours être modelées et façonnées de manière à assurer le bien-être physique et psychique de tout homme », d'où son « obscur désir... de s'attaquer à ce problème spécifique avec de la peinture, sur une toile »[12]. En résumé, « Der Maler » présente l'étude très poussée de la forme féminine effectuée par le modernisme – son « appropriation érotique du corps en peinture », pour citer Carol Armstrong, enseignante à Yale – et son arrivée à l'abstraction en tant qu'elle procède de la soumission domestique, du déplacement psychique et de la sublimation[13]. Dans la rhétorique de la critique que formule Höch, les plus directement visés sont les « cubistes de salon » adeptes de l'esprit scientifique, tels Albert Gleizes ou Jean Metzinger; comme nous le verrons plus loin, certains collages-dessins ultérieurs de l'artiste interrogeront en outre plus particulièrement l'œuvre de Pablo Picasso.

Pour autant, s'agissant de sa propre pratique artistique, Höch n'était absolument pas opposée à l'abstraction en tant que telle. Dans des articles publiés en 1918 et 1919, elle se déclarait même fermement convaincue des capacités de l'abstraction à faire grandir et à réinventer certaines techniques artisanales comme la broderie, affirmant que ces modalités du faire avaient tout autant leur place dans les musées que dans les foyers. « Pourquoi, s'interrogeait-elle par exemple, notre broderie européenne moderne ne propose-t-elle jamais rien d'autre que des fleurs, des paniers, des oiseaux et des fanfreluches ? Ne devrait-il pas être possible, pour la broderie, d'accomplir ce que l'art abstrait est parvenu à réaliser avec la peinture non objective, sans pour autant faire de la broderie un succédané de la peinture[14] ? » Dans un autre article, elle souligne à quel point il est important que cette broderie adopte des formes abstraites dans l'optique d'une stratégie permettant aux femmes de documenter leur époque[15]. En revanche, et de façon assez prévisible, son attitude vis-à-vis des patrons Ullstein produits en série était nettement plus ambivalente. « Des mains absolument admirables cousent les dentelles de Venise, constatait-elle songeuse, tandis qu'en Allemagne, on nous donne des motifs Ullstein à repasser[16]. » Ce propos sarcastique, qui visait les pièces de broderie thermocollantes, tendait à dénoncer leurs conséquences en termes de déqualification, opposant les prouesses artisanales des femmes italiennes à l'industrie culturelle de l'Allemagne de Weimar.

Pour comprendre les interventions d'Hannah Höch sur les patrons de couture Ullstein, il faut posséder quelques rudiments sur la façon dont ils fonctionnent. Afin de produire le vêtement désiré, il convient d'abord de localiser l'article dans la partie supérieure de la fiche, et d'identifier les numéros et les contours linéaires correspondant à chaque élément requis; ces différents panneaux doivent ensuite être isolés et individuellement extirpés du réseau confus de lignes entrecroisées – tâche généralement effectuée en superposant au patron du papier transparent où l'on calque le tracé de chacune des formes. Une fois découpées, ces pièces de papier « de deuxième niveau » sont fixées sur l'étoffe avec des épingles, après quoi

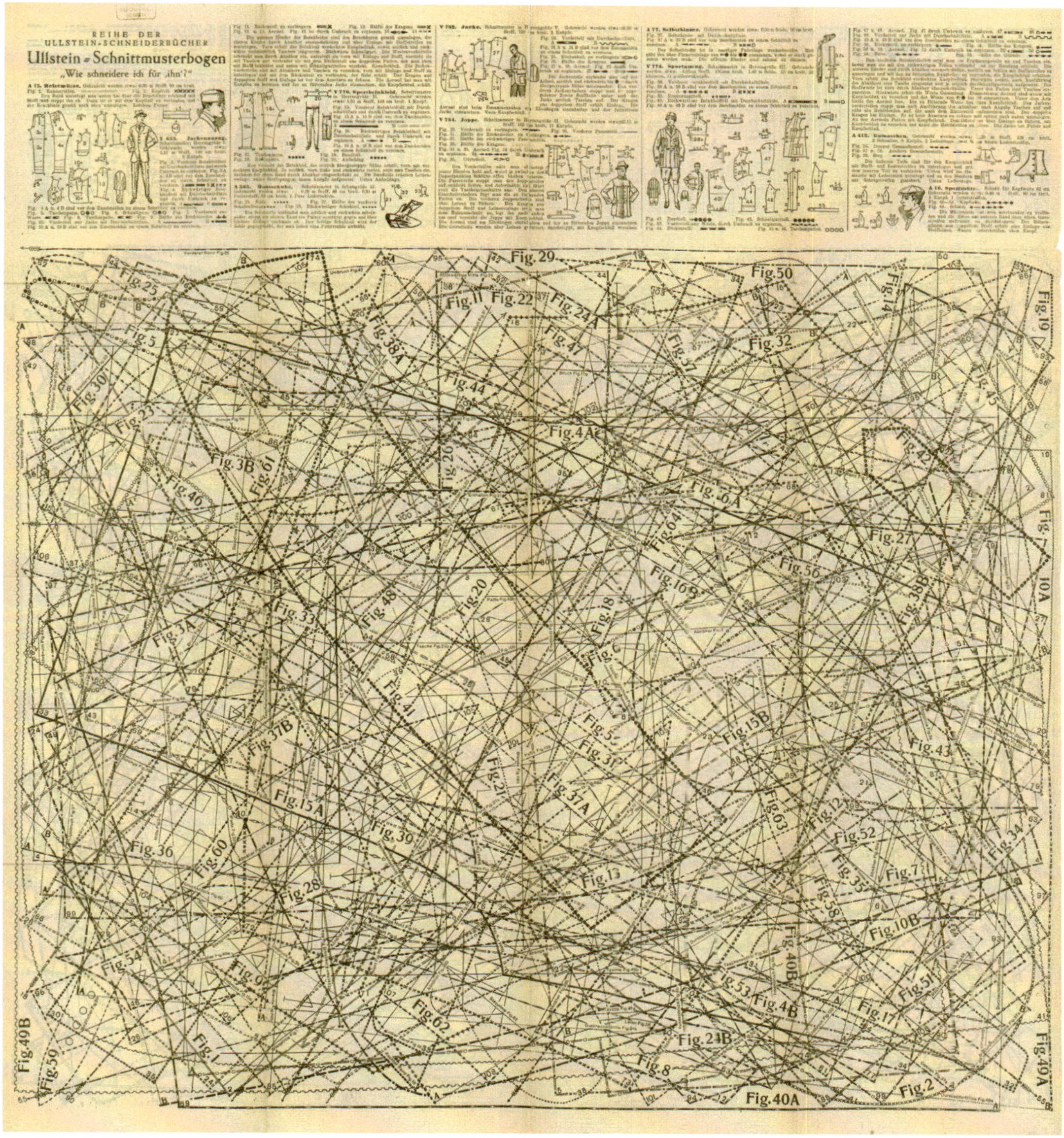

Manuel de confection, patron pour la réalisation d'un tailleur, extrait de Max Schnabel, Annie Juliane Richert, *«Wie schneidere ich für „ihn"?» Die Herrenschneiderei im eigenen Haus*, Berlin, Ullstein, 1923, Berlin, Kunstbibliothek (SMPK), photo © BPK, Berlin, Dist. RMN-Grand Palais/Dietmar Katz

celle-ci sera découpée, ajustée et, pour finir, cousue.

Parce qu'il est le point de départ de ce processus, le patron de couture est le principal médiateur d'une fabrication qui est à la fois industriellement conçue et individuellement réalisée. Pour certaines femmes de l'époque de Weimar, ses lignes zigzagantes représentaient une opportunité de se réinventer; il a notamment offert aux femmes des classes ouvrières la possibilité d'adapter plus aisément leur garde-robe aux emplois de bureau, leur donnant aussi les moyens de la créativité domestique. Les magazines de mode et les patrons ont également permis aux personnes trans ou non conformes aux normes de genre d'envisager différemment les réalités de ce dernier : ils leur ont ouvert de nouveaux espaces où reconfigurer leur apparence, en facilitant

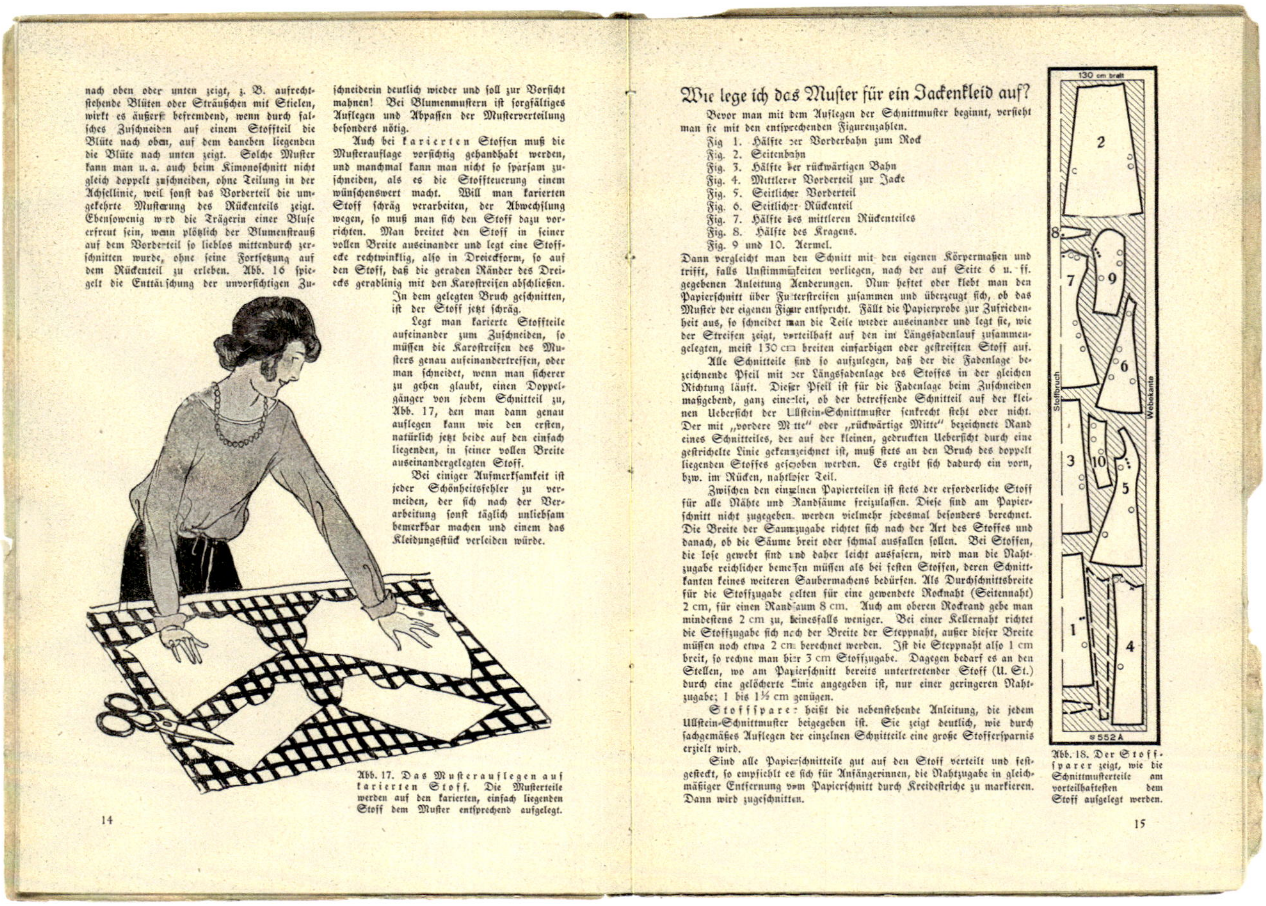

nach oben oder unten zeigt, z. B. aufrechtstehende Blüten oder Sträußchen mit Stielen, wirkt es äußerst befremdend, wenn durch falsches Zuschneiden auf einem Stoffteil die Blüte nach oben, auf dem daneben liegenden die Blüte nach unten zeigt. Solche Muster kann man u. a. auch beim Kimonoschnitt nicht gleich doppelt zuschneiden, ohne Teilung in der Achsellinie, weil sonst das Vorderteil die umgekehrte Musterung des Rückenteils zeigt. Ebensowenig wird die Trägerin einer Bluse erfreut sein, wenn plötzlich der Blumenstrauß auf dem Vorderteil so lieblos mittendurch zerschnitten wurde, ohne seine Fortsetzung auf dem Rückenteil zu erleben. Abb. 16 spiegelt die Enttäuschung der unvorsichtigen Zuschneiderin deutlich wieder und soll zur Vorsicht mahnen! Bei Blumenmustern ist sorgfältiges Auflegen und Abpassen der Musterverteilung besonders nötig.

Auch bei karierten Stoffen muß die Musterauflage vorsichtig gehandhabt werden, und manchmal kann man nicht so sparsam zuschneiden, als es die Stoffteuerung einem wünschenswert macht. Will man karierten Stoff schräg verarbeiten, der Abwechslung wegen, so muß man sich den Stoff dazu vorrichten. Man breitet den Stoff in seiner vollen Breite auseinander und legt eine Stoffecke rechtwinklig, also in Dreieckform, so auf den Stoff, daß die geraden Ränder des Dreiecks geradlinig mit den Karostreifen abschließen. In dem gelegten Bruch geschnitten, ist der Stoff jetzt schräg.

Legt man karierte Stoffteile aufeinander zum Zuschneiden, so müssen die Karostreifen des Musters genau aufeinandertreffen, oder man schneidet, wenn man sicherer zu gehen glaubt, einen Doppelgänger von jedem Schnitteil zu, Abb. 17, den man dann genau auflegen kann wie den ersten, natürlich jetzt beide auf den einfach liegenden, in seiner vollen Breite auseinandergelegten Stoff.

Bei einiger Aufmerksamkeit ist jeder Schönheitsfehler zu vermeiden, der sich nach der Verarbeitung sonst täglich unliebsam bemerkbar machen und einem das Kleidungsstück verleiden würde.

Abb. 17. Das Musterauflegen auf karierten Stoff. Die Musterteile werden auf den karierten, einfach liegenden Stoff dem Muster entsprechend aufgelegt.

14

Wie lege ich das Muster für ein Jackenkleid auf?

Bevor man mit dem Auflegen der Schnittmuster beginnt, versieht man sie mit den entsprechenden Figurenzahlen.

Fig 1. Hälfte der Vorderbahn zum Rock
Fig. 2. Seitenbahn
Fig. 3. Hälfte der rückwärtigen Bahn
Fig. 4. Mittlerer Vorderteil zur Jacke
Fig. 5. Seitlicher Vorderteil
Fig. 6. Seitlicher Rückenteil
Fig. 7. Hälfte des mittleren Rückenteiles
Fig. 8. Hälfte des Kragens.
Fig. 9 und 10. Aermel.

Dann vergleicht man den Schnitt mit den eigenen Körpermaßen und trifft, falls Unstimmigkeiten vorliegen, nach der auf Seite 6 u. ff. gegebenen Anleitung Aenderungen. Nun heftet oder klebt man den Papierschnitt über Futterstreifen zusammen und überzeugt sich, ob das Muster der eigenen Figur entspricht. Fällt die Papierprobe zur Zufriedenheit aus, so schneidet man die Teile wieder auseinander und legt sie, wie der Streifen zeigt, vorteilhaft auf den im Längsfadenlauf zusammengelegten, meist 130 cm breiten einfarbigen oder gestreiften Stoff auf.

Alle Schnitteile sind so aufzulegen, daß der die Fadenlage bezeichnende Pfeil mit der Längsfadenlage des Stoffes in der gleichen Richtung läuft. Dieser Pfeil ist für die Fadenlage beim Zuschneiden maßgebend, ganz einerlei, ob der betreffende Schnitteil auf der kleinen Uebersicht der Ullstein-Schnittmuster senkrecht steht oder nicht. Der mit „vordere Mitte" oder „rückwärtige Mitte" bezeichnete Rand eines Schnitteiles, der auf der kleinen, gedruckten Uebersicht durch eine gestrichelte Linie gekennzeichnet ist, muß stets an den Bruch des doppelt liegenden Stoffes geschoben werden. Es ergibt sich dadurch ein vorn, bzw. im Rücken, nahtloser Teil.

Zwischen den einzelnen Papierteilen ist stets der erforderliche Stoff für alle Nähte und Randsäume freizulassen. Diese sind am Papierschnitt nicht zugegeben, werden vielmehr jedesmal besonders berechnet. Die Breite der Saumzugabe richtet sich nach der Art des Stoffes und danach, ob die Säume breit oder schmal ausfallen sollen. Bei Stoffen, die lose gewebt sind und daher leicht ausfasern, wird man die Nahtzugabe reichlicher bemessen müssen als bei festen Stoffen, deren Schnittkanten keines weiteren Saubermachens bedürfen. Als Durchschnittsbreite für die Stoffzugabe gelten für eine gewendete Rocknaht (Seitennaht) 2 cm, für einen Randsaum 8 cm. Auch am oberen Rockrand gebe man mindestens 2 cm zu, keinesfalls weniger. Bei einer Kellernaht richtet die Stoffzugabe sich nach der Breite der Steppnaht, außer dieser Breite müssen noch etwa 2 cm berechnet werden. Ist die Steppnaht also 1 cm breit, so rechne man hier 3 cm Stoffzugabe. Dagegen bedarf es an den Stellen, wo am Papierschnitt bereits untertretender Stoff (U. St.) durch eine gelöcherte Linie angegeben ist, nur einer geringeren Nahtzugabe; 1 bis 1½ cm genügen.

Stoffsparer heißt die nebenstehende Anleitung, die jedem Ullstein-Schnittmuster beigegeben ist. Sie zeigt deutlich, wie durch sachgemäßes Auflegen der einzelnen Schnitteile eine große Stofferspamis erzielt wird.

Sind alle Papierschnitteile gut auf den Stoff verteilt und festgesteckt, so empfiehlt es sich für Anfängerinnen, die Nahtzugabe in gleichmäßiger Entfernung vom Papierschnitt durch Kreidestriche zu markieren. Dann wird zugeschnitten.

Abb. 18. Der Stoffsparer zeigt, wie die Schnittmusterteile am vorteilhaftesten dem Stoff aufgelegt werden.

15

Manuel de confection, extrait de Annie Juliane Richert, Gertrud Halwas et Charlotte Kühn, *Wie lerne ich schneidern ? wie einkaufen ? zuscheiden ? nähen ?: Eine ausführliche Anleitung für die Hausschneiderei*, Berlin, Ullstein, 1923, p. 14-15, Berlin, Kunstbibliothek (SMPK), photo © BPK, Berlin, Dist. RMN-Grand Palais/Dietmar Katz

l'accès à une grande diversité de styles vestimentaires[17]. Ullstein ne favorisait cela dit qu'une dimension normative du travail sur patron : ses modèles s'appuyaient de façon explicite sur la pratique non rémunérée d'une tâche ménagère accomplie par des femmes pour le compte des hommes ou des enfants. T'ai Smith fait remarquer de son côté que le patron « marque une évolution vers la flexibilité du modèle de production », manifestant une « capacité à se démocratiser, à se transformer » au gré des attentes des consommateurs[18]. En d'autres termes, le potentiel des patrons Ullstein était intimement lié à des phénomènes de réorganisation du capital, à des divisions genrées du travail et à des impératifs de marché. Brouillant délibérément les codes techniques, Höch reconfigure avec *Schneiderblume* les logiques genrées illustrées par « Der Maler », mais aussi sa propre conception de la broderie, et les motifs eux-mêmes – utilisant à cet effet de la colle et des ciseaux, plutôt que du fil et une aiguille.

Genrer et dégenrer

Interrogée en 1975 sur son recours à certains éléments de la tradition artisanale, Höch répondit qu'elle aimait « réaliser des *collages-dessins* à partir de ces fiches de patrons de couture, parce que chacun d'entre eux possède des particularités propres[19] ». « La ligne n'est pas une ligne, expliquait-elle, mais se trouve en quelque sorte interrompue, de telle façon qu'elle se différencie des autres, et c'est avec ces lignes-là que j'ai dessiné[20].» En observant *Schneiderblume*, une chose saute immédiatement aux yeux : sa facture est totalement incorrecte. Höch coupe *dans* le patron au lieu de transposer ses formes, disqualifiant ainsi la fonction instrumentale de la fiche. C'est de cette façon éminemment concrète qu'elle a *dégenré* le travail du patron – dans un acte qui n'implique pas une tentative de contournement du genre, mais plutôt une résistance active à ses déterminations au niveau d'une pratique sociale. Définissant le *degendering* (l'acte de dégenrer) en tant que stratégie féministe, la sociologue Judith Lorber écrit que celui-ci « attaque la structure et le processus du genre – la séparation des individus entre deux statuts sociaux, et la construction sociale de ce que nous appelons les opposés[21] ». Selon Höch, le traitement qu'elle applique au patron libère ses motifs de tout ordre prédéterminé : « La seule loi qui s'applique est celle d'une création toujours recommencée », déclarait-elle ainsi, réitérant sa croyance tenace dans l'étendue des possibilités de l'abstraction[22]. Mais *Schneiderblume* témoigne en même temps d'une appartenance très équivoque au cubisme, laissant en particulier affleurer des contradictions, que l'on retrouve chez Picasso, dans le traitement du genre et de la technique.

Par son échafaudage linéaire anguleux, l'œuvre de Höch s'empare, du point de vue formel, d'un moment extrêmement intense dans le développement de ce que l'on a qualifié de cubisme analytique. Comparons son collage à la gravure *Mademoiselle Loénie sur une chaise longue*, réalisée par Picasso à l'été 1910 : à cette époque, le peintre espagnol s'efforçait de réinventer la représentation de la figure humaine en travaillant à partir d'un vocabulaire strictement contraint de lignes schématiques, d'angles, de courbes et de dispositifs volumétriques. « Flottant librement », ces composantes « ne correspondent à aucun élément donné de l'anatomie du modèle », explique Pepe Karmel, « au lieu de décrire le corps, elles évoquent l'enveloppe d'espace qui l'entoure »[23]. Une conséquence majeure de cette exploration conduite par Picasso a été la disparition précipitée des marqueurs du sexe et du genre dans ses œuvres, avec à la clé un jeu de signes fluides et supposés asexués[24]. Trevor Stark relève ainsi, à propos de

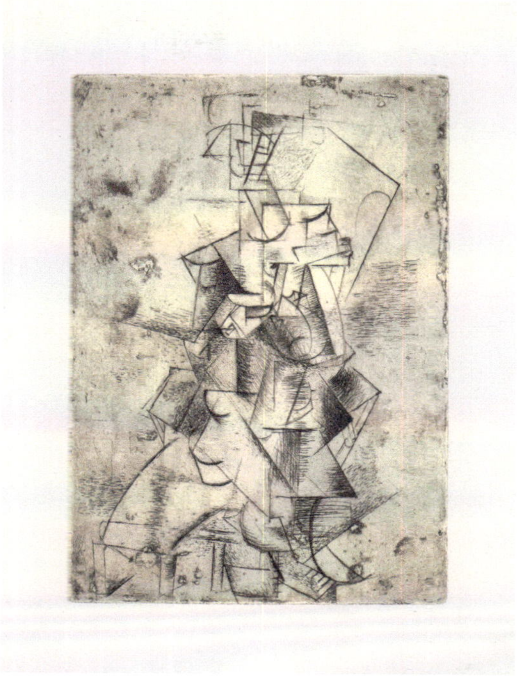

Pablo Picasso, *Mademoiselle Léonie sur une chaise longue*, 1910, gravure, plaque : 19,8 x 14,2; feuille : 36 x 22, édité par Kahnweiler, Paris, imprimé par Eugène Delâtre, Paris, 100 exemplaires. New York, The Museum of Modern Art, acc. no. 155.1949, © Succession Picasso 2022, photo © 2022. Digital image, The Museum of Modern Art, New York/Scala, Florence

Mademoiselle Léonie, que « malgré son titre, il semble prématuré d'insister sur la stabilité d'une identité de genre », y voyant plutôt une « étude sur la coexistence d'indices mutuellement contradictoires »[25].

Schneiderblume joue elle aussi, à sa façon, avec les limites et les conditions de la figuration. Dans sa manière d'aborder le patron, Höch assemble, à partir d'une surface déjà saturée, une construction aplatie, discontinue, évitant délibérément toute possibilité de stabilisation d'une figure humaine ou d'un vêtement. Pourtant, le positionnement choisi par l'artiste pour la fleur imprimée semble signaler la présence d'un corps. Placée entre deux éléments en arc susceptibles d'évoquer des jambes, cette fleur rose d'amandier assigne à l'assemblage disjoint le sexe féminin, non sans décalage ironique – et comme un hommage. Dans ses œuvres, Picasso baptisait « attributs » certains dispositifs analogues (par exemple, en 1910, une mèche de cheveux dans le *Portrait de Daniel-Henry Kahnweiler*). Ces attributs permettaient à une figure à peine intelligible d'échapper à l'abstraction totale[26]. Dans le mimétisme critique de Höch, la fleur photomécaniquement reproduite se heurte aux lignes schématiques du patron, mais moins pour matérialiser un corps que pour signaler un défaut de cohérence. Au même titre que la satire contenue dans « Der Maler », cette tension semble calculée pour saper la rhétorique de neutralité analytique du cubisme et exposer le sentiment latent dans sa pratique d'une violence de genre.

Dans le traitement du papier destiné à ses collages, Höch se confronte aussi, d'un point de vue technique, au médium cubiste du *papier collé*. C'est particulièrement frappant dans le collage *Weiße Form* (daté de 1919, mais sans doute réalisé lui aussi en 1924-1925). L'œuvre compose un visage à l'extrême limite du reconnaissable à partir de quelques éléments suggestifs – un cou allongé comme une tige, un œil, un nez vu de profil. Si l'on place côte à côte ce collage de Höch et une œuvre comme *Tête d'homme au chapeau*, de Picasso (1912), on se rend très vite compte d'une chose assez essentielle : fidèle en cela au trait d'union contenu dans son intitulé, le « collage-dessin » de Höch intègre habilement en un acte unique les deux opérations distinctes qui configurent le travail de Picasso, à savoir le collage du papier et le dessin au fusain[27]. Dans le déploiement des lignes et des formes extraites du patron, collage et dessin ne font plus qu'un. De ce fait, l'approche choisie par Höch repositionne dans une sorte de langue cubiste vernaculaire les tracés superposés sur la fiche, proposant ainsi un lien procédural entre cubisme et patron de couture.

Par ce geste, Höch anticipait en quelque sorte certains développements ultérieurs de la recherche en histoire de l'art. Elizabeth Cowling s'est en effet penchée sur la relation qu'entretenait Picasso avec les techniques de l'artisanat et les formes féminisées du travail, examinant en particulier comme source potentielle les tâches domestiques liées à la couture. Soulignant l'étroite proximité entre les *papiers collés* et le travail à plat de la couture (comme dans les illustrations d'Ullstein), Cowling remarquait ainsi que « la couturière produit sans le vouloir des effets qui ressemblent curieusement aux croisements et

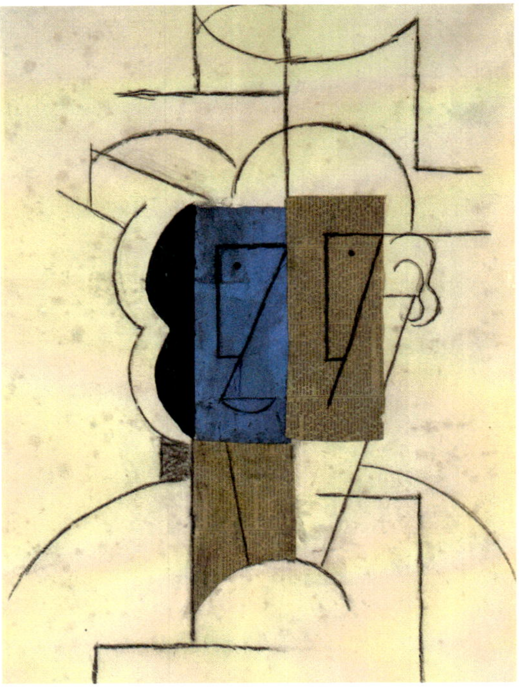

Pablo Picasso, *Tête d'homme au chapeau*, 1912, papier journal collé et papier de couleur, encre et fusain sur papier, 62,2 x 47,3, New York, The Museum of Modern Art, acc. no. 274.1937, © Succession Picasso 2022, photo © 2022. Digital image, The Museum of Modern Art, New York/Scala, Florence

changements d'orientation déroutants des *papiers collés*[28] ». Les textes de Cowling ont également été parmi les premiers à mettre en lumière l'utilisation par Picasso d'épingles de couturière, dont quelques exemplaires subsistent dans certaines œuvres. Ces épingles permettaient à l'artiste de fixer, détacher et réorganiser les éléments de ses compositions sans rien figer de façon définitive, dans un « processus d'ajustement (et d'épinglage itératif) » qui n'était pas sans rappeler, note-t-elle, le repositionnement par la couturière des formes en papier sur le tissu, ou l'assemblage provisoire des pièces lors des essayages[29]. L'œuvre de Picasso *Table de bar avec guitare* (1913) a conservé par exemple des traces de cette contingence de méthode. Elle montre aussi – comme Cowling le rappelle ailleurs – l'incorporation de matériaux stéréotypiquement genrés, tels ces papiers peints bon marché et démodés dont les connotations demeurent le plus souvent latentes ou secondaires dans l'utilisation qu'il en fait[30]. Ce sont

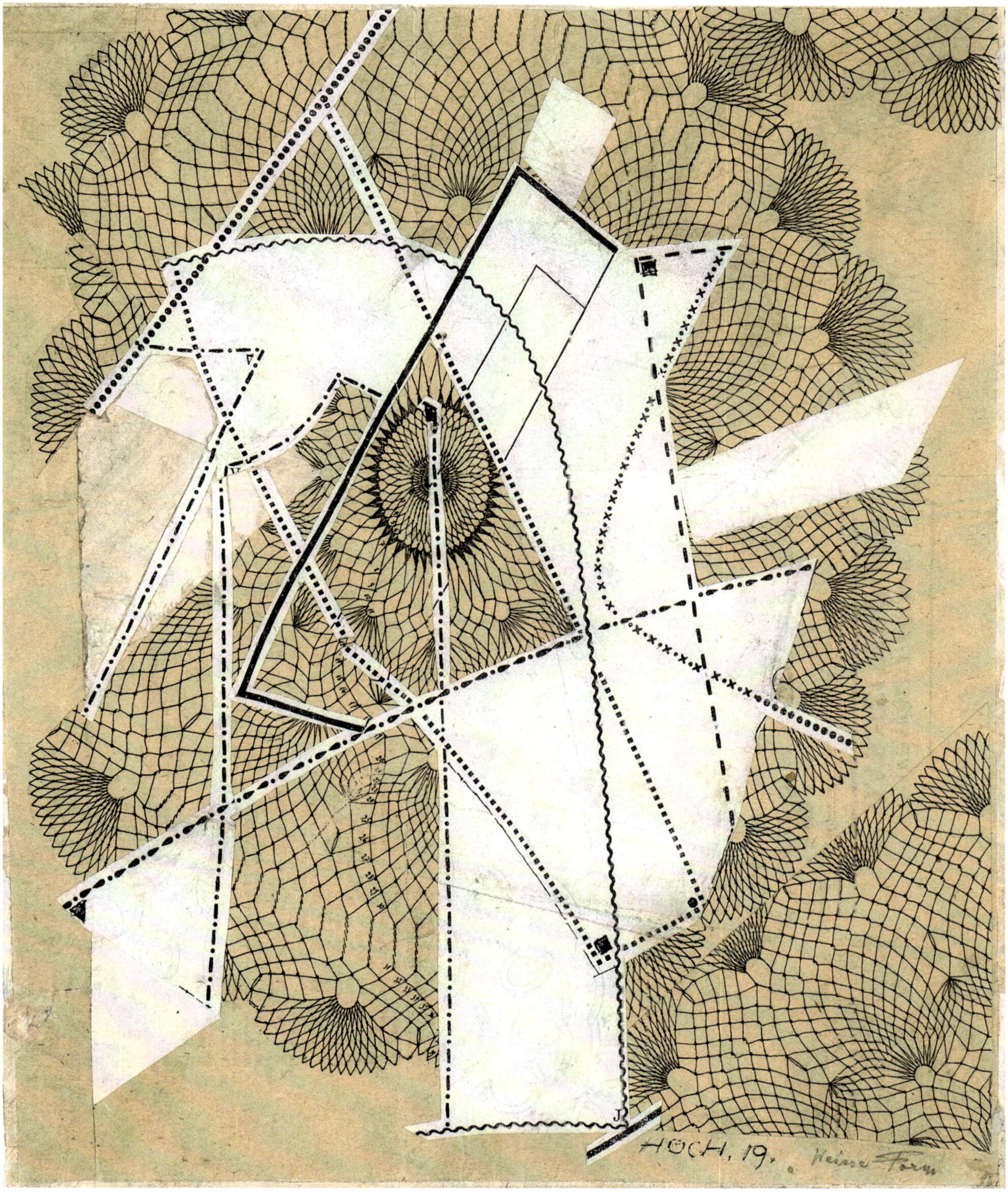

Hannah Höch, *Weiße Form* [*Forme blanche*], 1919 [plus probablement 1924-1925], Berlin, Kupferstichkabinett, Staatliche Museen zu Berlin, inv. : NG 1/81, © Adagp, Paris 2022, photo © BPK, Berlin, Dist. RMN-Grand Palais/Jörg P. Anders

exactement les mêmes stratégies ou allusions que les collages-dessins de Höch viennent mettre en lumière dans l'expérimentation cubiste.

De façon ludique mais incisive, le collage de Höch procède ainsi à un nouveau codage de ces moments décisifs dans la pratique de Picasso, par une synthèse du cubisme analytique et des *papiers collés*. Par son titre même, il introduit un ultime surcroît de distance : *Schneiderblume*, qui, en allemand, désigne aussi familièrement le bleuet, laisse supposer l'intervention d'un tailleur homme (*der Schneider*), ce qui déstabilise l'attribution de l'œuvre – la somme des intentions responsable de cette anatomie désarticulée et de son appliqué floral. L'enjeu du travail de Höch semble bien être à la fois la déformation du corps de la femme par le cubisme, et l'appropriation par ce dernier des pratiques de la couturière exerçant au foyer. L'artiste a trouvé, dans les patrons Ullstein, par la négation du statut domestique, industrialisé et féminisé de cet article, et par la démonstration de son potentiel d'invention formelle et de réflexion critique, le moyen d'accomplir conjointement plusieurs choses. *Schneiderblume* est en somme animée par une tension calculée entre genrer et dégenrer : substituant au papier journal du cubisme un motif féminisé, Höch vient genrer de façon stratégique les matériaux de son collage, pour mieux prendre acte – simultanément – de l'opération libératoire de *degendering* qu'elle accomplit par leur traitement. Son travail constitue une riposte aux pratiques du cubisme, en ce qu'il sape ses revendications ou procédures au moyen de tropes et de processus féminisés, en même temps qu'il déstabilise le patron lui-même, réinventant ses logiques techniques et son positionnement culturel.

Véritable concentré des préjugés de l'époque, l'essai de Simmel « Culture féminine » situait avant tout les femmes dans leurs foyers, et – dans sa révision de 1911 – cantonnait strictement leur contribution artistique aux travaux de reproduction et, parmi ces pratiques, à « ce type très spécifique de broderie où le signe d'une dextérité et d'un savoir-faire incomparables consiste précisément à reproduire un motif "donné"[31] ». En soumettant le patron de couture à de nouvelles finalités, Höch a placé l'abstraction au service d'un désapprentissage critique du genre au niveau de ses codes, des pratiques de travail et de l'assignation des rôles. Comme elle le dit elle-même, « la seule loi qui s'applique est celle d'une création toujours recommencée[32] ».

Traduit de l'anglais par Jean-Marc Agostini

Notes

1. Le terme de *Collage-Zeichnungen* (« collages-dessins ») apparaît dans la transcription manuscrite d'un entretien de 1975 avec Höch, tandis que celui de *Klebe-Zeichnungen* (« dessinés-collés ») se trouve dans les notes préparatoires de l'artiste. Voir Suzanne Pagé, « Entretien avec Hannah Höch, Berlin, 18 novembre 1975 », Berlinische Galerie, succession Hannah Höch, BG-HHC H 105/79 ; et Hannah Höch, « Notes pour un entretien avec Suzanne Pagé, Berlin, mi-novembre 1975 », *ibid.*, BG-HHC H 107/79. L'expression « patrons-collages » figure quant à elle dans une déclaration de Höch de 1976, traduite de l'allemand : H. Höch, « Propos sur l'art et le photomontage ; décembre 1976 », *Skira annuel*, n° 3, 1977, p. 72.

2. Le travail de Bettina Schaschke constitue à cet égard une exception. Dans son étude sur l'approche de l'ornement et l'exploration des formes positives/négatives dans l'œuvre de Höch, elle incluait en effet *Schneiderblume* et *Weiße Form*. S'appuyant sur l'analyse de Maria Makela, Schaschke suggérait aussi une nouvelle datation pour ces œuvres et d'autres collages du même type, en se fondant sur les matériaux originaux employés. Ma thèse viendra étayer cet argument en faveur de cette nouvelle datation aux années 1924-1925. Voir B. Schaschke, « Schnittmuster der Kunst: Zu Hannah Höchs Prinzipien der Gestaltung », dans *Hannah Höch. Aller Anfang ist DADA!*, cat. d'expo., Ralf Burmeister (dir.), Berlin, Berlinische Galerie, 2007, p. 129-130, p. 136 note 62. Pour l'analyse de *Schneiderblume* par Makela, voir M. Makela, « Hannah Höch », dans Jo-Ann Conklin (dir.), *The Louise Noun Collection. Art by Women*, Iowa City, University of Iowa Museum of Art, 1990, p. 24.

3. Rédactionnel publicitaire paru dans *The Designer*, vol. 44, n° 6, octobre 1916, p. 37, cité dans Joy Spanabel Emery, *A History of the Paper Pattern Industry. The Home Dressmaking Fashion Revolution*, Londres, Bloomsbury, 2014, p. 4.

4. Sur le travail de Höch pour l'entreprise Ullstein, voir M. Makela, « By Design: The Early Work of Hannah Höch in Context », dans M. Makela et Peter Boswell (dirs), *The Photomontages of Hannah Höch*, cat. d'expo., Minneapolis, Walker Art Center, 1996, p. 49-80.

5. Dans son ouvrage de 1987,

Technologies of Gender, l'universitaire et théoricienne Teresa de Lauretis considère que «le genre [...], à la fois comme représentation et comme autoreprésentation, est le produit de diverses technologies sociales, par exemple le cinéma, mais aussi de discours, d'épistémologies et de pratiques critiques institutionnalisés, ainsi que de pratiques de la vie quotidienne.» («that gender...both as representation and as self-representation, is the product of various social technologies, such as cinema, and of institutionalized discourses, epistemologies, and critical practices, as well as practices of daily life.») T. de Lauretis, *Technologies of Gender. Essays on Theory, Film, and Fiction*, Bloomington, Indiana University Press, 1987, p. 2. Traduction française par M.-H. Bourcier, ici modifiée, dans T. de Laurentis, *Théorie queer et cultures populaires. De Foucault à Cronenberg*, Paris, Éditions La Dispute, 2007, p. 40.

6. G. Simmel, «Weibliche Kultur» (1902), dans *id.*, *Schriften zur Philosophie und Soziologie der Geschlechter*, Heinz-Jürgen Dahme et Klaus Christian Köhnke (eds), Francfort-sur-le-Main, Suhrkamp Verlag, 1985, p. 160 (voir citation complète note suivante); traduction française «Culture féminine», par S. Cornille et P. Ivernel dans G. Simmel, *Philosophie de l'amour*, Paris, Rivages, 1988, p. 92.

7. «Die Voraussetzungen wie die Ergebnisse dieser Fragestellung übersieht man erst von der Erkenntnis aus, daß die Kultur der Menschheit sozusagen nichts Geschlechtsloses ist, daß sie keineswegs in reiner Sachlichkeit jenseits von Mann und Weib steht. Vielmehr, unsere Kultur ist, mit Ausnahme ganz weniger Provinzen, durchaus männlich. Männer haben die Industrie und die Kunst, die Wissenschaft und den Handel, die Staatsverwaltung und die Religion geschaffen [...].» G. Simmel, «Weibliche Kultur» (1902), art. cité, p. 160-161; traduction française «Culture féminine», art. cité, p. 92-93 (traduction légèrement modifiée).

8. Pour une analyse détaillée de cette liaison, voir l'ouvrage que lui a intégralement consacré Silke Wagener, *Geschlechterverhältnisse und Avantgarde: Raoul Hausmann und Hannah Höch*, Königstein im Taunus, Ulrike Helmer Verlag, 2008.

9. H. Höch, «Der Maler» (vers 1920), reproduit dans *Hannah Höch*, Dawn Ades, Daniel F. Hermann et Emily Butler (dirs), Munich, Prestel, 2014, p. 74-75, nous soulignons.

10. À propos de cette dimension satirique, voir Kathrin Hoffmann-Curtius, «Michelangelo beim Abwasch – Hannah Höchs Zeitschnitte der Avantgarde», *Frauen, Kunst, Wissenschaft*, n° 12, 1991, p. 60.

11. Extrait d'une lettre adressée à Höch et datée du 12 septembre 1915. Voir *Hannah Höch. Eine Lebenscollage*, vol. 1, 1889-1918, Berlin, Argon/Berlinische Galerie, 1989, p. 140.

12. H. Höch, «Der Maler», art. cité, p. 74.

13. Comme le fait remarquer Carol Armstrong «le nu féminin en viendrait à constituer l'un des principaux leitmotive de la pratique d'avant-garde, de Courbet à Matisse et à Picasso; et il n'est en rien surprenant que l'appropriation érotique du corps en peinture se soit si facilement prêtée à l'esthétisation et à l'abstraction. Le potentiel était là dès le départ, aux origines du genre.» C. M. Armstrong, «Edgar Degas and the Representation of the Female Body», dans Susan Rubin Suleiman (dir.), *The Female Body in Western Culture. Contemporary Perspectives*, Cambridge (Mass.), Harvard University Press, 1986, p. 223.

14. H. Höch, «Die freie Stick-Kunst», *Stickerei- und Spitzen-Rundschau: Illustrierte Monatshefte zur Förderung der Deutschen Stickerei- und Spitzen-Industrie*, vol. 20, n° 1/2, octobre-novembre 1919, p. 22.

15. Voir «Vom Sticken», *Stickerei- und Spitzen-Rundschau: Illustrierte Monatshefte zur Förderung der Deutschen Stickerei- und Spitzen-Industrie*, vol. 18, n° 12, septembre 1918, p. 219.

16. H. Höch, «Italienreise» (1920-1921), dans *Hannah Höch. Eine Lebenscollage*, vol. 2, 1919-1920, Ostfildern-Ruit, Verlag Gerd Hatje, 1995, p. 61.

17. L'ouvrage révolutionnaire du sexologue Magnus Hirschfeld, *Die Transvestiten*, atteste de cette réalité à travers le récit à la première personne d'un certain «Herr K.», enseignant d'une cinquantaine d'années. Voir Magnus Hirschfeld, *Die Transvestiten. Eine Untersuchung über den erotischen Verkleidungstrieb*, Berlin, Alfred Pulvermacher, 1910, p. 73-77.

18. T'ai Smith, «Three Figures, Three Patterns, Three Paradigms», *Art Practical*, 26 février 2015, <https://www.artpractical.com/feature/three-figures-three-patterns-three-paradigms/>.

19. «Mit Vorliebe habe ich aus diesen Schnittmusterbögen Collage-Zeichnungen gemacht; weil jedes dieser Muster irgend eine Eigenart hat» (dans S. Pagé, «Entretien avec Hannah Höch, Berlin, 18 novembre 1975», cité dans B. Schaschke, «Schnittmuster der Kunst», art. cité, p. 131, nous soulignons).

20. «Der Strich ist kein Strich, sondern unterbrochen auf irgendeine Weise, so daß er sich unterscheidet von den anderen und mit diesen Linien habe ich nun gezeichnet» (*ibid.*).

21. Judith Lorber, *Breaking the Bowls. Degendering and Feminist Change*, New York, W.W. Norton, 2005, p. 7. Plus récemment, l'auteur et militant non binaire Alok Vaid-Menon a lui aussi lancé un appel, sous le mot-clé *#DeGenderFashion*, exhortant l'industrie de la mode à rompre avec la binarité du genre.

22. «[...] das einzige Gesetz das gilt ist die Neuschöpfung» (H. Höch, «Notes pour un entretien avec Suzanne Pagé, Berlin, mi-novembre 1975», cité dans B. Schaschke, «Schnittmuster der Kunst», art. cité, p. 131).

23. Pepe Karmel, *Picasso and the Invention of Cubism*, New Haven, Yale University Press, 2003, p. 74.

24. Emily Braun résume cela en expliquant que Picasso «avait obsessionnellement plongé dans les signes visuels de l'ambiguïté de genre dans beaucoup de ses œuvres de la période 1906-1909, puis presque totalement obscurci la possibilité de reconnaissance du masculin et du féminin dans les figures de son cubisme analytique, entre 1910 et 1912», avant un «retour agressif à la représentation de la différence sexuelle» avec *Femme en chemise assise dans un fauteuil* (automne 1913-printemps 1914). E. Braun, «Picasso's Female Anatomies», dans E. Braun et Rebecca Rabinow

(eds), *Cubism. The Leonard A. Lauder Collection*, New York, The Metropolitan Museum of Art, 2014, p. 150.
25. Trevor Stark, *Total Expansion of the Letter. Avant-Garde Art and Language after Mallarmé*, Cambridge (Mass.), The MIT Press, 2020, p. 47.
26. Sur les *attributs* chez Picasso et sur leur fonction, voir Yve-Alain Bois, « Pablo Picasso: The Cadaqués Experiment », dans Leah Dickerman (ed.), *Inventing Abstraction, 1910-1925: How a Radical Idea Changed Modern Art*, New York, Museum of Modern Art, 2012, p. 40-42.
27. Höch avait peut-être vu cette *Tête d'homme au chapeau* lors de son premier voyage à Paris, en 1924. À l'époque, cette œuvre de Picasso faisait sans doute partie de la collection de Tristan Tzara, avec qui Höch a passé beaucoup de temps durant son séjour. Voir les conclusions du *Provenance Research Project* du MoMA, relatif à la provenance des œuvres, sur la page « Pablo Picasso, *Head of a Man with a Hat*, 1912 », consultée sur le site du musée le 15 août 2021, <https://www.moma.org/collection/works/35867>.
28. Elizabeth Cowling, « The fine art of cutting: Picasso's *papiers collés* and constructions in 1912-1914 », *Apollo*, vol. CXLII, n° 405, novembre 1995, p. 13.
29. *Ibid.* À propos précisément de cet aspect « contingent » de la pratique cubiste, Jeffrey Weiss salue le travail de Cowling, mais se déclare pour sa part « peu enclin à extrapoler à partir des [observations qu'elle fait] une différenciation genrée [*gendering*] de la technique ». J. Weiss, « Contingent Cubism », *Grey Room*, n° 58, janvier 2015, p. 30.
30. Voir E. Cowling, « What the Wallpapers Say: Picasso's *Papiers Collés* of 1912-14 », *Burlington Magazine*, n° 155, septembre 2013, p. 594-601.
31. G. Simmel, « Weibliche Kultur » (version de 1911), dans *Georg Simmel on Women, Sexulaity, and Love*, trad. en anglais par G. Oakes, New Haven, Yale University Press, 1984, p. 74.
32. Voir note 22.

Max Boersma est candidat au Ph.D. en histoire de l'art et de l'architecture à la Harvard University, spécialisé en art du XXe siècle. Sa thèse, intitulée « Between Technique and Technology : Interwar Abstraction in Russia and Germany », tente de dresser une nouvelle histoire, complexe et globale, de l'abstraction à l'entre-deux-guerres, en croisant les domaines de la science, du travail domestique et de l'industrie. Il a reçu le soutien de la German-American Fulbright Commission, de la Richard and Susan Smith Foundation, du Davis Center for Russian and Eurasian Studies et du Minda de Gunzburg Center for European Studies.

Elena Di Raddo

Carla Badiali, Cordelia Cattaneo, Carla Prina

La contribution des artistes femmes de Côme à l'abstraction italienne entre les deux guerres

Sur certaines photographies prises lors de la XXIIIe Biennale de Venise en 1942, aux côtés du poète Filippo Tommaso Marinetti et des peintres futuristes qui exposent dans les salles consacrées à l'aérofuturisme[1], on trouve quelques femmes. Elles n'étaient pas vraiment des artistes futuristes, mais des protagonistes de l'art abstrait. Ce sont Carla Badiali (1907-1992), Carla Prina (1911-2008) et, bien qu'elle ne figure pas sur les photographies, Cordelia Cattaneo (1921-1958), qui avait également été invitée. Trois artistes dont l'œuvre attend encore une pleine reconnaissance critique. L'histoire de l'art abstrait est à l'origine, en Italie comme dans le reste de l'Europe, en réalité essentiellement masculine. Ce n'est qu'en 1980 qu'une importante exposition, organisée par la critique Lea Vergine et intitulée « L'altra metà dell'avanguardia »[2] (« L'autre moitié de l'avant-garde »), a enfin mis en lumière pour la première fois des femmes qui avaient été jusqu'alors complètement oubliées par l'histoire de l'art. Parmi ces artistes femmes figurait Carla Badiali, mais pas Carla Prina ni Cordelia Cattaneo. Ces dernières sont restées quelque peu en marge du groupe des artistes abstraits de Côme, peut-être parce qu'elles étaient liées, pour ces raisons familiales, à des architectes qui ont occulté leur notoriété. Prina était mariée à l'architecte suisse Alberto Sartoris, et a contribué avec lui à créer un lien important entre l'Italie fasciste alors isolée et l'environnement artistique européen; la seconde était la sœur de l'architecte rationaliste Cesare Cattaneo. Dans leur travail, toutes deux faisaient preuve d'une autonomie et d'une originalité dans la recherche absentes chez leurs collègues masculins.

Dans la ville de Côme, célèbre surtout pour son lac, s'était formé dans les années 1930 un cercle d'artistes gravitant autour de la figure de l'architecte rationaliste Giuseppe Terragni. Ce cercle, avec le groupe Milione de Milan, constituait le seul centre de recherche abstraite de l'Italie fasciste[3]. Les femmes du groupe n'ont pas participé aux expositions organisées par la Galleria del Milione, peut-être parce qu'elles étaient trop jeunes au moment où leurs collègues masculins Manlio Rho et Mario Radice exposent, en 1935. Cependant, selon Elena Pontiggia[4], le tournant vers l'abstraction dans la célèbre galerie milanaise, promotrice de l'abstraction en Italie, intervient grâce à une femme. À l'époque, en effet, la galerie était dirigée par Gege Bottinelli, photographe d'avant-garde et épouse de l'architecte rationaliste Giuseppe Figini. La galerie de Milan est également fréquentée dans les années 1930 par les Comasques, qui ne sont pas encore formellement réunis en un groupe à l'époque, mais qui sont liés par des réunions assidues et de nombreux projets en collaboration, associant artistes et architectes. Ce que les critiques ont toujours appelé «le groupe de Côme» n'a jamais été officiellement créé avant le début des années 1940, lorsque le philosophe Franco Ciliberti[5] fonde le Gruppo Primordiali Futuristi, avec le poète futuriste Filippo Tommaso Marinetti. Grâce à lui, les abstraits de Côme seront présents dans les principales expositions nationales de l'époque, comme la Biennale de Venise en 1940 et 1942, et la Quadriennale de Rome en 1943.

Un article du journal *Tevere* paru en 1938 montre combien l'hostilité du régime fasciste envers l'art d'avant-garde s'était intensifiée : ce dernier y est qualifié d'«étranger, [de] bolchevique et [de] judaïque[6]», et ce sont des œuvres d'artistes et d'architectes du groupe de Côme qui l'illustrent. Dans ce contexte, le rapprochement avec le futuriste Marinetti, qui jouit alors encore de la faveur de Mussolini, est un moyen pour les abstraits de participer à la vie culturelle italienne. Il existe aussi cependant des motivations stylistiques à ce rapprochement. Il suffit de regarder les tableaux des futuristes comme Enrico Prampolini, l'un des fondateurs de l'Abstraction Création, ou des aérofuturistes comme Fillia ou Pannaggi, Regina ou Benedetta Cappa Marinetti, qui, malgré leurs souvenirs figuratifs, réinterprètent l'idée de mouvement et d'action, typique des origines du futurisme, dans une scansion rythmique et géométrique de lignes et de couleurs.

La première déclaration du groupe, le *Manifesto dei Futuristi primordiali. La Primordialità futurista*, en juin 1941, est introduite par la signature de Filippo Tommaso Marinetti suivie de celles de Franco Ciliberti, Carla Badiali, Cesare Cattaneo, Osvaldo Licini, Pietro Lingeri, Bruno Munari, Marcello Nizzoli, Mario Radice, Manlio Rho, Alberto Sartoris, Atanasio Soldati et Giuseppe Terragni. Mais, comme on peut le déduire des documents contenus dans les archives du Fondo Ciliberti à la bibliothèque municipale de Côme, la rédaction de ce manifeste a été plutôt complexe. Dans la version finale d'octobre 1941, il paraît avec le titre *Manifesto del gruppo primordiali futuristi Sant'Elia*. L'ajout du nom de l'architecte futuriste Sant'Elia est dû à Marinetti, qui a par ailleurs accentué la composante futuriste par rapport à la première version. Le manifeste unit ainsi les idées primordialistes de Ciliberti, qui plaçait l'œuvre d'art abstraite à l'origine de la nouvelle époque – «[...] une manière de retrouver l'unité primordiale originelle dans la diversité des formes[7]» –, à la volonté d'y trouver aussi le futurisme, faisant de ce dernier la source de l'art abstrait. La version du Manifeste revu par Marinetti commence ainsi : «De Sant'Elia à Boccioni, les lumières génératives/L'architecture et la peinture abstraite modulent/l'unité où tout s'efface[8]...» La présentation officielle du groupe de Côme a lieu le 14 décembre 1941 à la galerie Ettore Mascioni à Milan, avec un discours de Marinetti introduisant l'exposition et soulignant la contiguïté entre la modernité du futurisme et celle de la peinture abstraite. Seul le nom de Carla Badiali apparaît sur l'affiche, pas celui de Cordelia Cattaneo ni de Carla Prina, peut-être un autre signe du rôle minoré des femmes à l'époque de la fondation du groupe.

Mais quelle était la position de ces milieux à l'égard des femmes? Bien que les futuristes soient avant tout nationalistes et que le premier manifeste futuriste de Marinetti, en 1909, proclame sans ambages le «mépris des femmes», Alberto Sartoris, l'une des figures centrales du groupe de Côme, cite intégralement dans son livre *Luci sulla scuola moderna* («Lumières sur l'école moderne») – volume dédié à Marinetti et écrit entre 1938 et 1939 – les

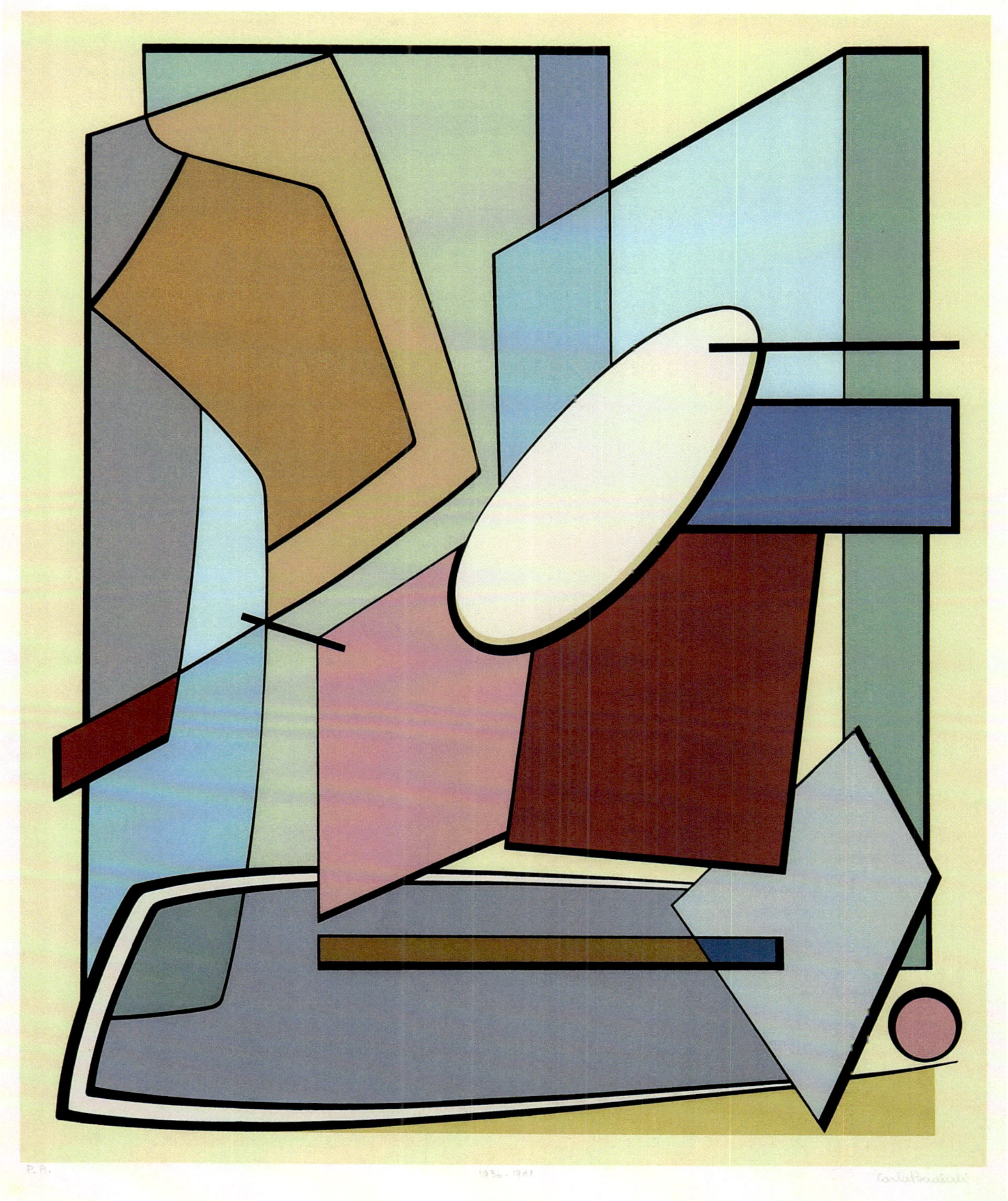

Carla Badiali, *Composizione n. 12*, 1935-1936, tempera sur carton, 60 x 50, collection succession de l'artiste © Carla Badiali, photo succession de l'artiste

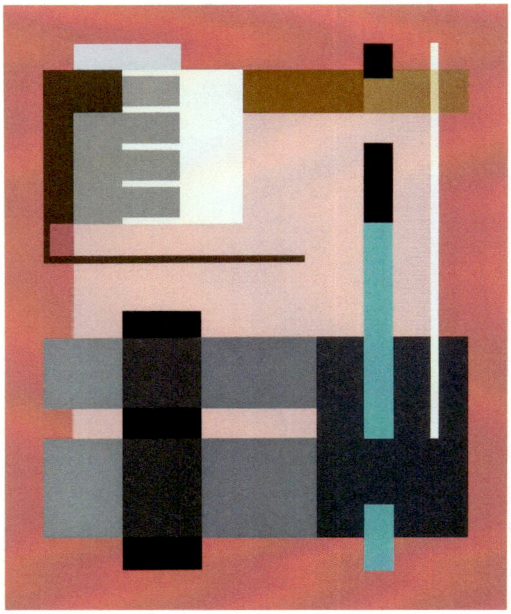

Carla Badiali, *Composizione in rosa n. 152*, 1938, huile sur toile collée sur carton, 60 x 50, collection particulière, © Carla Badiali, photo succession de l'artiste

mots-clés du *Manifesto della Donna Futurista* (Manifeste de la femme futuriste), écrit par la futuriste Benedetta en réponse aux remarques de Marinetti sur le rôle des femmes dans la société moderne. Le *Manifesto della Donna Futurista* décrit les changements sociaux qui notamment imposent désormais que les hommes et les femmes contribuent au maintien de la famille par le travail. C'est en ce sens que les femmes du groupe de Côme sont modernes : des mères, mais aussi des artistes et des entrepreneurs.

Parmi celles-ci on trouve Carla Badiali, qui n'était pas seulement une peintre, mais aussi la promotrice d'une activité entrepreneuriale florissante : un atelier de design textile, qui, au milieu des années 1930 puis, après l'interruption des années de guerre, est devenu à partir de 1948 une référence en matière de design textile. Pendant la Seconde Guerre mondiale, avec son mari Alessandro Nahamias, Badiali participe en outre activement aux activités des partisans, se distinguant par ses compétences graphiques dans la falsification de documents et de laissez-passer. Cette activité a coûté à son mari, en tant que juif, la déportation à Mathausen, dont il est revenu physiquement et psychologiquement dévasté, et à Carla l'incarcération à la prison San Vittore de Milan. Née à Novedrate (Côme) en 1907, Carla Badiali se forme d'abord en France, à Saint-Étienne, où vit sa famille, en étudiant la peinture et la musique dès son plus jeune âge, puis à Côme, à l'Istituto Nazionale di Setificio, où elle rencontre Manlio Rho, avec qui elle restera toujours en contact, tant pour la conception de tissus que pour la peinture. L'atelier de Rho était alors un lieu de rencontre pour tous les artistes et architectes, qui pouvaient y discuter et lire les principales publications européennes, de celles d'Abstraction Création aux Bauhausbücher. Bien qu'âgée d'une dizaine d'années de moins que ses collègues, on peut sans doute affirmer que c'est elle qui a produit les premières œuvres abstraites au sein du groupe de Côme[9]. Radice et Rho sont venus à l'abstraction vers 1934. Badiali en revanche est déjà une artiste abstraite lorsque, en 1932, elle est chargée de réaliser quelques panneaux décoratifs pour le siège du Circolo della Vela, un bâtiment de style art déco construit cette année-là au bord du lac de Côme à partir d'un projet de l'ingénieur Balsamo, avec la participation d'Attilio Terragni, le frère de Giuseppe Terragni. Le bâtiment a malheureusement été détruit, mais il existe plusieurs études de ces panneaux réalisées entre 1932 et 1933. On relève deux aspects propres au style original de la peintre : les couleurs douces d'abord, dans les tons de rose, qui allègent la structure géométrique, parfois en glacis superposés; ensuite une composition peu rigoureuse du point de vue géométrique, mais plutôt « narrative » ou allusive, suggérant des atmosphères et des formes qui, d'une certaine manière, ramènent à la fonction et à la destination des panneaux. L'allusion au voile se retrouve en effet dans la forme convexe rouge au centre du tableau et dans les couleurs du lac : du bleu de l'eau au vert des montagnes entourant le bassin du lac de Côme. Le style de Badiali apparaît, dès les premières œuvres, imprégné de lyrisme et d'une « subtile ambiguïté », typique des « suggestions et des silences suspendus de la métaphysique », comme l'écrit Giovanni Anzani[10]. Ce dernier rapproche en outre la peinture de Badiali de celles de Paul Klee et d'Atanasio Soldati,

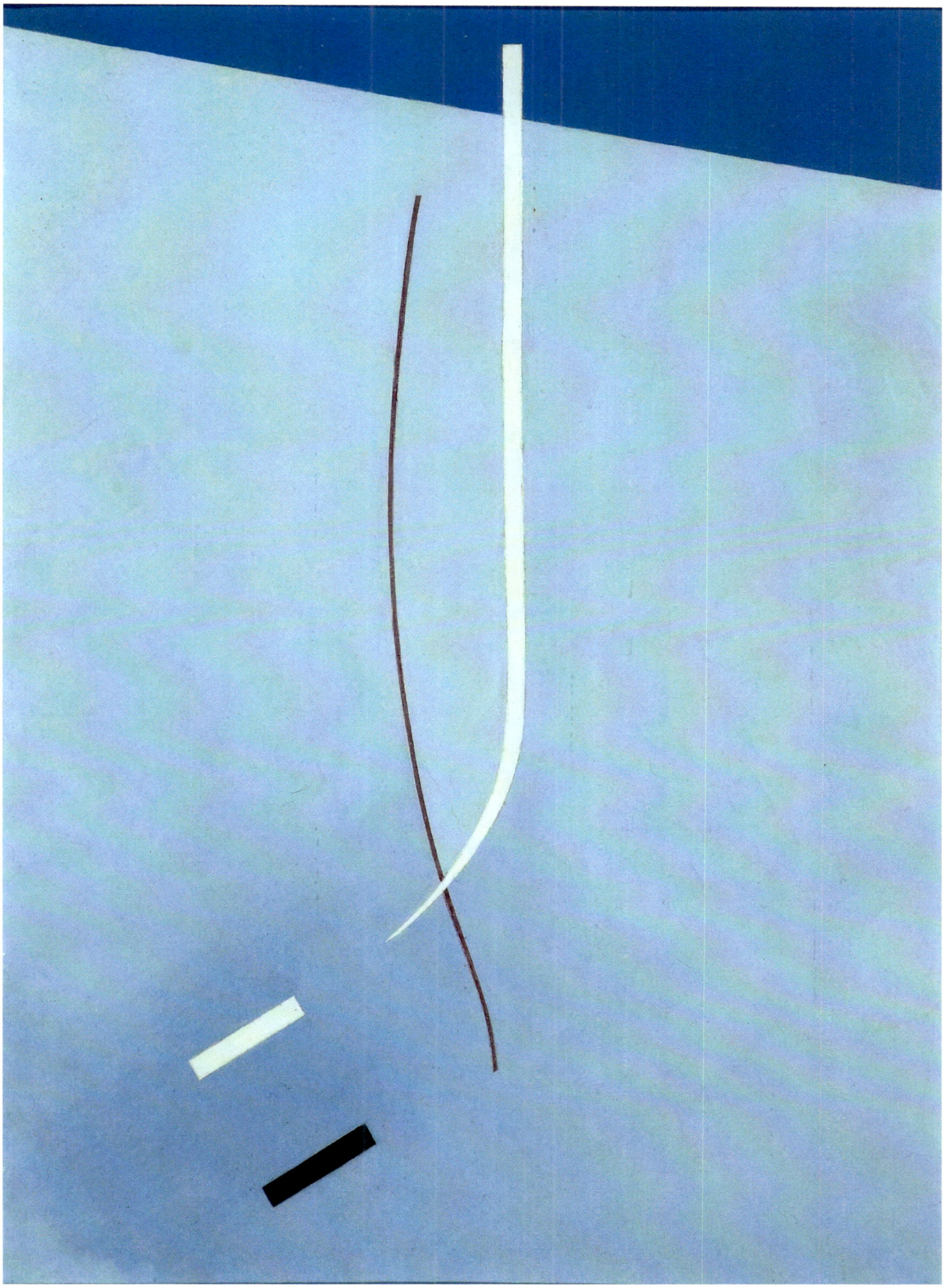

Carla Badiali, *Le vent se lève*, 1942, fusain sur carton, 48,5 x 35,5, collection particulière, Côme, © Carla Badiali, photo succession de l'artiste

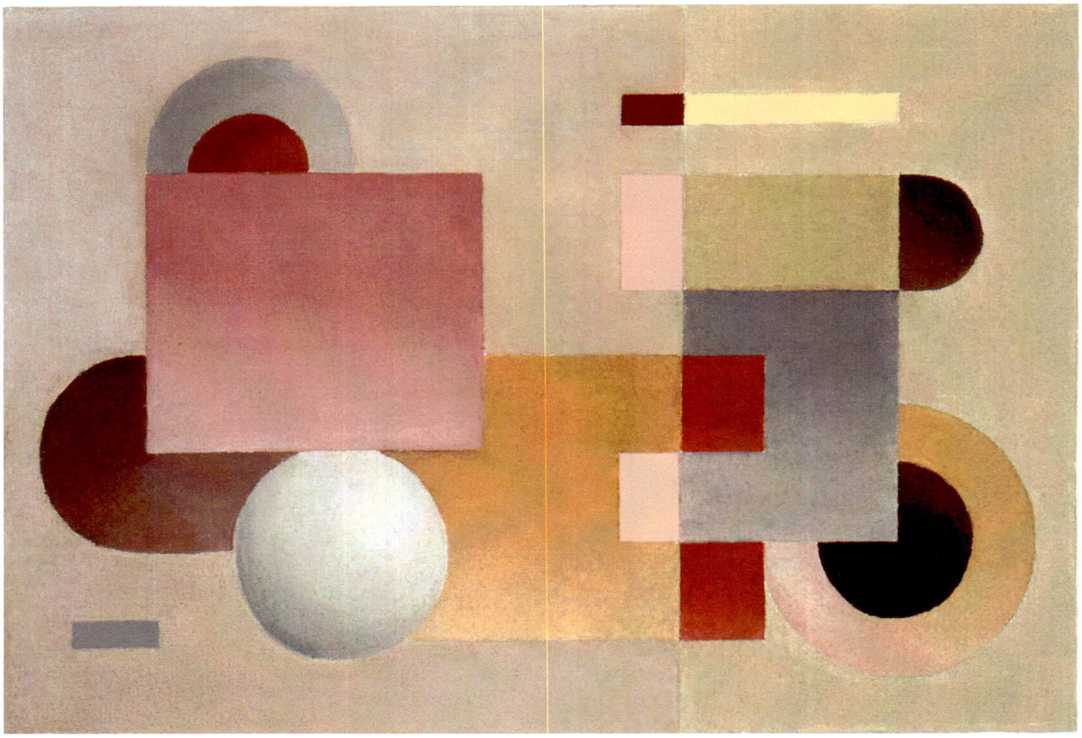

Cordelia Cattaneo, *Dinamismo astratto n. 16*, 1942, huile sur toile, 62 x 51,5 © Archivio Cattaneo, collection et photo Archivio Cattaneo

et j'ajouterais aussi celles de Jean Arp et d'Osvaldo Licini, précisément en raison de cette inspiration poétique intrinsèque, à la différence des recherches plus rigoureusement géométriques de Manlio Rho, décidément plus proche des œuvres de Moholy Nagy. Des toiles comme *Composizione in rosa n. 152* et *Composizione in verde n. 150*, toutes deux datées de 1938 et exposées dans les salles futuristes de la Biennale de Venise en 1942 sous le titre *Dinamismo astratto* (« Dynamisme abstrait »), présentent certaines caractéristiques particulières de son langage, telles que les fonds de couleur plats, le jeu entre les formes géométriques de tailles et de couleurs différentes et les transparences, qui contribuent à alléger les structures, leur conférant une dimension architecturale. Il faut souligner à cet égard l'influence de l'architecture rationaliste, peut-être la plus évidente chez Radice et Rho, sur le travail de Badiali.

La dimension lyrique, qui se greffe sur une composition géométrique plus constructive, émerge en revanche dans la *Composizione n. 33* (1936-1937) ou dans *Senza titolo* (1937-1942), où l'on trouve une distribution de formes géométriques avec des points de luminosité et des transparences et, au centre, une ligne noire sinueuse qui, grâce au jeu de perspectives, interrompt la géométrie orthogonale. Cette solution connaîtra sa propre résolution, si l'on peut dire, en 1942 dans *Le vent se lève*, une série de compositions dans lesquelles la ligne apparaît complètement libre et ludique sur des fonds homogènes ou légèrement ombragés. Ces tableaux peuvent se rapprocher de la peinture de Kandinsky[11], qui expose pour la première fois en Italie en 1934 à la Galleria del Milione et à qui Badiali a peut-être rendu visite, mais ils révèlent également l'intérêt de la peintre pour la musique et peut-être aussi pour la calligraphie japonaise, comme on peut le voir dans ses dessins pour le tissu[12]. Depuis les années 1930, Badiali a toujours séparé son activité artistique de sa profession de designer textile. C'est peut-être

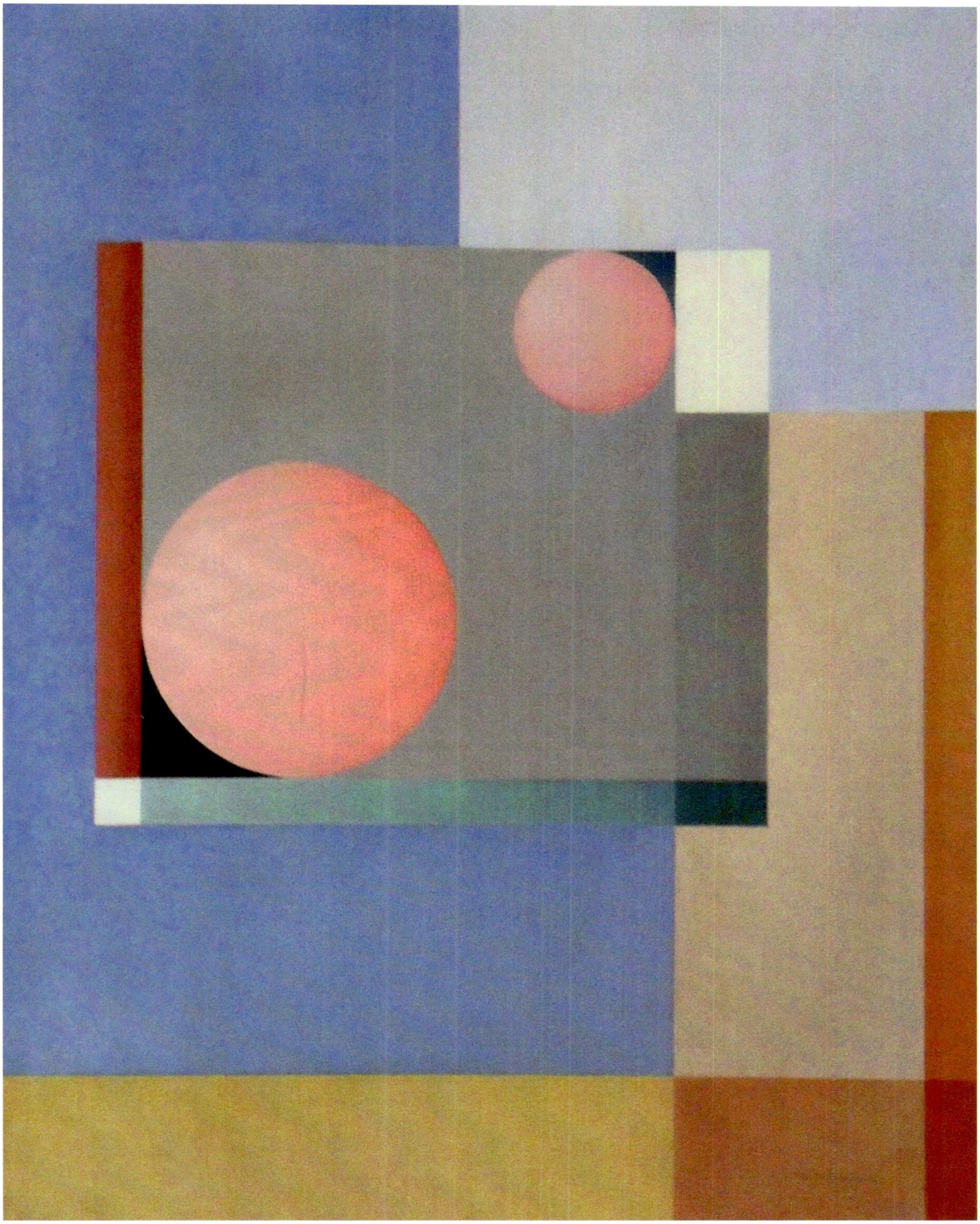

Carla Prina, *Composizione assoluta n. 6* (*I gondolieri di Venezia* [*Les Gondoliers de Venise*]), 1942, huile sur panneau, 65 x 81, collection particulière, © Archivio Carla Prina, photo Anna Santi

l'une des raisons pour lesquelles elle a réussi, surtout dans l'après-guerre, à entrer en contact avec les grandes entreprises textiles de Côme et notamment avec la filature de coton Legler de Ponte San Pietro, avec laquelle collaboraient les couturiers français Hubert de Givenchy et Pierre Balmain. Les nombreuses créations des années 1950 et 1960 témoignent du succès international de l'atelier de Carla Badiali, qui s'est entre-temps enrichi de nombreux collaborateurs. La variété des compositions, entre géométrie et figuration, confirme également la capacité de la peintre et de son équipe à créer une excellente relation entre créativité artistique et production industrielle. Les temps avaient changé et le nouveau rôle de l'art dans l'industrie, sanctionné par la naissance de la Triennale de Milan consacré au design, avait peut-être convaincu Badiali de tenter de concilier ses deux âmes, d'artiste et de designer textile. Au cours d'un entretien avec la galeriste milanaise Carla Pellegrini en 1978, Badiali admettait que son travail professionnel avait également influencé d'une certaine manière son travail artistique : la stylisation d'un motif floral, la mise sur papier, la création d'échantillons de tissage sur papier quadrillé l'avaient, déclarait-elle, « habituée à une lecture différente[13] ». « Les œuvres constructivistes, poursuivait-elle, que je voyais dans les magazines me ressemblaient beaucoup, je sentais que je pouvais les lire avec une grande facilité[14]. » C'est précisément la matérialité constructiviste qui réapparaît dans les œuvres plus analytiques des années 1960 sur panneau de bois, comme *Untitled* (1968), fondée sur le contraste entre les tons chauds du bois et les tons froids du laiton : une recherche plus analytique que l'on retrouve également dans les nombreux collages de ces années-là.

À la Biennale de 1942, Cordelia Cattaneo expose quant à elle deux œuvres, intitulées *Dinamismo astratto n. 15* et *n. 16*. Parmi les artistes abstraits de Côme, elle est la plus jeune. Lorsqu'elle expose à Venise, elle n'a que 21 ans, mais son langage est déjà très personnel. Malheureusement, en raison d'une maladie qui l'a conduite à passer une grande partie de sa courte vie dans divers hôpitaux, ses œuvres achevées sont peu nombreuses. Ses archives[15] contiennent cependant de nombreux dessins et pastels qui révèlent son aptitude à la recherche géométrique. Sa formation s'est déroulée dans l'atelier de Mario Radice et certains des petits dessins trouvés dans ses archives reflètent la recherche du maître, non seulement dans la composition mais aussi dans les coups de pinceau, mais on y décèle une composante plus spiritualiste. Pour elle, la peinture est aussi la recherche de son propre équilibre psychologique, comme le suggère un petit dessin autobiographique : il la montre sereine au milieu d'une forêt de figures géométriques, d'où émerge un œil. La spiritualité et l'idéalité sont également des aspects présents dans la famille Cattaneo. En 1942, son frère Cesare, également écrivain, conçoit le projet *Casa famiglia per la famiglia cristiana* (« Maison familiale pour la famille chrétienne »), fondée sur la revalorisation du rôle spirituel et génétique du noyau familial. Et dans son essai de dialogue *Giovanni e Giuseppe. Dialoghi di Architettura* (« Giovanni et Giuseppe. Dialogues d'architecture »), dont Cordelia a conçu la couverture, est publié le premier *Manifesto dei Valori Primordiali* – signé par les peintres et les architectes de Côme –, qui fait allusion aux principes originels de la créativité humaine et à la valeur spirituelle de l'acte artistique. Dans les études réalisées à la fin des années 1930, la peintre est encore à la recherche de sa propre personnalité, qui émergera de manière décisive dans les tableaux de 1941-1942. Lorsqu'elle commence à s'éloigner du maître Radice, on remarque immédiatement dans ses compositions un éclaircissement des tons, comme on peut le voir dans la *Composizione astratta* datée de 1941, et la définition d'un espace ouvert, presque aérien. Dans les œuvres exposées à la Biennale de 1942, on note également une prédominance du blanc comme fond d'une composition de formes jouant sur l'équilibre entre le cercle et le carré. Ici aussi, l'effet est d'une extrême légèreté. Des compositions ordonnées dans lesquelles les structures géométriques semblent servir un jeu d'apparitions de sphères, donnant ainsi l'idée d'un dynamisme plus cosmologique que physique, lent mais inexorable et constant, comme le mouvement des étoiles et des constellations. Ces rythmes d'un cosmos figuratif fluctuant sont également présents dans une aquarelle sur carton, où l'artiste semble reprendre la composition des

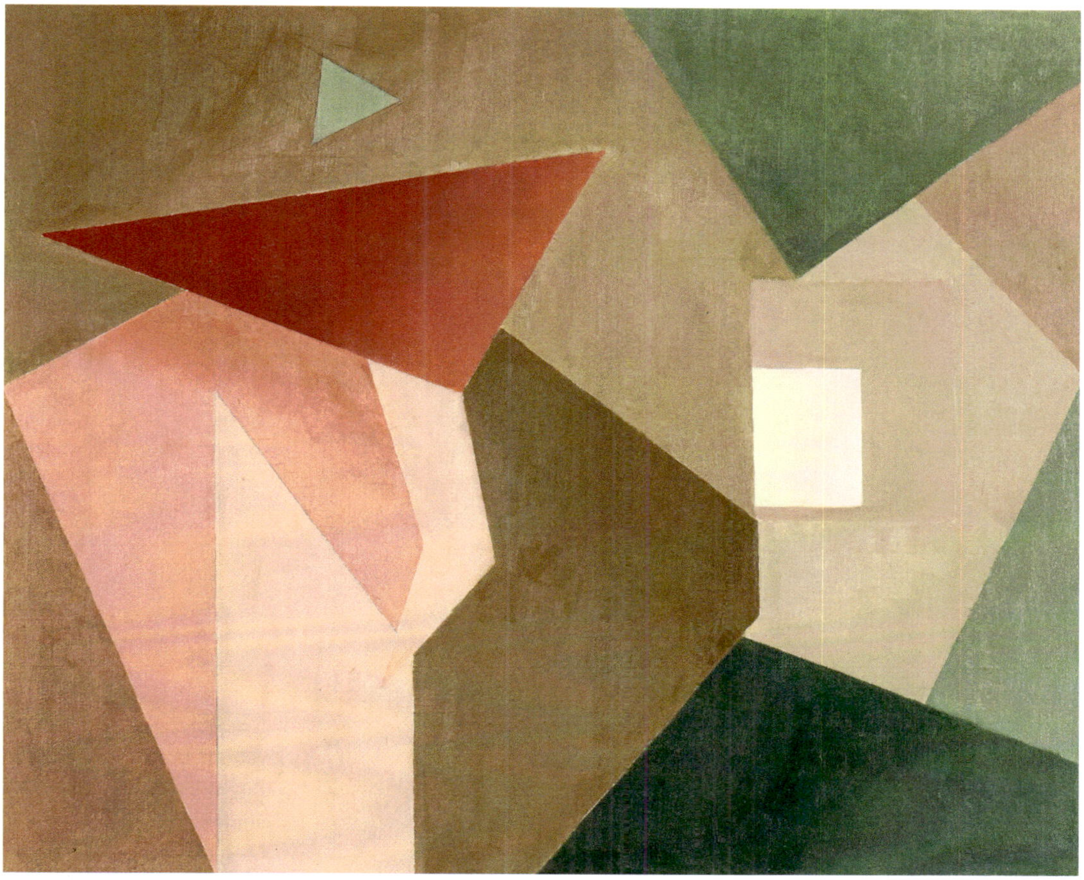

Cordelia Cattaneo, *Composizione astratta*, 1941, huile sur toile, 58,9 x 48,5, © Archivio Cattaneo, collection et photo Archivio Cattaneo

tableaux avec plus de fluidité et de liberté de trait. Cordelia avait une relation très étroite avec son frère architecte, ils s'écrivaient beaucoup, et je pense que l'on peut voir une trace de ce lien dans les tableaux, précisément dans cet élément de transparence et de légèreté. C'est un aspect qui caractérise également les projets de Cesare Cattaneo, marqués par l'équilibre entre les espaces pleins et les espaces vides, en particulier une œuvre plus sculpturale, le projet de la fontaine de Camerlata, réalisé en collaboration avec Radice. Les dessins préparatoires révèlent en effet la recherche d'un équilibre entre les cercles et les sphères qui le composent. Cet équilibre formel se retrouve dans certains éléments des tableaux de Cordelia, où la sphère est insérée dans le cercle et donc bloquée dans les éléments de composition.

Des trois peintres de Côme, Carla Prina (née à Côme en 1911) est la plus internationale, notamment parce que, après son mariage, elle vécut avec son mari, l'architecte Alberto Sartoris, à Cossonay, près de Lausanne. Dans son histoire idéale de l'art féminin, Michel Seuphor place Carla Prina aux côtés de Sonia Delaunay et Sophie Taeuber-Arp, ainsi que de femmes plus proches de sa génération comme la sculptrice anglaise Jocelyn Chewett et Marcelle Cahn. En 1942, Alberto Sartoris décrit l'art de son épouse comme une « peinture absolutiste », reposant sur une « science esthétique qui conclut, sur le plan optique, spirituel et physique, la chaîne du hasard qui définit la nature et la matérialisation de sa pensée artistique »[16]. Dans le pavillon Futuriste de la XXIIIe Biennale de Venise, était exposée une œuvre clé, la *Composizione assoluta n. 6*, qui résumait le sens de ses recherches durant ces années-là. Dans les tableaux réalisés entre 1939 et 1942, les rythmes futuristes coexistent avec la la rigueur structurelle néoplastique. Ce sont ses premières œuvres véritablement matures, exécutées après sa formation à l'Académie des Beaux-Arts de Brera, puis aux côtés des peintres de Côme, Radice et Rho, lequel deviendra son assistant. La double matrice, futuriste et abstraite, se résout en une peinture possédant une dimension mystique et poétique. Dans le travail de Prina, la géométrie s'éloigne de la rigueur mathématique et se montre, grâce au dessin et aux couleurs généralement douces et sourdes, plutôt imprégnée de sentiment, de lyrisme et de tension. *Composizione infigurata* (« Composition "infigurée" ») par exemple, de 1942, un dessin sur papier développé plus tard en une huile sur bois, encapsule ce concept dans son titre même – qui fait allusion simultanément à la relation établie entre la règle de composition et une rupture de l'équilibre spatial. « L'abstraction de Prina, écrivait récemment Claudio Cerritelli, ne naît pas d'une conquête formelle, déjà résolue, mais d'un processus sélectif du code figuratif, d'une dialectique du statique et du dynamique, des relations orthogonales et de la diagonale comme rupture de l'équilibre spatial[17]. » Dans *Composizione* (1942), à l'intérieur de la grille structurante, l'élément sphérique, placé dans un espace fermé carré, est imprégné d'un sens métaphysique subtil, semblable à celui observé dans les peintures métaphysiques de Morandi. La sphère échappe à la règle statique de la grille et s'engage dans un mouvement idéal, qui n'est pas physique, mais de nature vitale, immatérielle, psychique. Des suggestions métaphysiques sont également présentes dans d'autres de ses compositions, ainsi que dans les œuvres d'autres artistes abstraits italiens, tels qu'Atanasio Soldati et Enrico Prampolini. Je crois que d'autres œuvres de Prina peuvent être comparées à ces dernières, comme certaines compositions dans lesquelles les formes semblent plus fluides et plus organiques. Immédiatement après son expérience italienne, Prina est l'un des fondateurs de l'Escuela de Altamira en Espagne, où sans surprise elle se retrouve aux côtés du surréaliste Juan Miró.

Dans les dernières années de sa vie, Carla Badiali confiait, plutôt morose, à Alberto Longatti, journaliste et historien : « Quand ils se souviendront du groupe de Côme, ils diront : "Et puis il y avait aussi Carla Badiali". » Une juste restitution que les années lui rendent, à elle et aux artistes silencieux de l'histoire de l'abstraction.

Notes

1. À l'occasion de la XXIIIe Biennale internationale d'art de Venise en 1942, certains artistes abstraits qui gravitaient autour de la Galleria del Milione de Milan et les artistes abstraits de Côme sont invités par Filippo Tommaso Marinetti à exposer leurs œuvres dans les salles des futuristes. Tout le groupe abstrait de Côme s'est alors présenté. Carla Badiali, Aristide Bianchi, Cordelia Cattaneo, Carla Prina, Mario Radice, Manlio Rho et Eligio Torno exposent leurs « abstractions plastiques » dans les salles futuristes, aménagées par Marinetti lui-même avec l'architecte Alberto Sartoris et le peintre Enrico Prampolini, changeant les titres de leurs « Compositions » pour les intituler « Dinamismi astratti » (Dynamismes abstraits) en hommage au futurisme. L'année suivante, à l'occasion de l'exposition quadriennale de Rome, le groupe est à nouveau invité par Marinetti. Sur la relation entre les abstraits de Côme et le futurisme, voir Elena Di Raddo, « Una centrale elettric a di imperiosa spiritualità. Marinetti, Cliberti, Sartoris e gli astratti comaschi », *Arte Lombarda*, vol. 160, nº 3, juin-juillet 2010, p. 109-123.

2. L'exposition historique « L'altra metà dell'avanguardia », qui s'est tenue au Palazzo Reale de Milan en 1980, présentait 114 artistes redécouverts par la critique Lea Vergine grâce à une enquête internationale approfondie. Pour plus de détails, voir Angela Maderna, *L'altra metà dell'avanguardia quarant'anni dopo*, Milan, Postmedia Books, 2020.

3. Les premières études sur ce groupe sont principalement dues à Alberto Longatti et Luciano Caramel, qui ont également édité les catalogues raisonnés de Mario Radice et de Manlio Rho. L'exposition « L'Europa dei razionalisti », en particulier, organisée par L. Caramel en 1989 (Côme, Pinacothèque Palazzo Volpi et San Francesco, 27 mai-3 sept.) a constitué une référence importante pour la redécouverte critique du groupe d'artistes et d'architectes formé à Côme dans les années 1930. Voir *L'Europa dei razionalisti. Pittura, scultura, architettura negli anni trenta*, cat. d'expo, Milan, Electa, 1989.

4. Elena Pontiggia, « Il Milione e l'astrattismo 1932-1938 », dans

Il Milione e l'astrattismo 1932-1938. «La galleria, Licini e i suoi amici», cat. d'expo. (Fermo, Palazzo dei Priori, 2-31 juil. 1988; Monte Vidon Corrado, Centro studi Osvaldo Licini, 6-31 août 1988), Milan, Electa, 1988, p. 11-13.

5. Le philosophe et spécialiste des religions orientales Franco Ciliberti (1905-1946) promeut à Côme, en 1938, une revue intitulée *Valori Primordiali* («Valeurs primordiales», publiée en un seul numéro en raison de la promulgation des lois raciales), qui implique les artistes abstraits et les architectes rationalistes de Côme et, plus tard, en 1941, avec le soutien de Marinetti, crée le Gruppo Primordiali Futuristi Sant'Elia. Dès le début des années 1930, le groupe d'artistes de Côme a pour référence l'architecte Giuseppe Terragni, qui réalise l'une des plus grandes réussites de l'architecture rationaliste en Italie avec la construction de la Casa del Fascio à Côme en 1936. Le rapport entre les peintres et son architecture, ainsi que les relations entre Cesare Cattaneo et Alberto Sartoris, ont été très étroits et cruciaux pour le tournant abstrait des Comasques. Sur ces aspects, voir E. Di Raddo, *Alle origini di una nuova era. Primordialismo e arte astratta in Italia negli anni Trenta*, Milan, Mimesis, 2020.

6. «Étrangers, bolcheviques et juifs», *Il Tevere*, 24-25 novembre 1938.

7. Franco Ciliberti, *Storia degli Ideali*, Elena Di Raddo (éd.), Côme, Edizioni Archivio Cattaneo, 2003, p. 97.

8. Le manifeste est conservé dans le Fonds Ciliberti de la Biblioteca Comunale de Côme.

9. Voir Luigi Cavadini, *Carla Badiali. Catalogo generale*, Cinisello Balsamo, Milan, Silvana Editoriale, 2006, p. 14-15.

10. Giovanni Anzani, *Carla Badiali. Opere 1933-1943*, Milan, Mazzotta 1990, p. 10.

11. Sur la relation entre l'art abstrait italien et Kandinsky, voir L. Caramel (dir.), *Kandinsky e l'astrattismo in Italia 1930-1950*, cat. d'expo. (Milan, Palazzo Reale, 10 mars-24 juin 2007), Milan, Mazzotta, 2007.

12. Pour l'activité textile de Carla Badiali, voir Margerita Rosina et Francina Chiara (dirs), *Carla Badiali. Disegnare il tessuto*, cat. d'expo., (Côme, Fondazione Ratti, 29 sept.-14 nov. 2007), Côme, NodoLibri Editore, 2007.

13. Entretien réalisé par la galeriste Carla Pellegrini à l'occasion de l'exposition personnelle de Badiali à la Galleria Milano de Milan en avril 1978 et publiée dans L. Cavadini, *Carla Badiali. Dipingere la geometria*, Cinisello Balsamo, Milan, Silvana editoriale, 2007.

14. *Ibid.*

15. Les documents, les esquisses et les œuvres sont conservés à l'Archivio Cesare Cattaneo de Cernobbio, à Côme.

16. Alberto Sartoris, «Carla Prina», *Origini*, année VI, n° 8, juillet 1942.

17. Claudio Cerritelli, «Lo splendore geometrico del colore intorno al percorso creativo di Carla Prina», dans *Carla Prina*, cat. d'expo. (Milan, Galleria Spazio Temporaneo, mai 2004) Milan, Spaziotemporaneo, 2004, n. p.

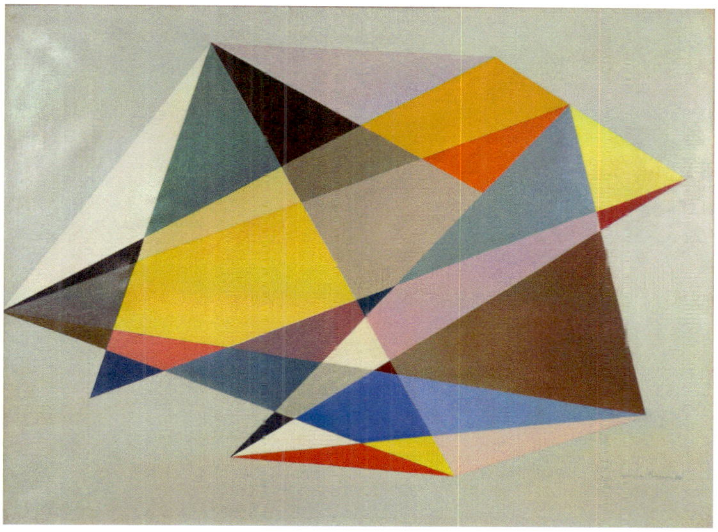

Carla Prina, *Senza titolo*, 1956, huile sur toile, 60 × 80, collection particulière. © Archivio Carla Prina, photo Paolo Borrelli

Elena Di Raddo est professeur associé d'histoire de l'art contemporain à l'Università Cattolica del Sacro Cuore di Milano e Brescia. Elle est membre du conseil d'administration du Centro di Ricerca per l'Arte Astratta in Italia (CRA.IT). Elle est notamment l'autrice de *Sogni e ideali. Cicli decorativi italiani nelle esposizioni internazionali 1890-1914* (Franco Angeli, 2004), *Mario de Maria. Pictor di storie misteriose nella pittura simbolista europea* (Franco Angeli, 2013), *Ralph Rumney. Un ospite internazionale a casa Boschi Di Stefano* (Skira, 2019), *Alle origini di una nuova era. Primordialismo e arte astratta negli anni Trenta in Italia* (Mimesis, 2020). Elle a également édité *Storia degli ideali* de Franco Ciliberti (Edizioni Archivio Cattaneo, 2003), *Anni '70: l'arte dell'impegno. I nuovi orizzonti culturali, ideologici e sociali nell'arte italiana* (avec Cristina Casero, Silvana Editoriale, 2009) et *Arte fuori dall'arte. Incontri e scambi fra arti visive e società negli anni Settanta* (avec Franscesca Gallo et Cristina Casero, Postmedia Books, 2017).

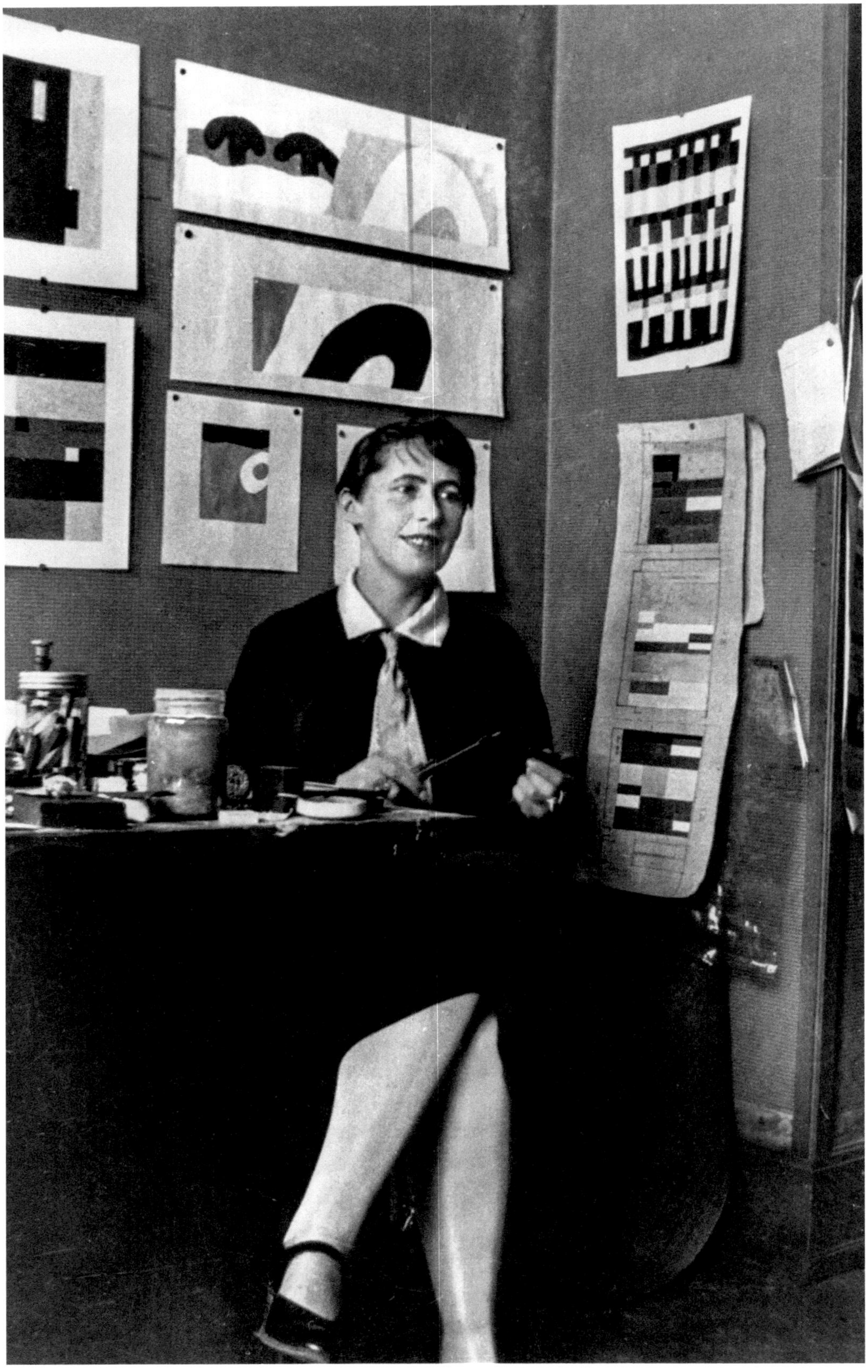

Sophie Taeuber dans son atelier-bureau de l'Aubette, Strasbourg, 1927, Archives Fondation Arp, photo droits réservés

Briony Fer

L'abstraction, la chronicité et la question du temps

Il ne fait guère de doute que, dès le départ, l'histoire de l'abstraction géométrique s'est beaucoup intéressée à ses propres origines. À tel point, semble-t-il, qu'il lui a été difficile de dépasser cette obsession des commencements. Aujourd'hui que l'art abstrait a plus d'un siècle d'existence, il devrait toutefois sembler plus urgent d'examiner les formes de l'abstraction ayant émergé en Europe dans les premières décennies du XXe siècle sous un autre angle que celui que proposent une poignée de récits fondateurs, eux-mêmes intégralement fondés sur une rhétorique de l'artiste envisagé comme «pionnier» en territoire inconnu – autant de tropes qui sont davantage des symptômes que des explications. Les tentatives actuelles visant à faire remonter les origines de l'art abstrait à d'autres «pionniers», plus anciens encore, font courir le risque de reproduire à l'identique la structure d'un discours dont j'aimerais m'affranchir dans cet essai, pour m'attacher plutôt à la résilience transnationale et intergénérationnelle dont fait preuve l'abstraction. La question est assurément plus pressante de savoir ce que signifie *aujourd'hui* la continuation d'un travail reposant sur un lexique de formes géométriques. Pour le dire autrement, il m'importe davantage ici de comprendre comment un langage constitué de formes géométriques est parvenu à faire preuve d'une telle ténacité, sur une période aussi longue, mais aussi à rester si fécond pour tant d'artistes femmes qui l'ont transformé à la lumière de nouveaux contextes.

Je pense à cette photographie de Sophie Taeuber-Arp, prise en 1927 dans son bureau de l'Aubette, à Strasbourg, et qui la montre entourée de ses dessins. À sa gauche, plusieurs plans se rapportant au projet de café moderne sur lequel elle travaillait à l'époque avec Jean Arp et Theo van Doesburg, notamment des croquis pour des lieux comme le salon de thé «Five-O'Clock», ou les bars qu'elle avait imaginés[1]. Ces dessins et croquis négligemment épinglés au mur renvoient aussi aux formes expérimentales dans les peintures et les textiles qu'elle concevait alors en parallèle de ses projets de design. Tous font partie du lexique formel de Taeuber-Arp et, à ce titre, s'enracinent dans ce moment particulier de son parcours. Bien qu'ils concernent spécifiquement ses intentions pour l'Aubette, les dessins affichés sur ce mur n'en reflètent pas moins le projet de l'abstraction dans son ensemble, doté de sa propre histoire, éminemment complexe, et auquel l'artiste était également partie prenante. Cela ne veut pas dire pour autant que ces formes appartiennent à un langage «universel» que l'on présumerait fondé sur des essences et des absolus intemporels. Bien au contraire, je dirais que ce langage est *pleinement* temporel, qu'il nous invite à réfléchir à la relation entre l'art et les registres multiples de la temporalité.

Le rêve absolu du projet utopiste d'avant-garde est réputé avoir échoué de longue date. Pourtant, son langage formel n'a pas nécessairement succombé du même coup, et s'est au contraire montré étonnamment endurant – ou, plus exactement, il nous reste à expliquer comment l'abstraction a su faire preuve d'un tel entêtement et pourquoi elle ne semble pas disposée de sitôt à tirer poliment sa révérence. Il est à cet égard assez frappant de découvrir, presque un siècle plus tard, les murs de l'atelier de Carmen Herrera, dans le quartier newyorkais d'Union Square. Voilà en effet un autre mur où s'affichent de nombreuses permutations de formes géométriques, dues à cette artiste cubaine-américaine. Le trait d'union possible entre ces deux femmes ne témoigne pas nécessairement de l'essentialité d'un lexique de la forme, mais d'une série de translations, intervenues à travers le temps et l'espace, et pour lesquelles nous ne disposons que d'un appareil critique et descriptif assez rudimentaire. Bien que d'importantes études aient été menées sur les mouvements transnationaux au sein du constructivisme, peu de réflexions semblent s'être attachées à ce que j'appellerais la chronicité de l'abstraction, et à sa relation au temps[2]. J'entends ici par chronicité un état de continuité et une propension à la récurrence. L'analogie avec l'idée de maladie chronique est au demeurant intentionnelle – non parce que l'art serait un signe de mauvaise santé, mais parce qu'il me semble que le lien avec le corps peut s'avérer fécond. Il convoque en effet un temps d'une autre nature, un temps qui n'est pas celui mesuré rationnellement par l'horloge.

Afin de penser transversalement ces différents moments dans l'histoire de l'abstraction, je m'appuierai ici sur ce que Mikhaïl Bakhtine, théoricien russe de la littérature, appelait le «chronotope». Connu avant tout pour son travail sur l'imagination dialogique et le carnavalesque, Bakhtine introduisit pour la première fois le terme de chronotope – littéralement, le temps-espace – dans un essai intitulé «Formes du temps et du chronotope dans le roman (Essais de poétique historique)» (1937-1938)[3]. Écrivant à la fin des années 1930 dans un pays où s'exerçaient fermement les pressions d'un régime totalitaire, l'auteur voyait dans le chronotope un dispositif ancien, mais aussi potentiellement radical. Ces dernières années, le travail de Bakhtine a inspiré Huey Copeland et Krista Thompson dans leurs réflexions sur l'*afrotrope* et pour leur étude capitale sur la récurrence de certains motifs clé au sein d'une esthétique africaine-américaine[4]. En la reliant au sujet de l'abstraction, j'aimerais étendre l'actualité de ce terme, en dépouillant légèrement le concept bakhtinien du motif iconographique, pour restituer à l'intention chronotopique la force d'un dispositif formel stimulant.

L'œuvre de Sophie Taeuber-Arp *Composition dada (Tête au plat)* a constitué une première occurrence des possibilités de la peinture en tant que médium hybride. En même temps qu'il la proclame peinture-manifeste pour l'abstraction dada, le «1920» bien visible intègre la date dans la composition et pose cette question : de quelle manière le temps entre-t-il dans l'œuvre d'art? Il ne s'agit pas simplement là de l'enregistrement de la date de réalisation de l'œuvre, ni d'un simple ajout à la signature de l'artiste; les proportions sont amplifiées pour en faire un élément formel ou un dispositif à part entière. À cet égard, il constitue une intrusion presque extravagante dans le langage supposé «pur» et «intemporel» de la peinture abstraite. Il en va de même de la notion de «tête à plat», mise en œuvre dans ce tableau comme un patron aplani du motif recouvrant la *Tête dada* de Taeuber-Arp, réalisée la même année, en trois dimensions cette fois, et dont cette toile est aussi une image[5]. Sur la peinture «aplatie», tout se passe comme si les formes

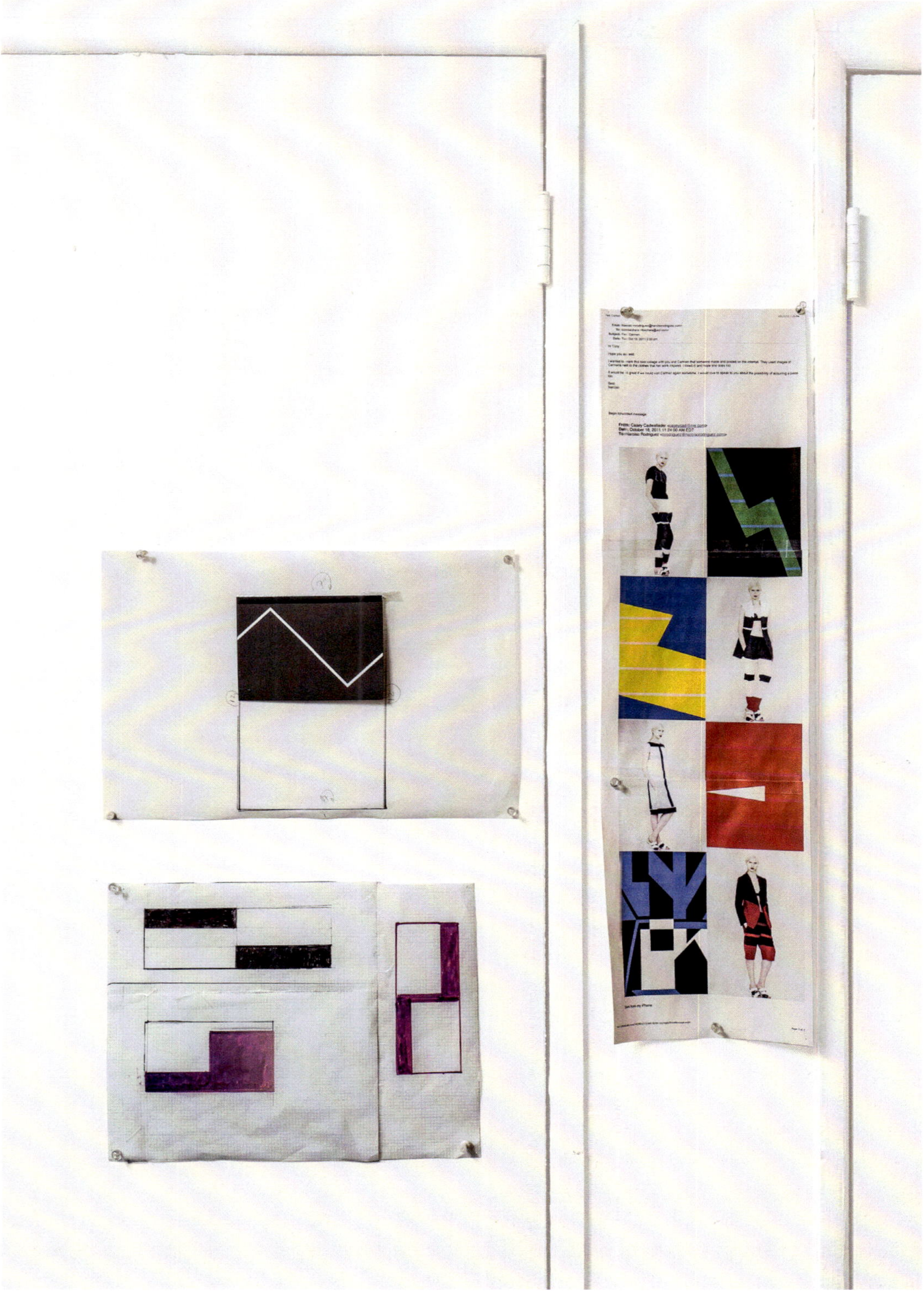

Vue de l'atelier de Carmen Herrera, New York, 2017, © Carmen Herrera; Courtesy Lisson Gallery, photo © Philip Mauro

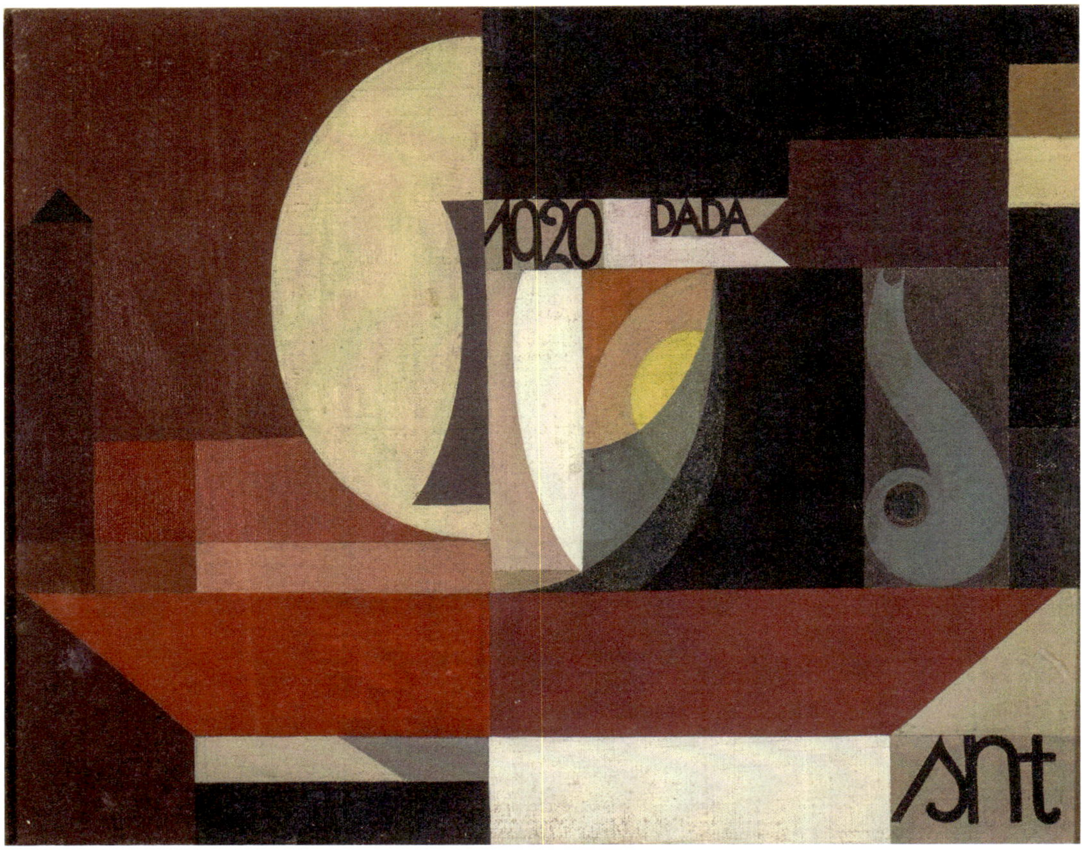

Sophie Taeuber-Arp, *Composition dada (Tête au plat)*, 1920, huile sur toile collée sur carton encadrée sous verre, 35 x 43, Paris, Centre Pompidou, Musée national d'art moderne, photo © Centre Pompidou, Mnam-CCI/Georges Meguerditchian/Dist. RMN-GP

peintes avaient été décollées de la tête en bois tourné en plusieurs segments distincts – comme l'étaient d'ailleurs les différentes sections des tapisseries et tissages que l'artiste réalisait à la même période. Sur le tableau, ce sont de petits éléments, mais ils démontrent avec éclat à quel point Taeuber-Arp mettait déjà l'abstraction à l'épreuve : entre ses mains, un langage formel en apparence hermétique et autarcique devient perméable à ce qui l'entoure et à d'autres matérialités – par exemple, une tête en bois peint. Elle expose ainsi l'œuvre aux nombreuses contingences de la vie, qui incluent de façon décisive le marqueur temporel de l'année, «1920».

La relation entre la chronicité d'une part et, d'autre part, le contingent et le circonstanciel, est par définition plus aléatoire et plus difficile à cerner qu'on ne le voudrait. J'emploie ici à dessein les termes «contingent» et «circonstanciel» en lieu et place de «spécifique» et «local», parce qu'ils me semblent donner plus d'agilité à la pensée. Plutôt que de situer l'œuvre au moment de son origine, ils nous permettent de considérer la façon dont elle se déplace dans le temps, exactement comme ce marqueur instable «1920», qui renvoie tout d'abord à son propre maintenant [*nowness*], avant de s'enfoncer (immédiatement après) dans le passé. Parmi les premiers artistes abstraits, beaucoup étaient animés par la foi en un langage universel capable de transcender l'immédiateté du présent. Même si, en débutant cette intervention, j'ai choisi de prendre mes distances avec les hypothèses répandues qui sous-tendent généralement un universalisme intemporel, je pense qu'il est tout aussi problématique d'opter à la place exclusivement pour le local, comme si les significations de l'art ne pouvaient voyager plus loin que le lieu de sa création. Peut-être devrions-nous en effet faire preuve de plus de circonspection avant de disqualifier toute notion de portée extensive et projective de l'abstraction – j'entends par là sa capacité à être actualisée dans d'autres conditions que celles de sa création. Mon propos n'est pas ici de jeter par-dessus bord cette notion essentielle de portée [*scope*], mais de la resituer dans une perspective temporelle et, par conséquent, de retrouver sa contingence radicale.

Une façon de penser la dimension temporelle de l'abstraction consiste à envisager l'œuvre d'art comme une sorte de réceptacle du temps. De ce point de vue-là, tout art – et pas seulement l'image en mouvement – est fondé sur le temps, ou s'en empare d'une manière ou d'une autre. Ainsi, le tondo sur bois entièrement blanc de Taeuber-Arp (*Relief en bois*, 1937) peut être appréhendé comme une variation sur le circonstanciel et le contingent. Il s'agit d'un relief monochrome, mais éminemment sensible aussi aux jeux d'ombre et de lumière. En fonction de l'éclairage, les parties découpées et les zones en creux apparaissent différemment, plus profondes ou plus superficielles, leurs ombres plus ou moins nettement définies. L'idée de l'œuvre d'art en tant qu'objet matériel dans le monde ne pourrait se manifester avec plus de force, non seulement en raison du relief tridimensionnel qui jaillit du mur dans l'espace réel, mais aussi parce que l'œuvre réagit à son environnement. Nul besoin ici d'enchevêtrer les mots ou les dates : le relief est devenu, en soi, une sorte d'indicateur temporel.

Après des études d'architecture à La Havane, Carmen Herrera a séjourné à la fin des années 1940 à Paris, où elle développera sa propre forme d'abstraction géométrique. Elle aussi recourrait alors déjà à la forme du tondo (*Iberic*, 1949), commençant également à introduire un vocabulaire de formes élémentaires dans des motifs chromatiques. Dès cette époque, elle peignait à l'acrylique sur toile collée sur carton, technique qu'elle maintiendra tout au long de sa carrière dans des compositions de plus en plus épurées, à partir de formes géométriques simples – ce dont témoignent, plus d'un demi-siècle plus tard, toute la variété et l'étendue des permutations

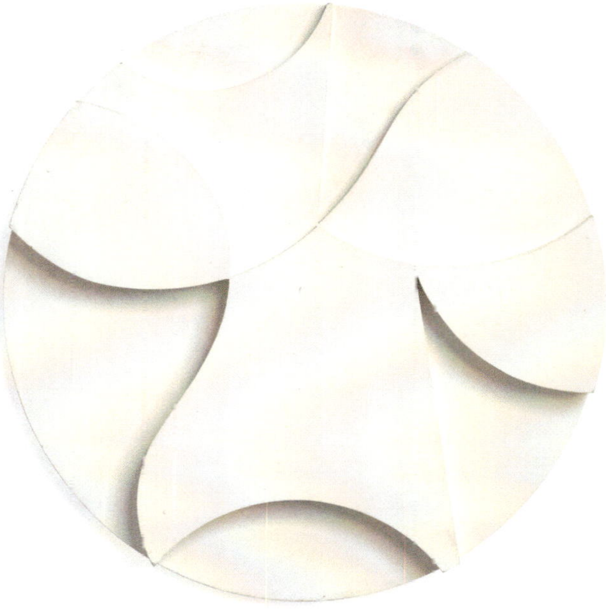

Sophie Taeuber-Arp, *Relief en bois*, 1937, huile sur contreplaqué, Ø 59,7 x 5,1, photo Alex Delfanne - Stiftung Arp e. V., Berlin/Rolandswerth

des croquis sur papier millimétré affichés aux murs de son atelier. Je ne sous-estime en rien l'importance d'autres artistes cubaines, comme Amelia Peláez par exemple, mais le point sur lequel je voudrais insister, s'agissant d'Herrera, c'est la manière dont elle intègre avec brio les différents moyens de facetter la surface picturale. Ces caractéristiques lui sont propres même si, comme Taeuber-Arp, elle joue avec les références au tissage des textiles, faisant ainsi tomber l'opposition entre le géométrique et l'organique. Avec *Iberic*, le titre situe en outre l'œuvre dans un espace de translation entre culture cubaine et culture européenne. Cette toile témoigne de la réflexion d'Herrera sur la façon dont l'abstraction peut intégrer la différence et les doubles sens, plutôt que les supprimer ou les effacer.

Sophie Taeuber-Arp est tragiquement décédée dans un accident, en 1943. Elle allait avoir 54 ans. Bien sûr, rien ne sert de spéculer sur ce qu'elle aurait pu accomplir par la suite si elle avait vécu plus longtemps. Je suis néanmoins convaincue que ce qu'elle nous a laissé, c'est un projet inachevé, un projet qui se prolonge encore aujourd'hui – et une forme d'abstraction à la fois rythmique, corporelle

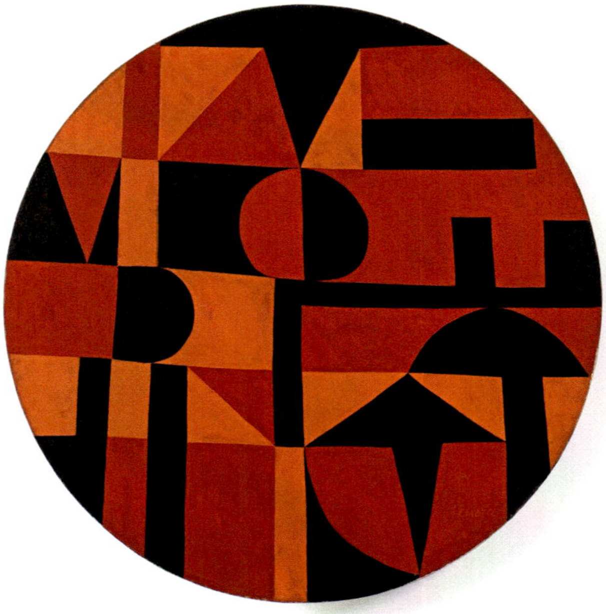

Carmen Herrera, *Iberic*, 1949, acrylique sur toile, sur carton, Ø 101,6.
© Carmen Herrera; Courtesy Lisson Gallery

et temporelle. Taeuber-Arp n'a pas nécessairement influencé Carmen Herrera, que ce soit directement ou indirectement – encore que cette dernière ait évolué et exposé dans le même groupe qu'elle, aux côtés de Jean Arp, Theo van Doesburg ou Max Bill. Je dirais plutôt que Taeuber-Arp nous fournit un moyen de revisiter certaines idées reçues sur l'art abstrait. Elle nous permet de tracer de nouvelles trajectoires, selon lesquelles certains artistes deviennent des protagonistes plus importants – plutôt que moins importants – comme Carmen Herrera par exemple, et bien d'autres artistes latino-américains qui, à partir des années 1950, ont puissamment redéfini le constructivisme comme une matrice d'incarnation.

Une infrastructure globale de l'art moderne – les tuyauteries de sa communication, ses réseaux institutionnels, les pipelines du modernisme international – est susceptible d'expliquer en partie la vaste expansion géographique du constructivisme européen au cours du XXe siècle. Plusieurs expositions posthumes d'envergure de l'œuvre de Taeuber-Arp ont été organisées, notamment au Brésil, où son travail fut présenté lors des deux premières éditions de la Biennale de São Paulo, respectivement en 1951 et 1955[6]. S'il est tout à fait certain que sa place dans les cartographies transnationales du constructivisme n'a pas encore été pleinement reconnue, ce que je veux souligner ici est tout autre. Je m'intéresse surtout à la transmutation et à la métamorphose de la forme sérielle qui s'accomplit dans sa peinture, par exemple dans la série des *Échelonnements*, dont un exemplaire était d'ailleurs exposé à São Paulo dans le pavillon Suisse, en 1951. Dans toute forme sérielle, la répétition est mise en œuvre pour rechercher des variantes, dans un processus de différenciation plutôt que de reproduction à l'identique – processus qui se déploie dans le temps et en devient la règle fondamentale.

S'il est une artiste chez qui le langage de l'abstraction géométrique a été utilisé précisément pour mettre en scène cet aspect temporel, c'est la Brésilienne du mouvement néo-concret Lygia Pape. Ses reliefs des années 1950 témoignent déjà, avec une grande économie de moyens, d'un intérêt pour les rythmes staccato. Mais ce sont ses œuvres ambitieuses *Livro do Tempo* (« Le Livre du temps », 1961-1963) et son sous-ensemble *Livro Noite e Dia* (« Livre de nuit et jour », 1963) qui révèlent avec le plus d'évidence le chronotope sériel. Les deux œuvres – l'une en couleurs, l'autre en noir, gris et blanc – sont déjà chromatiquement différentes l'une de l'autre. Mais dans *Noite e Dia*, les gradations de gris deviennent une façon de mesurer les paliers du temps, chaque petit relief carré projetant son ombre particulière sur le mur blanc. Le pliage et le dépliage des éléments spatiaux, variant de l'un à l'autre, offre une alternative au temps régulier de l'horloge. Du point de vue de l'articulation de composantes formelles sur le mur blanc, *Noite e Dia* semble parfois plus proche des *Insomnia Drawings*, les « dessins d'insomnie » de Louise Bourgeois, que de certaines interprétations plus rationalistes du constructivisme.

Bakhtine fait, à propos des œuvres littéraires, une remarque très juste : chaque œuvre, écrit-il, se tourne le dos à elle-même et regarde vers l'extérieur. Le constat est simple, mais important, en ce qu'il suggère que l'œuvre anticipe déjà les réactions qu'elle pourra susciter chez son public – comme si elle entamait avec elle-même un dialogue, sensible

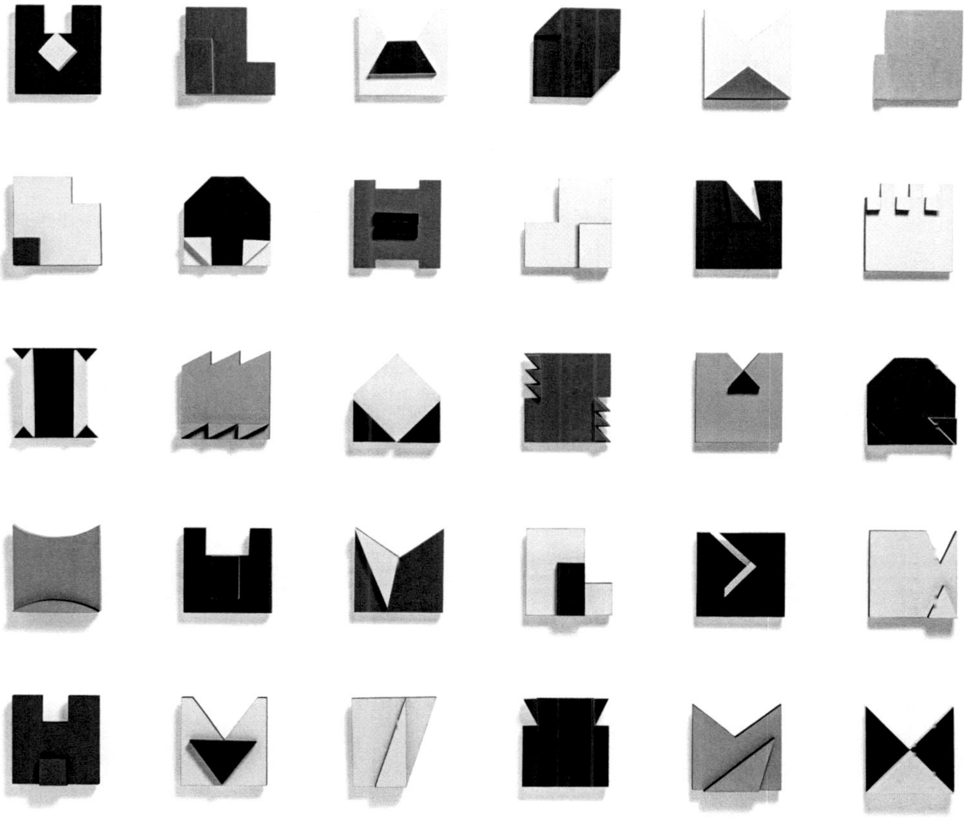

Lygia Pape, *Livro Noite e Dia* [*Livre de nuit et jour*], 1963-1976, acrylique sur bois, 30 éléments, 15,9 × 15,9 × 2,9 chaque, ensemble : 137,2 × 167,6, New York, Metropolitan Museum of Art, purchase, Lila Acheson Wallace Gift and Latin American Art Initiative Gift, 2020, acc. no. 2020.24.1-.30, © Projeto Lygia Pape, photo © The Metropolitan Museum of Art, Dist. RMN-Grand Palais/image of the MMA

au temps et à ses vicissitudes. Fixés au mur, les reliefs multiples de Lygia Pape mettent en scène le réflexe circonstanciel d'un changement incessant de plans et de couleurs. Loin d'être hermétiquement isolée du monde, l'œuvre ne peut faire autrement que de lui être perméable. Comme le dit Bakhtine, « on pourrait même parler d'un chronotope particulier, créateur, au-dedans duquel a lieu cet échange entre l'œuvre et la vie, où se passe *la vie singulière d'une œuvre*[7] ».

Plusieurs chronotopes différents peuvent donc coexister, interagir, venir se substituer l'un à l'autre, ou céder leur place lorsqu'émergent de nouvelles versions. Pour Bakhtine, les réactions qui interviennent entre eux sont bien entendu dialogiques – c'est-à-dire actives et transformatrices. Étant donné que l'œuvre existe dans le temps, et que le temps évolue en permanence, ce champ temporel de l'action n'est jamais totalement stable – et même, bien souvent, *instable* et volatil. Lorsque l'œuvre atteint le monde, elle agit comme une sorte de mèche, allumant instantanément de nouvelles connexions. Pour adapter légèrement Bakhtine – très légèrement seulement – au cas de figure qui nous occupe ici, je dirais que l'art, comme n'importe quel organisme, meurt lorsqu'on l'arrache à son environnement ; mais tant qu'on lui permet de vivre dans une forme d'échange, résistant *et* en même temps réciproque, avec cet environnement, il s'épanouit. Si nous l'oublions c'est, j'en suis convaincue, à nos risques et périls.

En ces temps de pandémie et de crise planétaire, des arguments comme ceux que je viens de tenter de développer en faveur de l'abstraction peuvent sembler bien dérisoires. Mais je voudrais dire aussi que l'ampleur de la terrible crise actuelle – sans parler des privations sensorielles et des défis pour la santé mentale qu'elle engendre – ne font qu'aiguiser le besoin de réfléchir à la chronicité. Bien sûr, en ce moment, beaucoup d'entre nous n'ont pas la possibilité de voir des œuvres d'art, mais le sentiment de leur présence vivante, sensuelle, persiste dans notre imagination – comme l'anticipation d'un ardent désir. L'interaction compliquée des chronotopes offre de nouvelles façons de penser, à travers le temps, les connexions entre l'œuvre et le monde ; mais en réfléchissant à la complexité de leurs entrelacs et aux formes d'attention souvent disjonctives et discontinues qui sont ici en jeu, peut-être devrions-nous aussi nous arrêter un instant et envisager l'art lui-même comme un « schéma d'attente » [*holding pattern*], complexe lui aussi, constitué de multiples chronotopes – un enchevêtrement dans lequel nous sommes pris, mais aussi par lequel nous sommes tenus [*held*]. Ce « être-tenu » [*being-held*] est éternellement précaire, mais il n'en est pas moins vital.

Traduit de l'anglais par Jean-Marc Agostini

Notes

1. Voir aussi les dessins axonométriques pour le salon de thé « Five-O'Clock », à l'Aubette, dans l'ouvrage d'Anne Umland et Walburga Krupp, *Sophie Taeuber-Arp Living Abstraction*, New York/Bâle, Museum of Modern Art/Kunstmuseum Basel, 2020, p. 138-39.
2. Cette ambition entre dans le projet plus vaste d'un livre que je prépare actuellement sur l'art, la chronicité et le chronotope. Voir également mon essai sur les portraits de famille de Gerhard Richter, « Chrono-technics: Richter's Family pictures », dans Sheena Wagstaff et Benjamin H. D. Buchloh, *Gerhard Richter. Painting After All*, New York, Metropolitan Museum of Art, 2020.
3. Mikhaïl Bakhtine, « Formes du temps et du chronotope dans le roman » (1937-1938), dans *id.*, *Esthétique et théorie du roman* [1978], trad. du russe par D. Olivier, Paris, Galimard, 1987. Une conclusion fut ajoutée par Bakhtine à l'article original en 1973.
4. Voir Leah Dickerman, David Joselit et Mignon Nixon, « Afrotropes: A Conversation with Huey Copeland and Krista Thomson », *October*, n° 162, automne 2017, p. 3-18.
5. Sophie Taeuber-Arp, *Tête dada*, 1920, huile et peinture métallisée sur bois, fait aussi partie de la collection du Centre Pompidou, Musée national d'art moderne, Paris.
6. En 1955, une rétrospective d'une quarantaine d'œuvres de Sophie Taeuber-Arp a été présentée dans la section suisse de la Biennale, donnant un vaste aperçu de son travail.
7. M. Bakhtine, « Formes du temps et du chronotope dans le roman », art. cité, p. 254.

Briony Fer est historienne de l'art et autrice de nombreux ouvrages et articles sur l'art moderne et contemporain. Ses recherches ont sans cesse oscillé entre l'histoire des avant-gardes et l'œuvre d'artistes contemporains tels que Zoe Leonard, Gabriel Orozco, Roni Horn, Vija Celmins et Tacita Dean. Parmi ses publications, citons *On Abstract Art* et *The Infinite Line* (Yale University Press, respectivement 1997 et 2004), ainsi que *Eva Hesse. Studiowork* et *Gabriel Orozco. Thinking in Circles* (Édimbourg, Fruitmarket Gallery, respectivement 2009 et 2013). Elle a co-organisé, avec Maria Müller-Schareck et Ann Coxon, la rétrospective « Anni Albers », présentée à la Tate Modern à Londres et au K20 de Düsseldorf en 2018. Elle est professeur en histoire de l'art au University College de Londres et membre de la British Academy.

Mariola V. Alvarez

Abstraction diasporique

Tomie Ohtake et l'art brésilien

Tomie Ohtake naît le 21 novembre 1913, dans la ville de Kyoto au Japon. En 1936, à l'âge de 23 ans, elle fait un long voyage en mer pour rendre visite à l'un de ses frères à São Paulo, au Brésil. À son arrivée, celui-ci décide qu'elle doit rester en raison des troubles croissants que connaît le monde et de la guerre peut-être imminente. Elle se marie l'année suivante à un homme japonais-brésilien et ils élèvent ensemble deux fils. Bien qu'elle s'intéresse à l'art depuis son enfance, elle ne devient artiste que sur le tard, quand ses obligations domestiques lui demandent moins de temps : « J'avais déjà oublié ma vocation, dit-elle à propos de son retour à l'art, qui semblait devoir être sacrifiée à la routine du travail domestique[1]. » Après une courte période de peinture figurative, Ohtake se dédiera durant toute sa carrière artistique à l'art abstrait, passant d'œuvres gestuelles à un style géométrique, de facture plutôt irrégulière et approximative, puis à des formes proches de l'abstraction *hard-edge*. Cet essai, centré autour des premières peintures de 1950 à 1970, examine la pratique de l'art abstrait d'Ohtake tant à travers son expérience au sein de la diaspora japonaise que par le biais de son identité de femme artiste vivant au Brésil; mon intention est ainsi de mettre à l'épreuve ces deux perspectives en tant que stratégies d'interprétation pour l'histoire de l'art.

Ohtake fait partie d'une communauté plus large d'immigrants japonais au Brésil. Nombre d'entre eux ont traversé l'océan Indien vers l'océan Atlantique Sud en tant que travailleurs migrants dans les plantations de café. De 1908 à 1940, près de 200 000 hommes, femmes et enfants, japonais et japonaises, ont immigré au Brésil[2]. Avant la guerre, la plupart croient pouvoir ensuite rentrer au pays, c'est pourquoi ils continuent d'entretenir des liens – politiques, religieux, culturels et linguistiques – avec le Japon, restant de ce fait à l'écart tout en vivant au sein de l'État moderne brésilien. Ces immigrants forment des enclaves ethniques dans les fermes et les villes, fréquentent des écoles japonaises et continuent de vénérer leur empereur. Contrairement à celle des autres immigrants, qui sont arrivés au Brésil enfant ou bien qui ont emménagé dans des petites villes pour travailler, l'expérience d'Ohtake est celle d'une jeune adulte qui s'installe dès son arrivée à São Paulo – la seule ville brésilienne où elle dit se sentir chez elle – et dont les relations avec la culture et les traditions japonaises ne dépendent donc pas de ses parents ou des générations précédentes.

À São Paulo, les artistes japonais-brésiliens se fréquentent, travaillent ensemble, et forment en 1935 un groupe artistique, le Grupo Seibi, qui leur offre des voies de professionnalisation, ainsi qu'une communauté artistique et culturelle. Après une période d'inactivité, résultat de la violence exercée sur les immigrants japonais en conséquence d'un nationalisme grandissant au sein de l'administration du président Getúlio Vargas, mais aussi de l'alliance, en 1942, du Brésil avec les États-Unis contre le Japon, Seibi renouvelle ses membres en 1947[3]. Ohtake rejoint le groupe en 1953. Seibi ne répond pas au modèle habituel des groupes définis par un programme préétabli, il est éclectique dans les styles pratiqués par les artistes qu'il rassemble, incluant aussi bien l'abstrait que le figuratif. Axé sur l'échange critique, l'éducation, l'embauche et la promotion des artistes, le groupe comble un manque pour ses membres, notamment au regard du désintérêt général du public brésilien et du maigre soutien apporté par les familles japonaises à ceux de leurs enfants qui veulent devenir artistes[4]. Bien que les artistes du groupe demeurent informés des tendances et des évolutions de l'art japonais par les magazines et les journaux[5], Seibi doit aussi faire avec « la perte d'une sensibilité esthétique japonaise », selon les mots de son fondateur. Leur statut d'immigrant prive les artistes de la possibilité de recréer leur monde dans celui du Brésil, même avec le savoir et les objets qu'ils ont apportés du Japon – ceux-ci n'ayant plus de sens dans le monde dans lequel ils vivent désormais[6]. Le Grupo Seibi propose alors une communauté aux artistes japonais-brésiliens et met à leur disposition un réseau, qui leur permet de naviguer dans le monde de l'art brésilien. Ceci nous rappelle combien les opérations propres aux pratiques diasporiques de l'art sont le fruit de l'expérimentation du sentiment d'appartenance et de non-appartenance à une nouvelle terre d'accueil.

Quand elle se tourne vers l'abstraction, Ohtake emprunte d'abord au trait calligraphique, même si elle le combine avec le relâchement liquide de l'encre, et avec une patte – comme une griffure – plus sombre, fantomatique. Entre 1959 et 1962, elle produit près de quarante œuvres connues sous le nom de « peintures à l'aveugle », parce qu'elle se bande les yeux pour peindre. Étant donné son travail sur l'aléatoire, le geste ne doit pas être lu comme l'expression d'une intentionnalité artistique, même s'il n'est pas dénué d'implications conceptuelles. Les gestes d'Ohtake rappellent plutôt les jeux surréalistes ou dada dans le sens où ils donnent au médium sa propre autonomie et sa propre vitalité. On peut classer ses œuvres en trois catégories : 1) les surfaces griffées (ci-contre) ; 2) les lavis colorés avec des marques noires denses (p. 76, haut) ; et 3) les surfaces colorées planes et circulaires (p. 76, bas). Dans chacune d'elles, les couleurs et les formes semblent venir de l'intérieur de la toile et conservent donc la possibilité d'y retourner, pour disparaître de notre vue. Le commissaire d'exposition brésilien, spécialiste de l'œuvre d'Ohtake, Paulo Herkenhoff, suggère que cette sensation de temps suspendu opère dans les œuvres comme un moyen de contester « l'oculocentrisme qui gouverne la modernité[7] ». Le fait qu'Ohtake s'empêche de voir ses propres peintures au moment où elle les exécute a des répercussions sur notre réception des tableaux : nous ne pouvons pas nous reposer sur notre expérience visuelle pour les « connaître ». L'absence de formes définies résultant du processus de réalisation de ces peintures apparente naturellement celles-ci à l'*informe* de l'art *informel*, caractérisé par des formes indéterminées et la matérialité de la peinture. Le mouvement de l'art informel, dont on doit le nom au critique et commissaire d'exposition Michel Tapié, naît en France au milieu des destructions laissées par la Seconde Guerre mondiale et l'Occupation, et se trouve souvent associé pour cette raison avec « les horreurs de la guerre[8] ». On peut en effet trouver des similarités visuelles entre les peintures d'Ohtake et celles de Jean Fautrier (1898-1964), de Wols (1913-1961), et de Jaroslav Serpan (1922-1976), bien que l'artiste leur préfère Mark Tobey (1890-1976)[9].

Contrairement à ses contemporains membres de Seibi Manabu Mabe (1924-1997) et Flavio-Shiró Tanaka (né en 1928), dont les peintures sont souvent liées à l'action, les peintures d'Ohtake sont depuis toujours le fruit d'une approche plus conceptuelle, philosophique et spirituelle de la création artistique. Un certain retrait, ou détachement, vis-à-vis de la gestuelle physique distingue son style de celui des

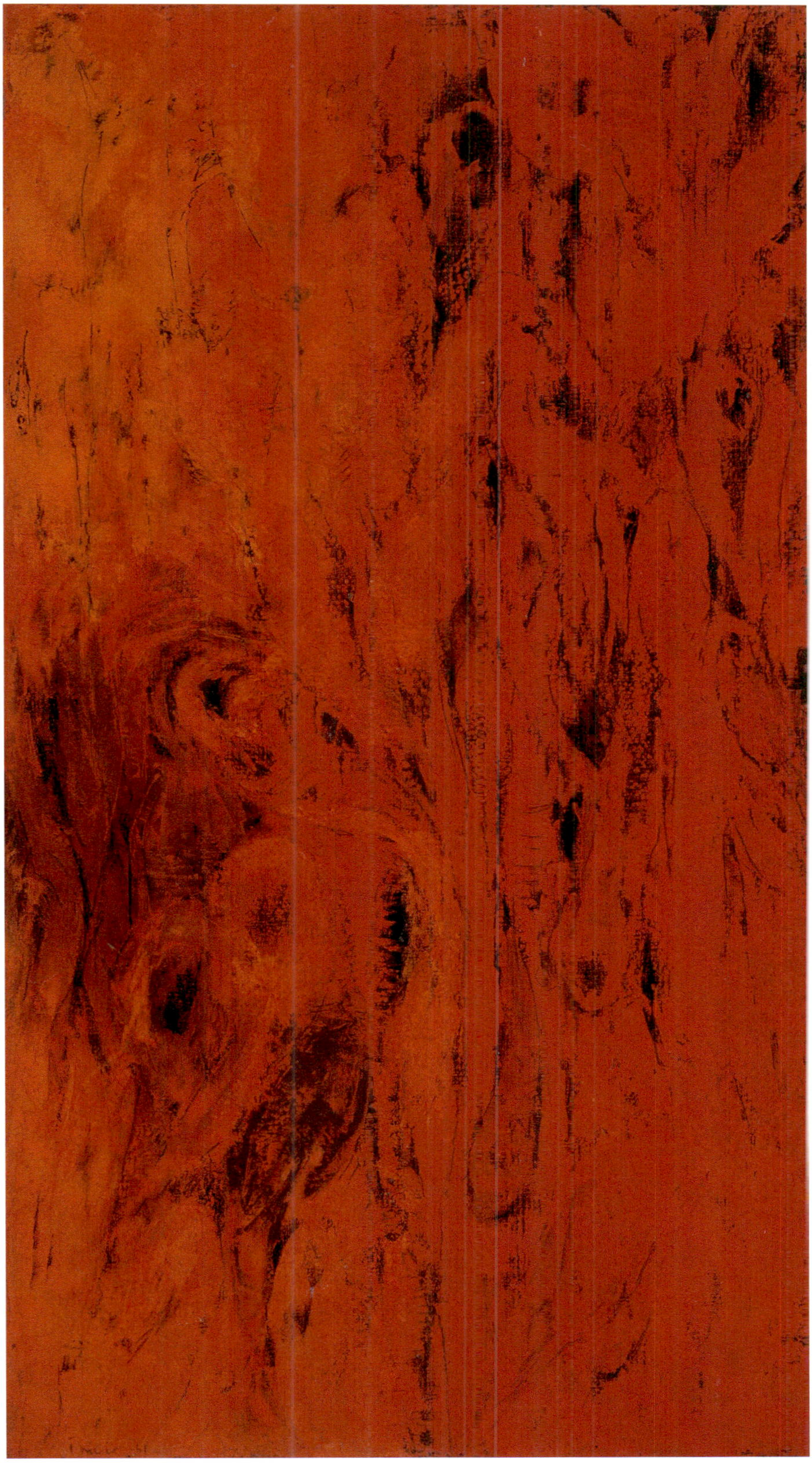

Tomie Ohtake, *Sem título*, 1961, huile sur toile, 135 x 75, collection particulière, © Tomie Ohtake, photo Nelson Kon, © Instituto Tomie Ohtake

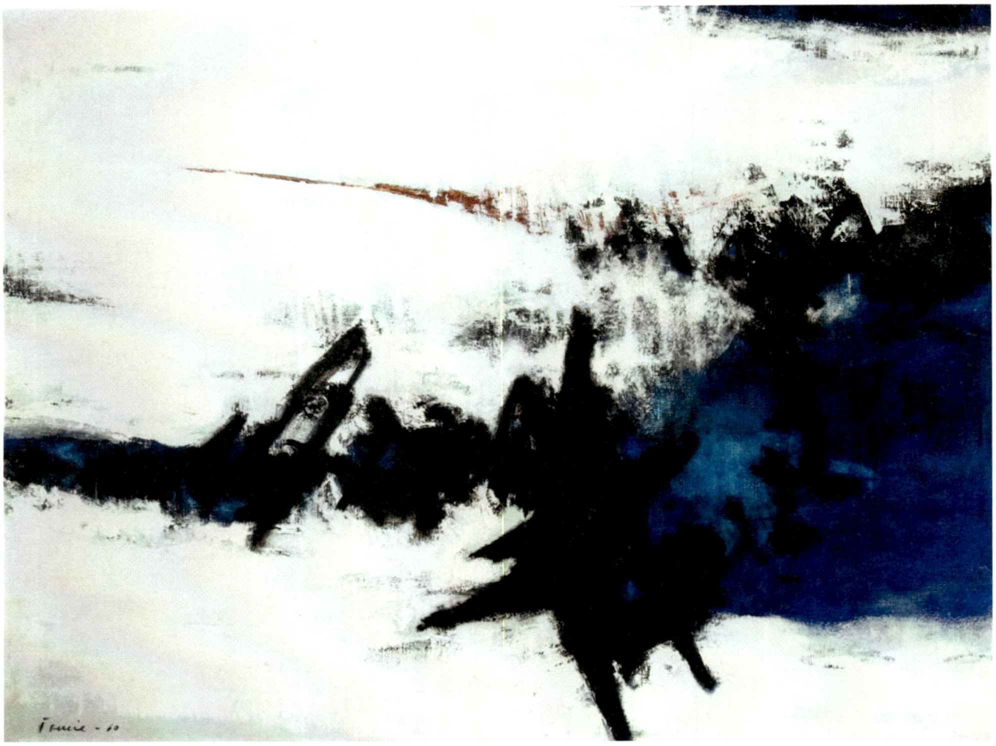

Tomie Ohtake, en haut : *Sem título*, 1960, huile sur toile, 76 x 106, collection particulière, en bas : *Sem título*, 1959, huile sur toile, 59 x 83, collection de l'artiste, © Tomie Ohtake, photo João Liberato © Instituto Tomie Ohtake

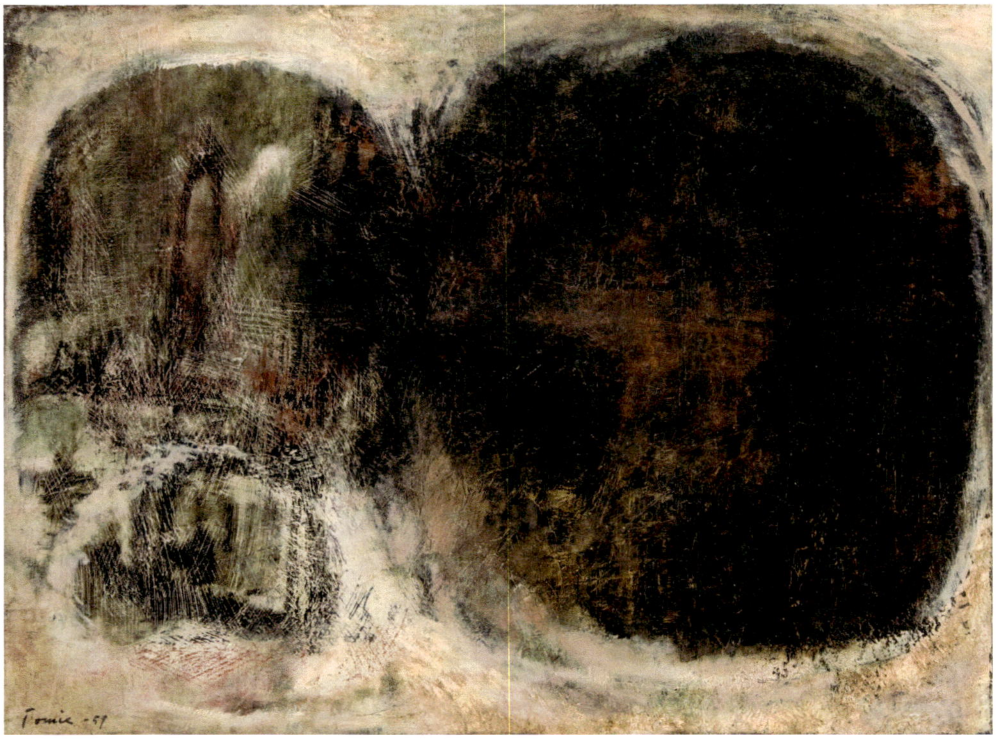

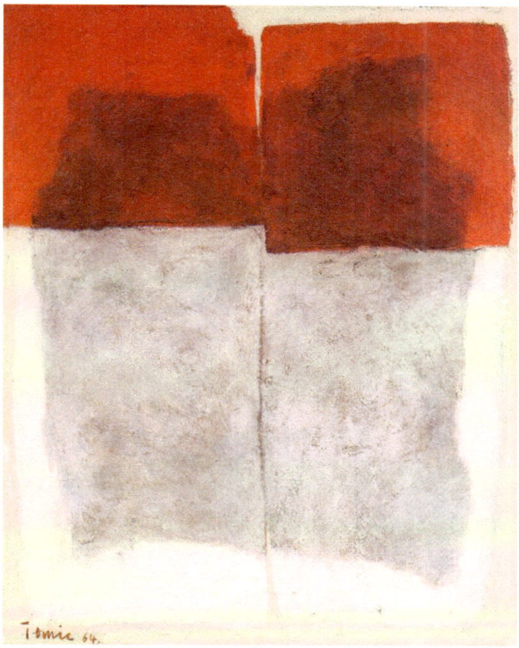

Tomie Ohtake, *Sem título*, 1964, huile sur toile, 64 x 53, collection particulière, © Tomie Ohtake, photo Arquivo Instituto Tomie Ohtake © Instituto Tomie Ohtake

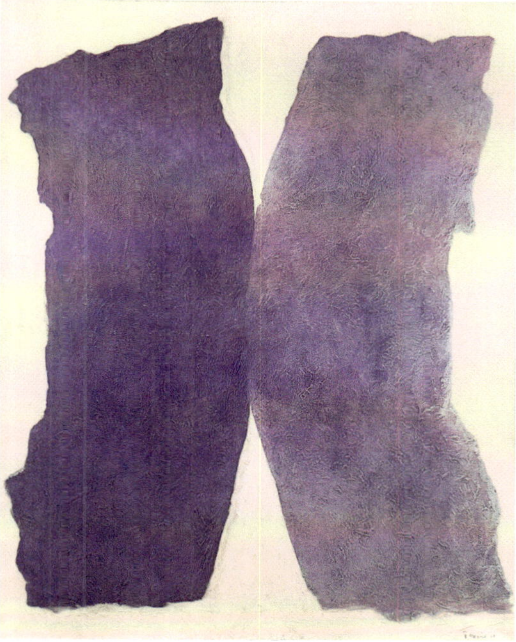

Tomie Ohtake, *Sem título*, 1968, huile sur toile, 138 x 113, Collection OAS AMA – Art Museum of the Americas, © Tomie Ohtake, photo © Instituto Tomie Ohtake

autres, ce qui conduira l'artiste à abandonner le style informel en faveur de l'abstraction géométrique, incitant à situer son œuvre au sein de l'art conceptuel, et à l'inscrire aujourd'hui dans un dialogue avec les traditions de l'art concret brésilien. Le monde de l'art brésilien des années 1950 a vu l'essor de l'art abstrait, lequel est souvent divisé en deux écoles, l'art concret d'un côté, dont les représentants sont des artistes de São Paulo – connus sous le nom de Grupo Ruptura –, et l'art informel ou tachisme de l'autre, qui rassemble des artistes de Rio de Janeiro, les Grupo Frente et Grupo Neoconcreto. À l'époque et dans les écrits d'histoire de l'art qui suivront, ces praticiens d'un art abstrait géométrique s'opposent à ceux qui adoptent une approche plus lyrique de l'abstraction et ne formeront jamais de groupes, gardant des affiliations plus vagues. Nombre d'artistes de l'art abstrait japonais-brésiliens, dont Mabe et Flavio-Shiró Tanaka, mais aussi Tikashi Fukushima (1920-2001) ainsi qu'Ohtake avec ses peintures à l'aveugle, se rapprochent davantage de l'expressivité gestuelle de l'art informel et du tachisme – termes d'ailleurs utilisés par la critique d'art brésilienne de l'époque pour décrire leur peinture[10].

En se tournant vers un art abstrait plus géométrique, Ohtake défie l'ordonnancement de la scène de l'art abstrait ; ne s'alliant à aucun groupe, elle travaille plutôt à son propre style. Bien qu'elle adopte l'abstraction géométrique, les formes restent légères et conservent des contours sommairement découpés, ouvrant la voie à une pratique picturale unique. Ainsi, la composition de la toile *Sem título* de 1964 repose sur des superpositions de couches : deux bandes blanches se chevauchent, verticalement à la toile, tandis qu'une troisième couche de carrés rouges, semblant superposée aux zones de couleurs du bas, vient scander l'ensemble. Le rouge, bien que mat, transforme la couleur du dessous, créant une ombre, comme s'il était translucide ou en papier de soie. L'œil revient sur les blocs de couleurs, qui se dédoublent, mais l'irrégularité et l'imprécision de leurs contours les font apparaître non comme formes jumelles mais comme des variations l'un de l'autre. Une opération analogue peut être observée

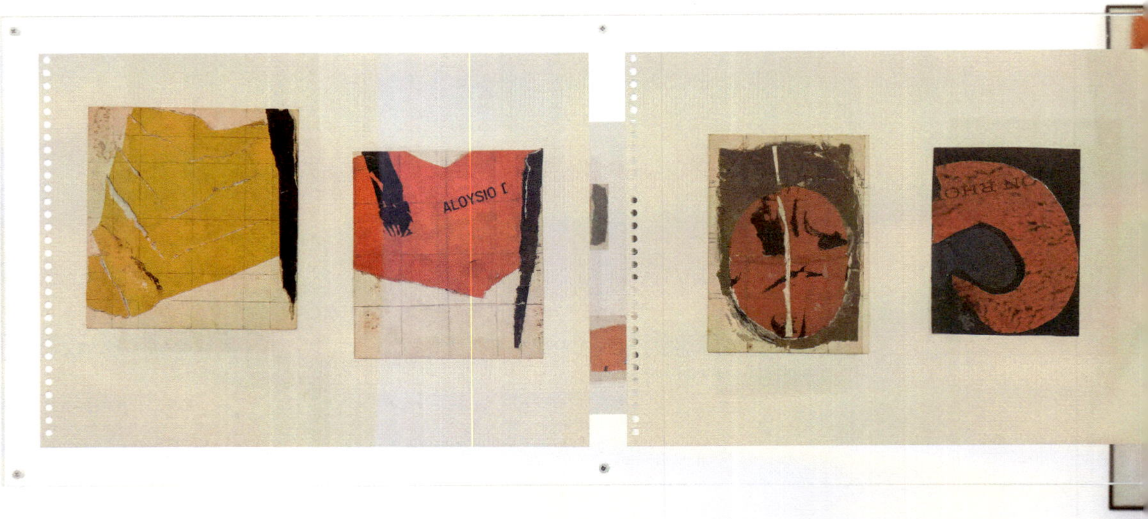

Vue de l'exposition « Tomie Ohtake : At Her Fingertips », New York, Nara Roesler, 1er nov.-22 déc. 2018, © Tomie Ohtake, photo Pierce Harrison, courtesy succession de l'artiste et Nara Roesler

dans *Sem título* de 1968, où, là encore, le dédoublement se produit : deux formes de couleur lilas, similaires mais non identiques, semblent aussi bien se pousser que se tirer l'une vers l'autre.

La récente exposition « Tomie Ohtake : At Her Fingertips », organisée par Pablo Miyada à la Galeria Nara Roesler à New York, a mis en lumière le processus de travail d'Ohtake pour ces peintures[11]. En guise de « croquis », elle réalise des collages à partir de « matières imprimées; magazines, invitations, journaux, brochures », qui deviendront ensuite des toiles peintes[12]. À l'instar de ses peintures à l'aveugle et de leur procédure conceptuelle et aléatoire, Ohtake fait dépendre la composition de la déchirure fortuite du papier, optant là encore pour une méthode de travail capable de prendre le pas sur son agentivité artistique propre. « C'est par ce procédé, écrit Miyada, qu'Ohtake compose avec l'instantanéité du geste, insufflant à l'ensemble du processus de peinture une part de hasard et de contrôle[13]. » Les bords effilochés des formes peintes ressemblent à s'y méprendre au papier déchiré, et les collages révèlent une perturbation de la structure de la grille. Tout à gauche d'une vue de l'accrochage de l'exposition, un collage nous donne un aperçu de la manière dont est construite la composition auquel il donnera lieu : la toile *Sem título* de 1965. Des déchirures irrégulières et des déchiquetures sont disposées pour

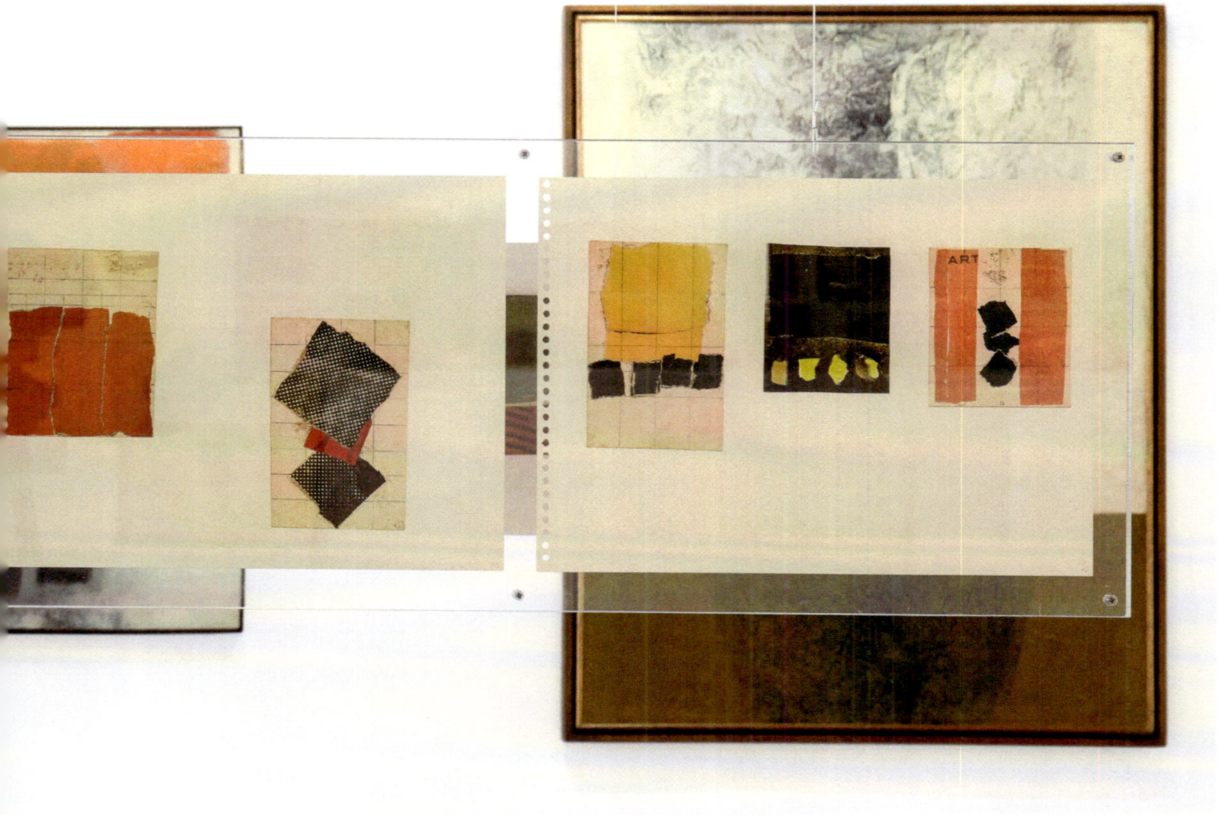

décrire des lignes, lesquelles sont juxtaposées au schéma d'une grille régulière, qui tente de maintenir l'unicité de la forme en train de se fissurer. Plus bas, à gauche, la grille disparaît, comme dévorée par le jaune et le noir – Ohtake a peut-être peint par-dessus ou effacé par la suite les lignes orthogonales. La peinture finale se distingue du collage par la tonalité de ses couleurs et son raffinement. Les lignes déchiquetées qui ondulaient à la surface sont presque parties, ce qui confère à la peinture une élégance silencieuse contrastant avec l'agitation énergique du collage.

Les procédures mises en œuvre par Ohtake dans sa pratique de l'abstraction, comme sa méthode conceptuelle, lui permettent de s'extraire de sa propre subjectivité, à la fois en tant que femme et en tant qu'artiste immigrée. Aliza Edelman a montré que les artistes femmes en Amérique latine, où en tant que femmes elles ont peu de droits, choisissent l'abstraction dans le but de « séparer leur identité personnelle de leur identité publique et artistique[14] ». Devons-nous lire alors l'abstraction d'Ohtake comme une forme d'art qui renie sa condition genrée et, bien plus, qui ne communique rien de sa propre expérience d'immigrante ? Ou bien faut-il appliquer à son œuvre l'angle proposé par Helen Molesworth dans sa lecture des pratiques féminines de l'abstraction aux États-Unis pendant

Tomie Ohtake, *Sem título*, 1965, huile sur toile, 120 x 100, © Tomie Ohtake, photo Itze Escalona, courtesy succession de l'artiste et Nara Roesler

le mouvement féministe? D'après Molesworth en effet, les peintres femmes comme Joan Snyder (née en 1940), Howardena Pindell (née en 1943) et Mary Heilmann (née en 1940) se sont réfugiées dans l'art abstrait pour échapper au système patriarcal de l'art et se sont simultanément rebellées contre lui, sélectionnant des couleurs associées à la féminité, s'attaquant à la « grille » – et aux formats qu'elle impose – en tant que signifiant masculin et pratiquant une sorte de « mauvaise » peinture[15].

À cette époque, Ohtake utilise la grille en tant que système structurant, sans toutefois s'en remettre à elle complètement, de même qu'elle résiste à la précision des formes géométriques. Chez Ohtake, la grille, quand on l'examine de près, n'est pas rigoureusement uniforme. Dans le collage étudié plus haut, les deux colonnes centrales sont de même taille alors que la colonne extérieure est plus petite. Même dans son usage des lignes pour cartographier l'espace, elle développe une structure idiosyncratique. Ainsi la qualité manuelle et en quelque sorte accidentelle de son abstraction géométrique contraste sévèrement avec celle que pratiquent les hommes qui composent majoritairement le concrétiste Grupo Ruptura de São Paulo, lesquels s'appuient largement sur les outils mathématiques, scientifiques et de design industriel, comme le stylo-bille ou le compas, afin de donner plus de précision et d'ordre à leurs œuvres[16]. Dans *Sem título* de 1965, il y a un coup de pinceau noir, diagonal, dans la partie gauche de la forme jaune, trait qui n'est pas présent dans le collage initial et a donc été ajouté. Et pourtant, l'esprit d'improvisation inhérent à ces gestes de peintre est contredit par la marque verticale noire à droite, qui, elle, a été transférée du collage à la peinture. Les peintures d'Ohtake réunissent dans leur infrastructure la spontanéité apparente du geste et l'ordre de l'abstraction géométrique : un désordre ordonné.

L'aspect duel de l'œuvre d'Ohtake – formes dédoublées, abstraction gestuelle et géométrique, collage et peinture, hasard et contrôle – mériterait d'être reconsidéré et réinterprété à l'aune de ses expériences diasporiques. À la fois japonaise et brésilienne, Ohtake, tout en reconnaissant la manière dont son identité d'origine l'a déterminée en tant qu'artiste, rejette les stratégies qui consistent, pour interpréter ses œuvres, à se référer à cette origine. « Je ne veux pas savoir par exemple, dit-elle en 1969, d'où vient ma motivation ou mon inspiration [artistique]. Je ne veux pas être folklorique, au sens où je ne veux pas produire un art oriental ou japonais, bien que je reconnaisse que ma formation et mon tempérament sont orientaux. Mais je suis arrivée au Brésil en 1937, j'ai deux enfants brésiliens qui sont architectes et je fréquente beaucoup de Brésiliens. Par conséquent, je pense que ma peinture aussi a été occidentalisée. J'évite le subjectivisme; je suis objective et je n'ai pas envie de peindre la réalité extérieure[17]. »

Bien qu'elle perçoive sa peinture comme « occidentalisée », pour Herkenhoff, ce tournant vers l'objectivité et ce désir de ne pas peindre « la réalité extérieure » sont façonnés par le bouddhisme zen, un retour, une fois de plus, à son origine japonaise et aux longues traditions artistiques et culturelles associées à cette religion ancienne. « Tomie, écrit-il, ne cherche pas dans son œuvre à illustrer le zen. Elle se laisse entraîner par la peinture comme s'il s'agissait d'une chose du monde, qu'elle ne cherche pas à comprendre sur la base de son apparence[18]. »

En 2003, il commence son essai pour le catalogue de la rétrospective Ohtake en discutant des rapports entre peinture bouddhiste zen et détachement des réalités matérielles, assimilant ou floutant les différences entre l'art traditionnel zen et les aspects conceptuels des peintures d'Ohtake, à savoir l'anti-opticalité, et le rôle compositionnel du hasard et de la contrainte. C'est ce sens de la « subtilité », ce minimalisme, entre autres rares aspects, dont Ohtake a crédité, en tant qu'ils ont façonné sa pratique, son héritage japonais[19].

Bien que la relation d'Ohtake avec le bouddhisme zen et l'usage que l'artiste en fait dans son œuvre méritent de plus amples recherches – en commençant par la question de savoir quel bouddhisme zen circulait au milieu du siècle dernier au Brésil –, notons qu'Ohtake opère un type de fusion entre abstraction et zen qui partage des similarités avec l'œuvre d'un de ses pairs, Yutaka Toyota (né en 1931), parti du Japon pour s'installer au Brésil après la Seconde Guerre mondiale. Le tableau *Em Tempo Anterior ao Nada* (« Dans le temps avant le rien », 1960) témoigne d'une expérimentation de l'art informel propre à Toyota, dans le traitement de la surface et l'abstraction géométrique : le peintre y incorpore un motif circulaire, référence au *ensō*, un symbole du bouddhisme zen, la religion de l'artiste. Toyota a peint ce cercle de façon répétée entre 1960 et 1965, unissant ainsi la tradition de l'art géométrique abstrait à la longue histoire du bouddhisme zen. Dans les années 1970 et 1980, Ohtake aussi peindra continuellement la courbe et le cercle. On peut également comparer Toyota et Ohtake à d'autres artistes qui se sont tournés, plutôt que vers des traditions avant-gardistes occidentales européennes, du côté de la géométrie comme signifiant de la spiritualité extrême-orientale, le Japonais Hasegawa Saburō (1906-1957) par exemple, ou encore John Cage (1912-1992).

Pour étudier l'art d'Ohtake, nous devons faire le lien entre sa formation au Japon et son expérience en tant qu'artiste au Brésil, tout en restant attentifs et attentives aux manières dont son œuvre dialogue avec les longues traditions extrême-orientales *et* avec les mouvements artistiques qui ont émergé après la Seconde Guerre mondiale – où l'on assiste à une réorganisation globale des influences artistiques et au déploiement simultané de styles distincts. En tant que femme immigrée venue du Japon dans un pays d'Amérique latine voué à l'art abstrait, Ohtake ne se fond pas dans le modèle occidental de la création et, plus encore, remet en question le modèle national, qui est au centre de la discipline de l'histoire de l'art. Son œuvre abstraite n'a pas intégré les écoles concurrentes qu'étaient alors l'art concret et l'art informel et, de fait, sa pratique n'a cessé d'évoluer au cours de sa longue vie – Ohtake a vécu jusqu'à 101 ans ! Durant sa carrière protéiforme, elle a refusé de suivre un ordre linéaire, comme elle a constamment vidé ses œuvres de toute expression psychologique et d'action subjective. L'art d'Ohtake met la chercheuse et le public au défi de situer l'artiste dans son œuvre, les entraînant ainsi dans un mouvement perpétuel.

Traduit de l'anglais par Léo G. Gentil

Notes

1. Citée dans « Tomie encontrou no Brasil o caminho da arte que amava », *Folha de São Paulo*, 4 décembre 1961, Fundação Bienal de São Paulo, Arquivo Histórico Wanda Svevo, dossier Tomie Ohtake.
2. Stewart Lone, *The Japanese Community in Brazil, 1908-1940*, New York, Palgrave, 2001, p. 2.
3. Getúlio Vargas s'est présenté à la présidence du Brésil en 1930. Il n'a pas été élu, mais prit le pouvoir par un coup d'État armé. Réinvesti en 1937, il restera à la tête du pays jusqu'en 1945.
4. María Cecilia França Lourenço, *Nipos brasileiros. Mestres e alunos em 50 anos* (São Paulo, Pinacoteca do Estado de São Paulo, 1984), International Center for the Arts of the Americas at the Museum of Fine Arts, Houston, *Documents of 20th-century Latin American and Latino Art*, ICAA Record ID 1110648, consulté le 23 mai 2017.
5. « Manabu Mabe sacrificou pela pintura uma fazenda de café », *Folha da noite*, 12 juillet 1958, Fundação Bienal de São Paulo. Arquivo Histórico Wanda Svevo, dossier Manabu Mabe.
6. Paulo Roberto Arruda de Menezes, « Grupo Seibi : o nascimento da pintura nipo-brasileira », *Revista USP*, nº 27, septembre-novembre 1995, p. 106.
7. Paulo Herkenhoff, *Tomie Ohtake. Pinturas cegas*, Porto Alegre, Fundação Ibere Camargo, 2012, p. 110.
8. Serge Guilbaut, « Disdain for

the Stain: Abstract Expressionism and Tachisme», dans Joan Marter (ed.), *Abstract Expressionism. The International Context*, New Brunswick (NJ), Rutgers University Press, 2007, p. 30.
9. «Tomie encontrou no Brasil o caminho da arte que amava», art. cité.
10. Mariola V. Alvarez, «Calligraphic Abstraction and Postwar Brazilian Informalist Painting», dans M. V. Alvarez et Ana M. Franco (eds), *New Geographies of Abstract Art in Postwar Latin America*, New York, Routledge, 2019, p. 25-40.
11. «Tomie Ohtake : At Her Fingertips», New York, Nara Roesler, 1er nov.-22 déc. 2018. Miyada a trouvé les collages dans les archives de la maison atelier de l'artiste, mais reconnaît également qu'Ohtake avait fait référence à ses études dans de précédentes publications et fourni des photographies pour différents catalogues.
12. *Tomie Ohtake. At Her Fingertips*, dossier de presse, New York, Galeria Nara Roesler, 2018.
13. Pablo Miyada, «Tomie Ohtake : At Her Fingertips», *Tomie Ohtake. At Her Fingertips*, cat. d'expo., New York, Galeria Nara Roesler, 2018.
14. Aliza Edelman, «The Masquerade of Geometry : Identity and Abstraction in the Americas», dans Mary Kate O'Hare (ed.), *Constructive Spirit. Abstract Art in South and North America, 1920-50s*, Newark/San Francisco, Newark Museum/Pomegranate, 2010, p. 105.
15. Helen Molesworth, «Painting with Ambivalence», dans Cornelia Butler (ed.), *WACK! Art and the Feminist Revolution*, Los Angeles/Cambridge (Mass.), Museum of Contemporary Art/TheMIT Press, 2007, p. 429.
16. Pia Gottschaller, «Making Concrete Art», dans P. Gottschaller, Aleca Le Blanc, Zanna Gilbert, Tom Learner, and Andrew Perchuk (eds), *Making Art Concrete. Works from Argentina and Brazil in the Colección Patricia Phelps de Cisneros*, Los Angeles/Chicago, Getty Publications/University of Chicago Press, 2017, p. 39-47.
17. Citée dans Gilse Campos, «Tomie Ohtake O Recado Objetivo de uma Pintura», *Jornal do Brasil*, carnet B, 25 août 1969, p. 10, Fundação Bienal de São Paulo, Arquivo Histórico Wanda Svevo, dossier Tomie Ohtake.
18. P. Herkenhoff, *Tomie Ohtake. Na Trama Espiritual da Arte Brasileira*, São Paulo, Instituto Tomie Ohtake, 2003, p. 76.
19. «Pintora abre mostra hoje», *O Estado de São Paulo*, 14 mars 1968, Fundação Bienal de São Paulo, Arquivo Histórico Wanda Svevo, dossier Tomie Ohtake.

Mariola V. Alvarez est professeur assistant en histoire de l'art à la Tyler School of Art and Architecture, Temple University, Pennsylvannie. Elle a co-édité *New Geographies of Abstract Art in Postwar Latin America* (Routledge, 2019). Son ouvrage *The Affinity of Neoconcretism. Interdisciplinary Collaborations in Brazilian Modernism, 1954-1964* (University of California Press) paraîtra en 2023.

Adrienne Edwards

L'épaisseur ornementale en quatre variations

Dans le champ de l'histoire de l'art, l'ornement a fait l'objet de nombreuses analyses dont on ne saurait ici dresser l'inventaire exhaustif. Pour autant, je souhaiterais examiner la manière dont l'ornement, sous l'effet de certaines configurations de pouvoir, a pu évoluer et être repensé dans les œuvres abstraites de quatre artistes noires travaillant en Amérique du Nord, en Afrique et en Europe, du début des années 1990 à nos jours : Julie Mehretu, née en Éthiopie en 1970, qui travaille et vit à New York ; Denyse Thomasos, née à La Trinité en 1964 et morte en 2012 aux États-Unis ; Wangechi Mutu, née en 1972 au Kenya, qui vit et travaille entre New York et Nairobi ; Ellen Gallagher, enfin, née aux États-Unis en 1965, qui vit et travaille à Rotterdam. Toutes ces artistes sont des figures majeures de la génération qui succède directement à la période dont traite l'exposition « Elles font l'abstraction ». Il m'importera ici de montrer de quelle façon elles emploient l'épaisseur comme élément ornemental, mettant en lumière les aspects coagulés et charnus de l'abstraction.

Chez ces artistes, l'épaisseur procède d'une compénétration des concepts et des techniques de l'abstraction qui permet aux idées de devenir matière, de prendre chair dans des tableaux, des performances, des installations et des vidéos. L'approche archéologique et anthropologique qu'elles partagent interroge le modernisme et ses conventions, et déploie une esthétique de la possibilité au sein des systèmes capitalistes de la modernité où se sont forgés les conditions, les affects et les contextes à la source de ce que nous désignons par le terme d'identité noire [*blackness*]. L'identité noire est un devenir-abstrait.

Ainsi, ce sont les qualités et les éléments relationnels propres à ces œuvres qui déterminent leur capacité à « inventer des formes *subjectives*[1] », c'est-à-dire à auto-abstraire l'objet abstrait et le point de vue d'une femme noire dans un événement commun, au travers d'une tonalité affective partagée – l'ensemble des modes, moyens, vibrations, timbres, styles, manières, valeurs et états accumulés –, transformée au contact de l'œuvre abstraite en une matière épaisse, dense, précaire et dispersée. Les modes, les moyens et les méthodes composent la dynamique et la chorégraphie du capitalisme même, dans ses opérations d'accumulation, de répétition, de précarisation, d'épuisement et d'extraction. L'œuvre abstraite ne peut jamais être une simple représentation du système ou de la vie d'une femme noire. C'est par son caractère d'objet même qu'elle renvoie des qualités d'accord et de ton – qui font sa tonalité affective – et qu'elle rend le spectateur susceptible d'éprouver ce système et cette vie affectivement, simultanément.

À l'intérieur de ce cadre théorique, l'épaisseur ornementale condense l'accumulation des diffractions historiques, faisant de ces « emprunts » des semblances sédimentaires de manifestations de pouvoir social et culturel[2]. Chez ces artistes, l'épaississement touche aux principes mêmes de l'ornemental comme forme, dans la mesure où leur approche est en adéquation avec notre conception de l'abstraction formelle. Leurs œuvres, autrement dit, sont clairement identifiables en tant que telles. Pour autant, leur démarche conceptuelle, ainsi que la matérialité de leurs œuvres, suggèrent que la signification et le symbolisme qui définissaient originellement l'abstraction (comme forme dépourvue de toute dimension sociale, politique et idéologique) ont été subvertis : ramenés vers l'ornement, rabattus sur eux-mêmes, abstraits à l'extrême par ces œuvres conçues pour contenir tous leurs questionnements. Traversant les époques, ces artistes montrent en quoi l'ornemental, en raison de sa circulation et de sa prolifération, devient une généralisation de la première incarnation d'une chose, ce qui n'implique en rien qu'il en soit la réduction du référent, bien au contraire. Il reste que l'ornement – et donc l'épaisseur décorative de ces œuvres – se manifeste par un luxe d'excès, un prodigieux trop-plein et une profusion exorbitante. Leur art cristallise et exprime leur propre puissance intérieure. Radicale et éclatante, cette matière épaisse devient le véhicule de leur volonté, de leurs motivations et de leurs choix esthétiques.

L'épaisseur ornementale se donne comme reproduction visuelle du pouvoir. Elle y parvient grâce à une absorption absolue et une circulation ininterrompue non pas de l'image, mais de stratégies productives d'opacité et d'obscurcissement opérant depuis le lieu de ce que la poète et militante noire et lesbienne Audre Lorde appelle « l'ombre ». Celle-ci s'inscrit dans une esthétique des sens décrite par Marx comme étant celle « non seulement [d]es cinq sens, mais aussi [d]es sens dits spirituels, [et d]es sens pratiques (volonté, amour, etc.)[3] ».

*

Jusqu'en 2012, les tableaux de Mehretu s'emparent de dessins d'architecture, de plans d'aéroports, de projets de construction militaires, de galeries marchandes et de stades qui animent l'œuvre d'art et en font un réseau relationnel de structures physiques emblématiques du pouvoir, de ses systèmes et de ses contraintes. Prises dans plusieurs couches de glacis acrylique, les peintures sont soumises à un décapage qui leur confère une apparence brumeuse, laquelle brouille les mécanismes gouvernant la composition du tableau, pour faire apparaître les structures auxquelles celui-ci donne lieu comme autant de métaphores de la progression continue, de la domination grandissante et de la domestication toujours plus poussée engendrées par ce pouvoir.

Dans des œuvres comme *Inkcity* (1996), *Conflict Location Index* (1997) et *Character Migration Analysis Index* (1997), les caractères obliques de Mehretu se distinguent de la logique du symbole en raison de leur rôle agentif – ils forment une grammaire –, ne relevant du régime de la représentation que pour autant qu'ils en matérialisent l'impossibilité, et indiquant un souci de l'opacité qui ne fera que croître au fil des années. Un tel geste esthétique n'est pas sans rappeler la pensée de l'errance à l'œuvre chez le poète et philosophe martiniquais Édouard Glissant[4], ou une manière de « se montrer pour s'abstenir [*showing up to withhold*][5] », pour reprendre l'expression de la théoricienne Lauren Berlant à propos du travail de Pope.L. Les gestes errants, pour peu qu'on les conçoive comme des chorégraphies improvisées, autorisent une poursuite imaginaire des possibilités introduites par les effets de « longue durée » de certains bouleversements mondiaux – l'esclavage, le colonialisme, la guerre, la violence d'État et l'extraction capitaliste – et où il est parfois impossible de distinguer ce qui relève du passé, du présent ou d'un futur désiré. L'art de Mehretu, hier comme aujourd'hui, conçoit des moyens de faire face aux positions systémiques qui nous sont imposées en réunissant une multitude de références matérielles et d'expériences sociales, politiques et historiques, associées

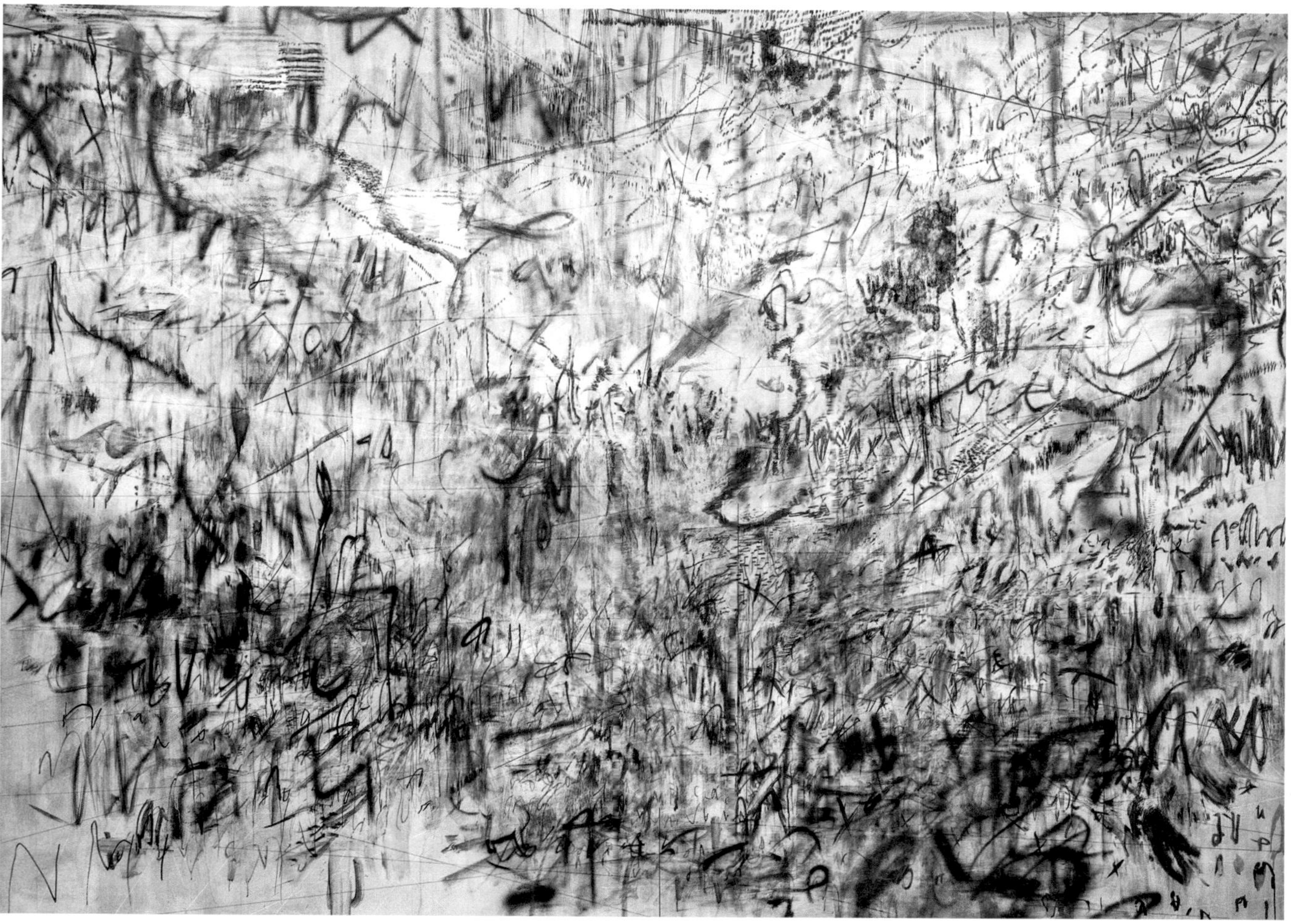

Julie Mehretu, *Invisible Sun (algorithm 4, first letter form)*, 2014, encre et acrylique sur toile, 303 x 424, courtesy de l'artiste et Marian Goodman Gallery, © Julie Mehretu, photo Tom Powel Imaging

à des techniques et à des innovations formelles.

Mind Breath Drawings témoigne d'un tournant plus expressionniste, plus performatif, qui trouve son aboutissement dans la série des tableaux gris, un ensemble d'œuvres dont la réalisation s'étale sur cinq ans (2012-2017) et qui fera éclater le style caractéristique de l'artiste tel qu'il s'incarne dans ses tableaux architecturaux – dont le monumental *Cairo* (2013) offre le dernier exemple en date[6]. Loin de disparaître, les références politiques, sociales et historiques, qui peuplaient jusqu'à présent ses œuvres, sont conduites jusqu'aux extrêmes confins de l'opacité, de l'illisibilité et du retrait. Paradoxalement, l'image photographique, la plus figurative des formes d'art visuelles, fait sa première apparition à l'occasion de la série *Invisible Sun* (2012-2015)[7]. Ici pourtant, l'image se trouble, exacerbant l'effacement des traces à l'œuvre dans ses tableaux antérieurs, cependant que la palette de couleurs se réduit et s'assombrit, distribuant en fines couches une déclinaison de tons noirs, blancs et gris. Prenant acte de l'échec du langage, visuel ou autre, l'artiste se retrouve alors aux prises avec un nihilisme visuel qui précipite la capacité de l'abstraction formelle à remédier aux réalités sociales et politiques ayant conduit et au Printemps arabe de 2011 et aux exécutions extrajudiciaires de Noirs américains à l'origine du mouvement Black Lives

Matter. Mehretu décrit ce moment en ces termes :

[U]n entre-deux où se produit un effacement. C'est le brouillage de l'image, plutôt que son dessin ou sa composition, qui apparaît soudain comme une sorte d'absence, surtout si elle est ramenée au noir et blanc. L'image devient fantomatique, renvoyant à ce qui peut être suggéré mais non dit, offrant une description ou une représentation à son tour incomplète. J'ai dessiné à l'intérieur de ce gouffre, dans cet interstice. Qu'est-ce qui pourrait pousser en son sein, que pourrait-on trouver dans cette rupture, cette faille, cet écart ? Il arrive que cela provienne de l'intérieur du dessin, parce que ce n'est pas une structure construite, ce n'est pas le temps qui s'effondre. C'est comme une ruine. Qu'est-ce qui peut émerger de la ruine et de l'effacement de tout cela[8] *?*

Dans les dernières œuvres de Mehretu, la netteté du trait a laissé place au néant de la tache noire, renvoyant à un espace sans bornes et à un temps mystérieux. À l'inverse du langage visuel indiciel des caractères, ces œuvres témoignent d'un affaissement total du passé et du présent géographiques et géopolitiques, personnels et collectifs. Le brouillement est à la fois le signe d'un recul sans fin et d'un progrès invisible, ancré dans une réalité terrestre dont il ne cesse de vouloir s'affranchir. L'obscurité faite lumière, faite clarté et même révélation, offre la seule représentation adéquate des événements présents, y compris ceux qui sont depuis longtemps révolus. Elle marque l'impossibilité d'en cartographier ou d'en fixer les mouvements à la façon scrupuleuse des œuvres précédentes. Ces œuvres se distinguent par ce qu'elles gardent en retrait, par leur capacité à se tenir sur le seuil de l'invisibilité. De cette intense proximité avec l'abîme elles puisent une palette de tons mats, des saturations denses mais douces, les faisant rayonner d'un troublant éclat. Les tableaux gris font songer aux dernières lueurs d'une lumière pâlissante, oscillant entre capture et abandon. Le gris exprime l'immédiateté de l'entre-deux.

Ces œuvres déploient ainsi une pensée du mouvement, de la relation et de l'errance comme actes d'indétermination, qui va de pair avec la mutation du trait noir sur fond gris chez Mehretu. Le gris est une métaphore de l'entre-deux, un espace liminaire éprouvé par l'observateur comme une brume ou un vertige qui trouble la lisibilité optique. L'ambiguïté radicale de tels dispositifs formels fait émerger des structures et des systèmes dont le pouvoir nous est révélé par le biais d'apparences promptes à troubler le champ visuel : des opérations de dématérialisation, de répétition et d'obscurcissement, qui provoquent ce mouvement d'oscillation entre un trait noir nettement délimité et son brouillement. Car la trace noire pourrait être « à la fois quelque chose et rien du tout[9] ». La trace noire *est* l'événement. Elle conceptualise, spatialise, matérialise et rend sensible, instaurant l'irréconciliable et l'incommensurable en tant qu'actes révolutionnaires de changement et de révolte.

*

Vingt ans avant que Mehretu ne se retrouve au milieu des ruines de son œuvre, Denyse Thomasos s'était enfoncée parmi celles de l'esclavage et de ses survivances. Sa quête résonnait comme un appel – un appel auquel le chercheur en *black studies* Frank Wilderson aurait pu répondre : « Il nous faut un nouveau langage abstrait pour expliquer cette horreur… [Une] quête pour forger un langage abstrait à la puissance explicative *suffisamment affirmée* pour rendre compte du Noir[10]. » Dans *Displaced Burial / Burial at Gorée* (1993), les traits appuyés de Thomasos infléchissent leur trajectoire et se réorganisent en surface pour approcher de l'impossibilité même du lieu qu'ils désignent, sachant l'impossibilité absolue de jamais représenter de tels événements. Ils convergent, se chevauchent, et se maintiennent à la faveur du chaos qu'ils engendrent, dans cette obscurité qui a refaçonné la réalité au mépris du temps linéaire.

Ce qui m'intrigue dans cette œuvre, c'est qu'elle exige que nous sentions en dehors du cadre réel et métaphorique de ce qui se tient devant nous : ce que le théoricien Brian Massumi appelle un « sentir perceptuel », l'expérience d'une résonance en l'absence même de présence manifeste[11]. Cette définition souligne l'écart entre ce qui est vu et ce qui est éprouvé, quelque chose en excès, au-delà de et plus profondément que ce qui se trouve « actuellement », physiquement dans l'œuvre même, au moins au sens littéral. La dramaturgie, la saturation, l'épaisseur et la couleur évitent le langage discursif et figuratif

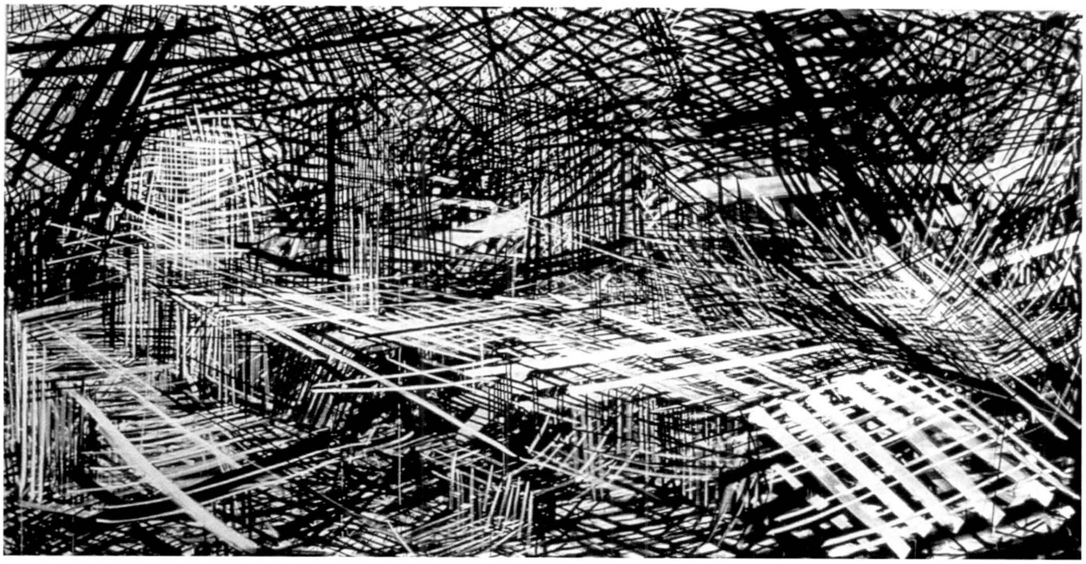

Denyse Thomasos, *Displaced Burial/Burial at Gorée*, 1993, acrylique sur toile, 274,32 x 548,64, © Estate of Denyse Thomasos, photo courtesy Estate of Denyse Thomasos et Olga Korper Gallery

de la représentation, tout en instaurant un nouvel idéogramme sensible (visuel, haptique, viscéral) et abstrait qui actualise une dualité, une métamorphose intervenant entre le désir de représentation et sa manière d'y résister.

Displaced Burial nous rappelle que le non visible n'est pas l'invisible. Il tient l'indicible en réserve. J'entends par là une suspension au nom d'un potentiel réparateur qui résonne en l'absence même de présence manifeste. Tenir en réserve, c'est un acte de distanciation ou de conservation-pour-soi qui ne se définit pas comme un acte de sollicitude [*care*]. De fait, réserver n'est pas prendre la responsabilité de quelque chose d'inachevé ni céder à – ou au contraire réprimer – un désir éperdu de s'exposer dans sa souffrance. Réserver, c'est au contraire fendre les choses pour en rassembler les morceaux, les fragments et les éclats et les mettre de côté, dans un geste de réquisition absolue envers un régime de visualité écrasant. La force métaphorique de l'objet Noir – sa troublante plasticité – le préserve du péril de l'illisibilité, de ce misérable mouvement d'abstraction constitutif de l'identité noire incarnée[12].

Displaced Burial et *Jail*, réalisés la même année, se composent mutuellement. Chez eux, un processus commun produit un accord différencié au même événement – le confinement de l'identité noire incarnée. Aussi se rapportent-ils l'un à l'autre abstraitement, en tant qu'abstractions, par le biais de systèmes destinés à abstraire (la vie humaine, transformée en capital pour les individus et pour l'État) Une pareille opération est amorcée dans les œuvres monumentales de Thomasos à chaque fois que le thème de l'esclavage ou de la prison apparaît « détaché du dehors » [*detached-from-out*] ou « expulsé au-dedans » [*outed-in*], comme s'il devait pour être présent être « activement ex-inclus » [*actively ex-included*][13]. L'exécution de la trace est une sorte d'incarnation métaphorique, une tactilité qui permet à une composante physique de traduire sa propre corporalité en une présence tangible, viscérale et somatique. À contre-courant du type, une force, une couleur, une facture, une échelle, une texture, une épaisseur.

*

Mud Fountain (2010) témoigne de la pratique auto-ethnographique adoptée par Wangechi Mutu, une exploration de son identité propre, de sa culture et de sa société, dont elle extrait un système de signification à la fois conceptuel et matériel. Dans cette performance vidéo, la boue lui sert de matériau aux connotations spécifiques. On y voit l'artiste qui se tient nue dans un couloir de pierres sombre et étroit, cependant que de la boue dégouline lentement sur ses épaules. C'est à peine si elle esquisse un mouvement lorsque le filet de boue se transforme en coulée le long de son dos, dans une scène ponctuée par le bourdonnement de mouches, l'aboiement de chiens et d'inquiétants échos. Sous l'assaut, Mutu finit par céder à sa vulnérabilité, son corps recroquevillé à terre, la tête enfouie entre les bras. La boue assume là une double tâche, matériau visuel et sonore de l'œuvre.

Mutu connaît bien le rôle joué par l'ethnographie et l'anthropologie (qu'elle a étudiée) dans le projet colonial européen – et plus particulièrement en Afrique – ainsi que l'influence de ces disciplines sur l'art moderne occidental (notamment le cubisme et le surréalisme). La boue qui sous-tend et perpétue les formes de vie permet aussi de repenser les stéréotypes autour d'une certaine féminité africaine, de manière à en faire apparaître les logiques de classe et à interroger l'identité de la femme travaillant la terre. Pour Mutu, la boue est aussi une force géologique dotée d'un immense pouvoir destructeur. Plus encore, elle renvoie à la région de Nyeri, terre d'origine de ses parents dans les hauts plateaux du Kenya, au centre du pays, et à la relation qu'entretiennent les Kikuyus au sol. Dans cette région, la terre revêt une intense teinte vermillon, qui convoque tout un faisceau de métaphores paradoxales : métaphores de la vie et du sang, et métaphore de l'extraction capitaliste des ressources naturelles destinée à l'exploitation de minerais, dont le fer et la bauxite.

Les explications de Mutu sur l'importance de la boue dans ses œuvres rappellent l'apport fondamental de féministes noires et du Tiers-Monde telles que le Combahee River Collective, Angela Davis, Trinh Minh-ha et Gayatri Spivak, à travers la cartographie qu'elles dressent du double asservissement dont sont victimes les femmes subalternes, et particulièrement les femmes noires, opprimées et exploitées en vertu de hiérarchies cumulées de genre et de race. Ces penseuses retracent l'histoire de la division asymétrique du travail et celle du travail biologique, effectué par les femmes dans une logique de *reproduction* de la classe ouvrière. Ce faisant, elles en dessinent l'évolution géographique et temporelle, des premières manifestations du capitalisme à l'aube de la traite négrière jusqu'aux usines des multinationales, en passant par l'avènement du colonialisme en Afrique et en Asie du Sud et du Sud-Est. Ces penseuses féministes affirment en outre l'existence de ce que le Combahee River Collective et Trinh Minh-ha ont décrit comme le triple péril qui menace la condition de femme, de personne de couleur et de citoyen d'un pays anciennement colonisé, rappelant que l'oppression ne se manifeste pas sous la forme de blocs monolithiques séparés, mais bien dans l'interaction perverse de forces de domination s'exerçant sur tous les aspects de ces identités, et qu'elle est éprouvée comme une réalité agissant au travers de systèmes hégémoniques.

Fin 2014, Mutu commence à transformer les feuilles de papier qu'elle employait jusqu'alors dans ses tableaux et ses collages. Elle déchire, teint, et fait tremper puis fermenter d'importantes quantités de papier dont l'aspect final n'est pas sans évoquer la boue de *Mud Fountain* et de ses sculptures plus récentes. Réduite en bouillie, la matière est ensuite incorporée au volet sculptural de l'installation multimédia qu'elle présente à la Biennale de Venise de 2015 sous le titre *The End of Carrying it All*. À l'occasion de l'exposition « Blackness in Abstraction », qui s'est tenue à la Pace Gallery pendant l'été 2016, j'ai invité Mutu à créer une nouvelle œuvre. Décidée à pousser plus loin la fusion de la matière et du corps, elle répond à l'invitation avec *Throw* (2016), une performance privée qui se déroule sur deux soirées et au cours de laquelle l'artiste s'empare de la matière sombre et pulpeuse pour créer *in situ*, sur une cimaise blanche de la galerie, un monochrome abstrait.

À l'occasion de la Biennale Performa 17, j'ai convié Mutu à créer une œuvre qui durerait le temps d'une soirée et prolongerait sa performance de 2016 sous une forme accessible au public. Présentée sur la scène du Grace Rainey Rogers Auditorium du Metropolitan Museum of Art, la scénographie conçue par l'artiste convoquait à parts égales l'arène et le *white cube* : entre deux cimaises blanches s'étend un tapis de danse blanc, assorti

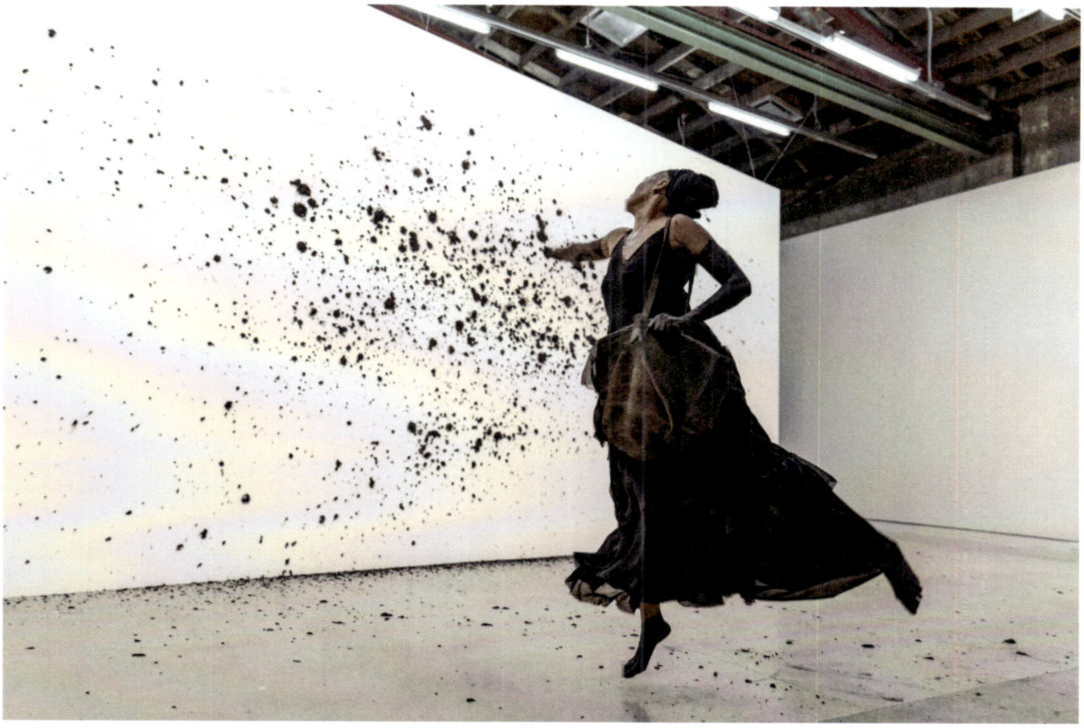

Wangechi Mutu, *Throw*, 2016, performance d'*action painting*, vue de la performance au Contemporary Austin, Austin, 19 septembre 2017, © Wangechi Mutu. Courtesy the artist and Gladstone Gallery, New York and Brussels, photo © Giulio Sciorio, courtesy The Contemporary Austin

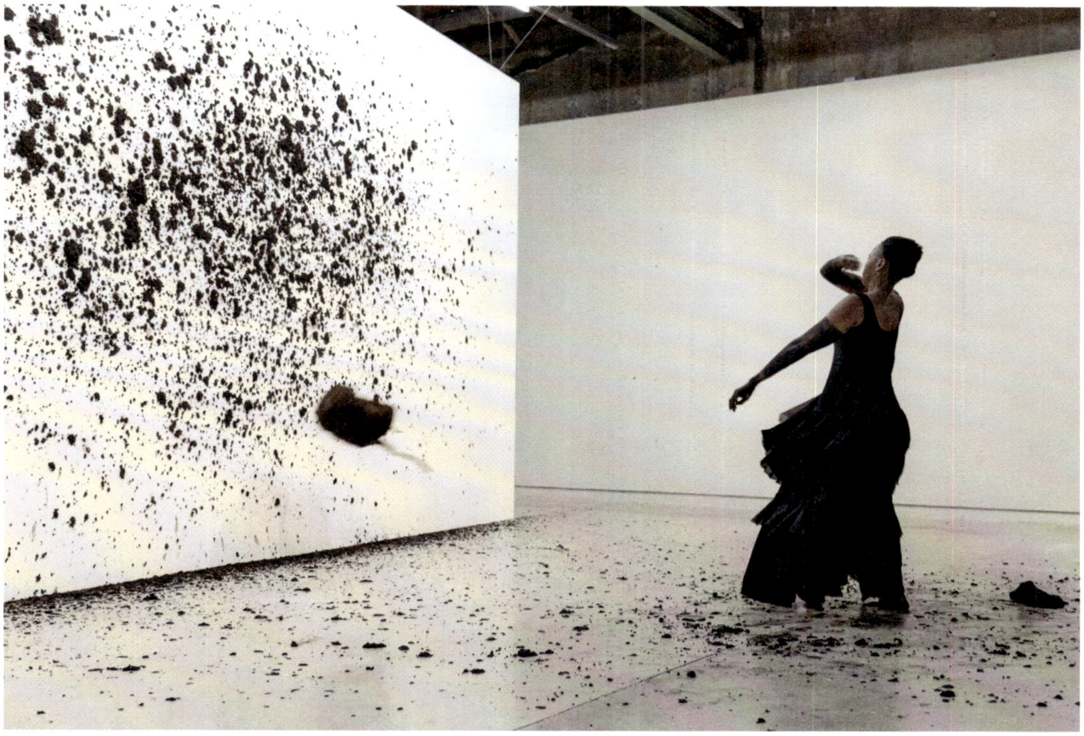

Ellen Gallagher, *Negroes Battling in a Cave*, 2016, laque, encre, caoutchouc et papier sur toile, 113 x 137, © Ellen Gallagher. Courtesy Gagosian

d'un ensemble de sièges de la même couleur, dessinés sur mesure, de tailles et de largeurs diverses. La salle de théâtre se transforme en toile blanche. Les spectateurs pénètrent dans la salle vide, avancent le long des allées et prennent place sur la scène. La lumière s'éteint. Sur les murs blancs, une vidéo : parmi les hautes herbes et les arbres centenaires de Nairobi, chaussée de bottes et vêtue d'une tenue noire, Mutu apparaît, les bras ornés de gigantesques feuilles de palmes auxquelles viendront s'ajouter d'impressionnantes cornes de vaches. En off, on entend la voix de l'artiste qui lit le poème de Derek Walcott « A Far Cry from Africa ». Dans l'obscurité quasi totale, Mutu entre dans la salle, et un faible bruissement se fait entendre à chacun de ses pas : on l'entend, mais on ne la voit pas. Lorsqu'on rallume les lumières, Mutu se tient sur scène dans une combinaison de velours noir, la tête enturbannée, les mains et les pieds recouverts de teinture noire. Comme dans la vidéo, ses bras sont prolongés par des feuilles de bananier de plus d'un mètre de long, étonnants ornements aussitôt amenés à faire office de pinceaux. Mutu traîne les feuilles dans des bacs remplis de la même matière noire, visqueuse, que celle employée pour *Throw*, ici moins dense, liquéfiée. Reprenant les mouvements, les gestes et les chorégraphies de ses œuvres précédentes, et mobilisant toute l'énergie de l'improvisation et du hasard, Mutu livre en l'espace de trente minutes une performance de *live action-painting*, accumulation *in situ* de restes de traces empâtées, de traits vaporeux et de gestes furtifs, accrochés aux murs et projetés au sol dont elle souille la surface immaculée de sa danse féroce, franche et bouleversante. En épilogue, une version légèrement modifiée des vidéos montrées en ouverture se superpose aux tableaux. Ces derniers seront détruits à l'issue de la performance.

*

À l'instar de Mutu, c'est sur le mode de l'excavation historique et matérielle qu'Ellen Gallagher déploie ses propres paradoxes, ceux qu'elle conçoit et ceux sur lesquels elle s'appuie. Les œuvres de Gallagher reposent sur ce qu'elle appelle un spasme [*jitter*], un mode du devenir qui fait émerger, du creux de failles sismiques à la surface des choses, des possibilités esthétiques radicales. Le terme charrie les connota-

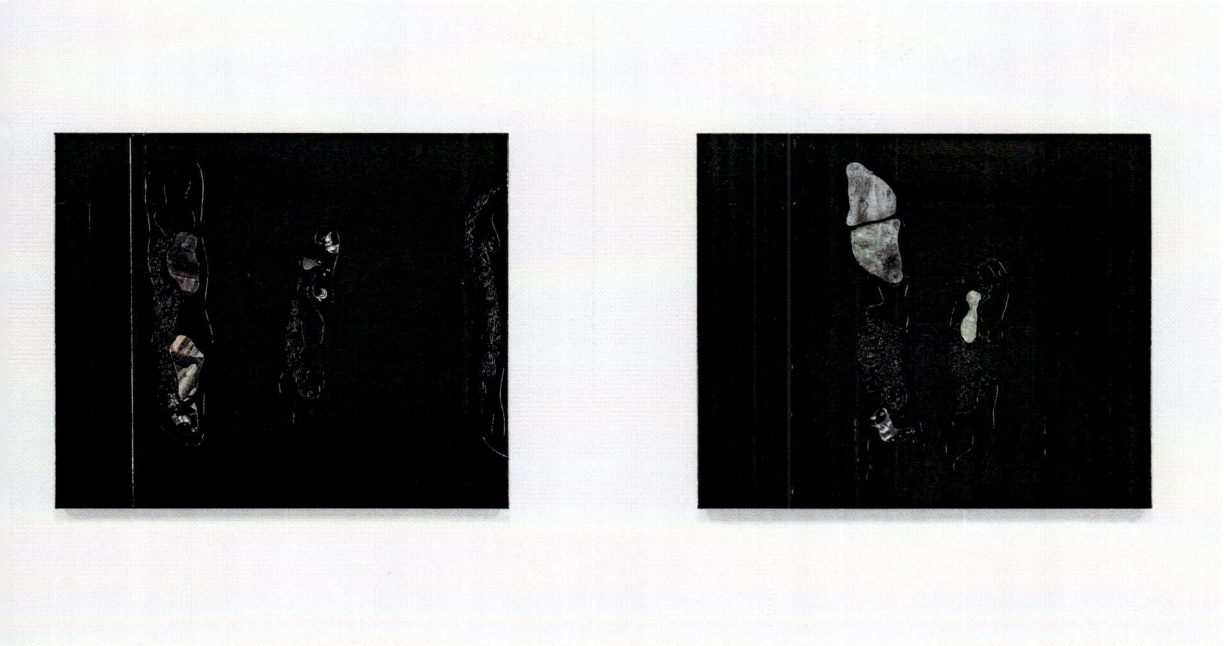

tions du mouvement irrégulier, une forme d'instabilité, des alignements impossibles, des angles morts et l'opacité comme moyen de fuite et d'échappatoire.

La surface des tableaux noirs est tellement travaillée qu'elle en devient oblique, son élasticité décuplée par la confrontation permanente des couches entre elles. Les toiles, qui oscillent ainsi entre les strates édifiées, se voient bientôt dépecées d'un coup de scalpel. Cette « purge » soulage l'œuvre de l'impitoyable compression exercée par l'amoncellement des matières : imprimés, caoutchouc épais, peinture et papier. Ces tableaux visionnaires, riches d'enchevêtrements matériels et historiques, sont une singulière illustration de la manière sublime dont le geste de Gallagher résonne dans ses œuvres, ses « géographies sensibles », ainsi qu'elle les décrit.

Pour l'exposition « Blackness in Abstraction », Gallagher avait réalisé un ensemble de quatre tableaux noirs, *Negroes Battling in a Cave* (2016), après avoir pris connaissance de la blague raciste « Nègres se battant dans une cave », écrite à la main par Kasimir Malévitch et découverte sous son *Carré noir* (1915). Longtemps restée cachée, cette inscription renvoie à un dessin publié dans la presse par l'écrivain et humoriste Alphonse Allais en 1897, représentant un monochrome noir intitulé *Combat de Nègres dans une cave, pendant la nuit*. En plus de l'inscription raciste, l'analyse scientifique a aussi mis au jour deux tableaux dissimulés sous l'actuel carré noir : une composition proto-suprémaciste et une composition hybride, cubo-futuriste[14]. Cette inscription bouscule la conception habituelle que nous nous faisons des œuvres abstraites de Malévitch en tant que « degré zéro » de la peinture.

Chacune des œuvres de Gallagher part d'une toile tendue, peinte dans des tons ocre rouge. Dans un second temps, la toile est recouverte de papier ligné dont les feuilles, qui se succèdent de haut en bas et de gauche à droite du tableau, dessinent une trame irrégulière. Une épaisse couche de papier aquarelle est ensuite appliquée et travaillée au cutter par l'artiste afin d'y inscrire une variante ou une autre des formes sinueuses et embryonnaires qui peuplent son œuvre, transformant ainsi la toile en bas-relief. Mais ces inscriptions pseudo-phalliques évoquent aussi les matraques brandies au milieu

Ellen Gallagher, *bling bling*, 2001, caoutchouc, papier et laque sur toile, 243,8 x 304,8, © Ellen Gallagher. Courtesy Gagosian

des rixes. Dans ce contexte, la question de savoir contre qui les « Nègres » se battent reste ouverte (on pense en tout cas aux révoltes des citoyens noirs contre la violence d'État aux États-Unis, hier comme aujourd'hui). Juxtaposant sans relâche les différentes strates de papier et de matériau imprimé pour y réaliser ses entailles, ciselures et inscriptions gravées, Gallagher confère aux tableaux une physicalité palpable, agglutinant toutes sortes de bouts de papier, les insérant dans des renfoncements et les lacérant à coups de lames de rasoir pour en aplanir les bulles. Si l'élaboration de ces peintures est réfléchie, celles-ci n'en restent pas moins ouvertes au hasard, réceptives aux possibilités qui se tiennent littéralement à portée de main, une chose en entraînant une autre, dans un processus d'expérimentation et de sélection des matériaux. Sur la toile se superposent des images que l'on doit à l'intérêt persistant de Gallagher pour la biologie marine, ainsi que des publicités tirées du magazine *Ebony*. Inaugurant une nouvelle méthode, Gallagher appose la matière imprimée sur un épais morceau de caoutchouc noir. Pour elle, l'enjeu est le même que celui qui existe entre forger et souder – sous le papier, on doit sentir le poids au travers de la souplesse charnue du caoutchouc. Gallagher enduit les publicités de différentes nuances de peinture noire, recouvrant la matière imprimée de sorte à révéler images et texte en transparence. L'effet décuple le mouvement de va-et-vient entre les différents types d'incisions, de matériaux et de couleurs, laissant entrevoir la première couche de peinture ocre. Pour terminer, Gallagher applique une couche de laque noire extra-brillante qui scintille comme la surface d'un océan (un motif central de ses œuvres) de manière, dit-elle, à « libérer l'œuvre[15] ».

L'opticalité de ces tableaux est complexe, aussi bien en surface qu'en profondeur. L'approche archéologique de Gallagher fait ressortir les bords extérieurs de l'œuvre, qui projettent leurs ombres au milieu de l'oscillation dynamique entre figure et fond. En tant que série, les tableaux débordent les uns dans les autres, amalgamant le monochrome au paysage, la figure au texte. Ils glissent, s'enveloppent et se fondent dans un tout sensible, bien au-delà des limites d'une forme particulière, quelle qu'elle soit. « Dans mes dernières œuvres, dit Gallagher, le caoutchouc est plus épais et crée une visibilité stratifiée qui nous parle de désir et de volupté. La grille est là pour recouvrir une surface et la rendre de plus en plus inscriptible, parce que c'est du papier. [... L]a trame de la toile demeure visible malgré les couches, surtout après l'ajout de la laque. Tout cela est de l'ordre du sensible. Des sens. D'une connaissance pratique profondément tactile[16]. »

La technique formelle adoptée par Gallagher et par laquelle elle superpose, incise et recouvre d'inscriptions une large variété de matériaux permet aux relations complexes et anachroniques entre matière, histoire, société et culture d'être successivement enterrées et déterrées – tout comme la référence à Alphonse Allais dans l'œuvre de Malévitch. Chez Gallagher, comme chez Malévitch, ces surfaces transitoires sont des paradigmes de résistance. En elles, des opérations autrement demeurées invisibles émergent des failles, animant l'œuvre de l'intérieur, et jaillissent dans l'éclat d'une lumière noire.

La question de ce qui gît sous la surface habite toutes ces œuvres. Pour Gallagher, la peinture permet de rendre manifeste non seulement le travail lui-même, mais les idées qui l'animent. Ces idées, constructions sociales, historiques et politiques, sont pour l'artiste des fils de pensées destinés à être démêlés et désamorcés par le mouvement qui parcourt ses œuvres ; à la fois au sein de ses propres œuvres et dans leur relation aux œuvres des autres. À première vue, les œuvres de Gallagher paraissent directes et sans détour, caractérisées par une immédiateté visuelle. Pourtant, plus nous nous y attardons et plus nous observons à l'œuvre une autre temporalité : une lente révélation de tout ce qui les imprègne et qui se fait jour à mesure que l'expérience de la vision prend l'allure spasmodique de l'activité d'échange en laquelle elle s'est muée. Elle oscille entre des textures sculptées, convulsives, glissantes et, assurément, épaisses.

Traduit de l'anglais par Armelle Chrétien

Notes

Cet article s'inspire de plusieurs publications antérieures, dont « Five Variations : Wangechi Mutu's Ornamental Feminism », dans *Wangechi Mutu*, cat. d'expo., The Rocks, N.S.W., Museum of Contemporary Art Australia, 2013; « Relishing the Minor : Juliana Huxtable's Kewt Aesthetics », commande du MoMA, New York, 2015; *Blackness in Abstraction*, New York, Pace Publishing, 2016; « Vectors and Veneers : The Thickness of Blackness », dans *Ellen Gallagher. Accidental Records*, New York, Hauser & Wirth Publishers, 2017; « Antecedents in Black », dans *Julie Mehretu*, cat. d'expo., New York/Londres, Whitney Museum of American Art/DelMonico Books-Prestel, 2019; « A Splinter to the Heart: On the Possibility of Afro-Pessimist Aesthetics », *ASAP/Journal*, vol. 5, n° 2, mai 2020; « Some Thoughts on a Constellation of Things Seen and Felt », *Brooklyn Rail*, novembre 2020.

1. Brian Massumi, *Semblance and Event. Activist Philosophy and the Occurrent Arts*, Cambridge (Mass.), The MIT Press, 2011, p. 14.
2. Voir William M. Ivins Jr., « The Philosophy of the Ornament », *The Metropolitan Museum of Art Bulletin*, vol. 28, n° 5, mai 1933.
3. Audre Lorde, *Sister outsider. Essais et propos d'Audre Lorde*, trad. de l'anglais par M. C. Calise, Genève, Mamamelis, 2003; Angela Y. Davis, « Women and Capitalism: Dialectics of Oppression and Liberation », dans Joy James (dir.), *The Angela Davis Reader*, Malden, Blackwell Publishing, 1998, p. 179.
4. Voir Édouard Glissant, *Poétique de la relation*, Paris, Gallimard, 1990, p. 31.
5. Voir Lauren Berlant, « Showing Up to Withhold : Pope.L's Deadpan Aesthetic », dans William Pope.L et Karen Reimer (dirs), *Showing Up to Withhold*, Chicago, The Renaissance Society/University of Chicago Press, 2014.
6. Conversation de l'autrice avec Julie Mehretu, New York, 25 janvier 2019.
7. Voir Suzanne Cotter, « The Alien Discontinuum : On Painting and Participating in the Work of Julie Mehretu », dans S. Cotter et J. Mehretu (dirs), *A Universal History of Everything and Nothing*, Porto, Serralves Foundation, 2017, p. 16.
8. Conversation de l'autrice avec Julie Mehretu, New York, 25 janvier 2019.
9. *Ibid.*
10. Frank Wilderson, *Red, White, & Black. Cinema and the Structure of US Antagonisms*, Durham, Duke University Press, 2010, p. 55.
11. B. Massumi, *Semblance and Event*, *op. cit.*, p. 106.
12. Voir Zakiyyah Iman Jackson, *Becoming Human. Matter and Meaning in an AntiBlack World*, New York, New York University Press, 2020.
13. B. Massumi, *Semblance and Event*, *op. cit.*, p. 155.
14. « Russia discovers two secret paintings under avant-garde masterpiece », <http://www.theguardian.com/world/2015/nov/13/russia-malevich-black-square-hidden-paintings>, consulté le 1er mai 2016.
15. Entretien de l'autrice avec Ellen Gallagher, Rotterdam, 13 mars 2016.
16. *Ibid.*

Adrienne Edwards est Engell Speyer Family Curator et directrice des Curatorial Affairs au Whitney Museum of American Art, où elle est co-commissaire de la 2022 Whitney Biennale. Elle a auparavant été commissaire d'exposition au Performa (New York) et au Walker Art Center (Minneapolis). En plus d'une quarantaine de projets interdisciplinaires, on lui doit les expositions « Blackness in Abstration » (New York, Pace Gallery, 2016); « Jason Moran » (Walker Art Center; ICA Boston; Wexner Center for the Arts, 2018-2019), ainsi que son catalogue; « ASSEMBLY » (New York, Live Program and the Artist Award, 2018); *Suden Rise* par le groupe Moved by the Motion (Whitney Museum, 2020); l'exposition personnelle de Dave McKenzie « The Story I Tell Myself » avec sa performance *Disturbing the View* (Whitney Museum, respectivement en 2020 et 2021); le 20e anniversaire de My Barbarian (exposition, performance et catalogue, Whitney Museum, Institute of Contemporary Art, Los Angeles, 2021-2022). Elle a fait partie de l'équipe principale de commissaires pour l'œuvre d'art publique réalisée par David Hammons *Day's End*, a enseigné en histoire de l'art et en études visuelles à l'université de New York et à la New School. Elle contribue régulièrement à des monographies d'artistes, des anthologies, des catalogues d'exposition et des revues universitaires.

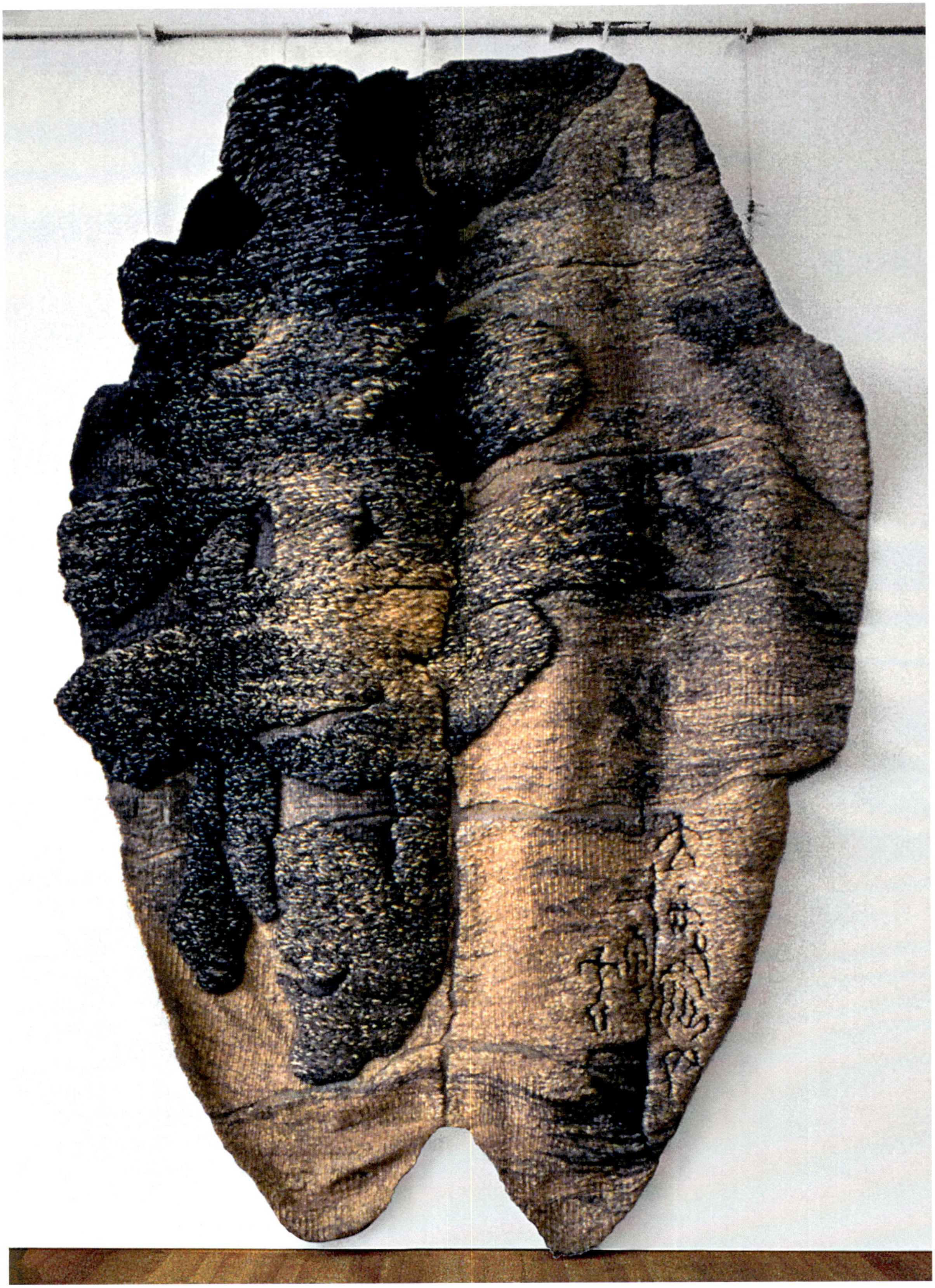

Shi Hui et Zhu Wei, *Shou* [*Longévité*], 1986, laine, chanvre, soie et coton, 560 x 400 x 17, vue de la 13e Biennale internationale de la Tapisserie de Lausanne, 1987, © Shi Hui, © Adagp, Paris, 2022 pour Zhu Wei, photo Barbara Layne, Fondation Toms Pauli Lausanne

Orianna Cacchione

Deux femmes à Hangzhou

Une autre histoire de l'art abstrait en Chine

Le '85 *meishu xinchao*, «Nouvelle Vague 85» (connue aussi sous le nom de «mouvement artistique de 1985», ou '85 *meishu yundong*), désigne généralement le premier mouvement artistique d'avant-garde en Chine après la fin de la Révolution culturelle. Radical, expérimental et révolutionnaire, il fédérait des artistes réputés briser les règles, pousser la représentation à ses limites, inventer de nouveaux styles artistiques et de nouveaux types d'art, et incorporer à leurs œuvres des matériaux nouveaux et non conventionnels. Pourtant, malgré cette mission révolutionnaire, les discussions sur la participation des femmes et les contributions de l'art abstrait sont largement absentes des histoires du mouvement. Cet article amorce une réflexion sur les causes de ces manques, en réévaluant l'histoire de l'art abstrait en Chine et l'usage de l'abstraction chez deux artistes femmes exerçant à Hangzhou dans les années 1980, Shi Hui (née en 1955) et Wang Gongyi (née en 1946), toutes deux formées à l'Académie des Beaux-Arts de Zhejiang (*Zhejiang meishu xueyuan*), pionnière à l'époque et aujourd'hui connue sous le nom de China Academy of Art (*Zhongguo meishu xueyuan*).

L'Académie des Beaux-Arts de Zhejiang était un foyer d'activité de la Nouvelle Vague 85, et nombre des artistes les plus célèbres du mouvement y avaient obtenu leur diplôme dans les années 1980[1]. Parmi les étudiants cependant, peu étaient des femmes – il y en avait si peu que le dortoir des femmes n'était qu'une simple salle et non un bâtiment à part. S'il fut négligé, le rôle de Shi Hui et Wang Gongyi a été, à bien des égards, potentiellement considérable. De nombreuses femmes formées à l'Académie y devenaient en effet professeurs après avoir obtenu leur diplôme, contrairement à leurs pairs et collègues masculins, qui retournaient souvent dans leur ville natale pour occuper des postes dans des écoles d'art régionales ou des lycées spécialisés en art. Dans la Chine des années 1980 et du début des années 1990, elles initièrent également de nouvelles formes d'art abstrait, à une époque où la peinture figurative, l'art conceptuel ou d'«idée» (*guannian yishu*), l'installation et les formes émergentes de l'art de la performance et des interventions de type «happening» dominaient la scène artistique chinoise. Elles furent en outre les deux premières parmi les artistes chinois à se rendre à l'étranger et à exposer leurs œuvres au niveau international, alors que l'histoire de l'art chinois des années 1980 est racontée à travers un récit essentiellement national.

Afin de réévaluer la place de Shi Hui et de Wang Gongyi et celle de leurs productions abstraites au sein de la Nouvelle Vague 85, j'aborderai d'abord le développement et la théorisation de l'art abstrait en Chine dans les années 1980, puis présenterai les pratiques artistiques des deux artistes, en mettant l'accent sur les contributions de chacune à une pratique novatrice de l'abstraction. La recontextualisation de leurs œuvres par rapport à celles de leurs pairs masculins, par la reconstitution des liens que ces femmes ont entretenus avec leurs camarades de classe de l'époque et leurs étudiants de l'Académie des Beaux-Arts de Zhejiang, aujourd'hui reconnus, aura pour objectif de faire apparaître les histoires nouvelles ou négligées de la Nouvelle Vague 85. J'entends montrer ainsi que les trajectoires artistiques de Shi Hui et de Wang Gongyi posent les jalons d'une histoire alternative de l'internationalisation alors naissante de l'art contemporain chinois, dans le développement de laquelle se trouve restaurée l'importance de l'abstraction.

Le développement de l'art abstrait en Chine

Bien que largement connu dans le pays depuis le début du XXe siècle, l'art abstrait ne fut pleinement adopté en tant que véritable langage artistique qu'à la fin du XXe siècle. La fondation de la République populaire de Chine en 1949 et la transformation à grande échelle de l'art, mis désormais au service de l'idéologie politique, eurent pour effet de rendre l'exploration de l'art abstrait presque impossible pour les artistes du milieu du siècle. Cependant, après la fin de la Révolution culturelle en 1976 et la réouverture des académies d'art du pays en 1978, l'abstraction réapparut comme un style artistique à la fois synonyme d'art moderne et susceptible d'inciter à un nouveau langage artistique après le réalisme socialiste. Si ce n'est de brèves mentions des premiers débats qu'elle a suscités, l'abstraction n'est pour autant que rarement abordée dans les histoires canoniques de l'art contemporain chinois.

À la fin des années 1970 et au début des années 1980, afin de créer un nouvel art pour une nouvelle ère, les artistes et les critiques chinois tentèrent à la hâte une réconciliation de l'art chinois prémoderne et de la théorie esthétique maoïste avec l'art moderne dit « occidental ». L'abstraction joua un rôle important dans les débats puis dans les premières théorisations, mais peu dans les pratiques. Pour leur défense de l'art abstrait, certains artistes et critiques avaient établi un lien rhétorique entre « abstraction » et art chinois « ancien » et classique, la calligraphie et les principes de la peinture chinoise. D'autres avaient cherché à l'inverse à situer l'abstraction dans la théorie maoïste et marxiste afin de promouvoir le style expérimental. La plus connue – et le plus provocatrice – des positions au sein de ces débats est sans doute celle de Wu Guanzhong (1919-2010), peintre à l'encre formé à Paris, et sa théorisation controversée de la « beauté abstraite »[2]. Wu Guanzhong faisait primer la forme sur le contenu, s'opposant explicitement au diktat de l'ère maoïste, selon lequel « le contenu détermine la forme », et aux différentes expressions de l'art réaliste qui dominait la production artistique de l'époque[3]. Les écrits et la peinture de Wu Guanzhong suscitèrent de vives réactions et donnèrent lieu à de vastes débats sur l'abstraction, lors de conférences dans tout le pays et dans les pages des principales revues d'art. Pourtant, la peinture de Wu Guanzhong n'a jamais atteint l'abstraction pure. Ses peintures de la fin des années 1970 et du début des années 1980 ont presque toujours maintenu une référence à la nature, comme le montre la peinture à l'encre *Conglin laoshu* (« Forêt d'arbres anciens ») de 1982. Des lignes sinueuses d'encre noire couvrent la quasi-totalité de la composition, avec des zones de forte saturation, lorsque l'artiste a laissé son pinceau s'attarder sur la surface du papier, et quelques points de couleur. À l'arrière-plan, des lignes gris clair suggèrent des arbres, enracinant les lignes abstraites du premier plan dans une forêt et leur donnant l'aspect noueux des troncs et des branches des vieux arbres.

Malgré cet intérêt critique pour l'abstraction, en plein milieu de la campagne gouvernementale lancée fin 1983 contre la pollution spirituelle, le terme « abstrait » (*chouxiang*) est jugé « bourgeois »[4], ce qui, selon l'historien de l'art Gao Minglu, entraîna une défiance généralisée de la part des artistes du pays à l'égard de l'abstraction[5]. C'est donc l'art figuratif qui devint dominant dans le programme des écoles d'art, même à l'Académie des Beaux-Arts de Zhejiang, dont les enseignants étaient peut-être en Chine parmi les plus progressistes et les plus favorables aux nouvelles formes, aux styles nouveaux et aux pratiques artistiques novatrices. Ce dont témoigne sans doute le mieux la *master class* que ces derniers organisent en 1985 avec l'artiste chinois Zao Wou-ki (1920-2013), basé à Paris. Bien que reconnu internationalement pour ses peintures abstraites, Zao Wou-ki donna aux étudiants de Hangzhou des cours de peinture figurative. Tout ceci a en outre contribué à construire l'histoire canonique de la Nouvelle Vague 85 comme le mouvement ayant initié de nouveaux styles d'art figuratif et de nouvelles formes d'art, notamment l'art conceptuel, l'installation et la performance. Gao Minglu constate ainsi que les jeunes artistes qui allaient constituer la nouvelle vague adoptèrent et défendirent des «formes artistiques plus radicales, telles que l'art de la performance», plutôt que l'abstraction[6].

Pourtant, dans toute la Chine, des artistes pratiquaient ou expérimentaient bel et bien l'abstraction. Prenant la suite de Wu Guanzhong, certains adoptaient l'abstraction comme un langage artistique «pur» (*chun*), tandis que d'autres la reliaient à des pratiques artistiques conceptuelles et performatives – l'utilisation par Huang Yong Ping (1954-2019) de systèmes aléatoires pour dicter des compositions abstraites, ainsi *Four Paintings Created According to Random Instructions* («Quatre peintures réalisées selon des instructions aléatoires», 1985) par exemple, ou les peintures conceptuelles à l'encre de Gu Wenda (né en 1955), comme *Mythos of Lost Dynasties Series – Negative and Positive Characters* («Séries des mythes des dynasties perdues – Personnages négatifs et positifs», 1984-1985). D'autres encore choisissaient de travailler avec des matériaux non traditionnels et non conventionnels pour créer des formes et des sculptures abstraites, notamment les œuvres sans titre que Gu Dexin (né en 1962) réalisa tout au long des années 1980, déchets de plastique fondus puis arrangés pour créer diverses formes et empilements variés. C'est dans ce contexte que Shi Hui et Wang Gongyi, dont on rappelle qu'elles furent parmi les premières étudiantes à entrer à l'Académie des Beaux-Arts de Zhejiang et à y obtenir des postes de professeurs de troisième cycle, privilégièrent l'abstraction au milieu des années 1980 dans leurs productions.

Shi Hui

Shi Hui obtient son diplôme à l'Académie en 1982, au département de l'artisanat. En tant qu'étudiante en tissage, elle est peut-être l'une des rares artistes dont la pratique fut abstraite dès le départ. Elle rejoindra ensuite le tout nouvel Institut d'art de la tapisserie Varbanov (*Wanman yishu bigua yanjiusuo*). Fondé en 1986 par l'artiste bulgare Maryn Varbanov[7], il est alors le seul département d'une école d'art chinoise dirigé par un citoyen étranger, et va devenir l'un des plus internationaux et des plus expérimentaux de l'Academie. Il est important de souligner que l'enseignement délivré dans ce département s'appuyait sur la longue histoire du tissage de la soie en Chine et sur celle du *kesi*, le plus ancien des arts du tissage développé à Hangzhou sous la dynastie des Song du Sud (1127-1279), pour relier celles-ci aux mouvements et artistes de la tapisserie du reste du monde. Shi Hui y créa, aux côtés de Varbanov, des autres professeurs et des étudiants, notamment ses camarades masculins Gu Wenda et Liang Shaoji (né en 1945), des tapisseries et des sculptures molles (*ruan diaosu*).

Mais Shi Hui travailla à l'Institut au-delà du tissage. Elle s'intéressa ainsi beaucoup à la manière dont une tenture murale pouvait être intégrée dans l'espace et devenir une sculpture à part entière. Dans *Shou* (1986, ill. p. 94), réalisée avec Zhu Wei (né en 1958), la tapisserie, suspendue au plafond, se déploie dans l'espace, flottant le long du mur sur plus de 5 mètres de haut. Les formes bulbeuses à gauche sont une traduction abstraite du caractère *shou* (longévité), qui donne son titre à l'œuvre. Dans une photographie documentant la réalisation de l'œuvre, on distingue une petite esquisse posée sur l'un des contours supérieurs de la tapisserie et qui montre la peinture abstraite, modulation de tonalités changeantes, dont la tapisserie est inspirée. Réalisée seulement un an plus tard, *Yun* (1987) intègre des degradés de couleurs et s'éloigne de tout référent linguistique, tout en conservant les mêmes formes bulbeuses en relief qui caractérisaient *Shou*. À l'Institut d'art de la tapisserie Varbanov, Shi Hui se familiarisa également avec l'histoire de l'art moderne international et les pratiques textiles expérimentales, en particulier le travail de l'artiste polonaise Magdalena Abakanowicz (1930-2017). Elle prit conscience alors que la plupart des artistes dont elle avait entendu parler en étudiant l'histoire de la tapisserie étaient des femmes. Plus important encore, elle commença à considérer la tapisserie et la sculpture souple comme des formes de l'art contemporain, même si leurs pratiques étaient largement marginalisées dans les discussions de la Nouvelle Vague 85 alors naissante. « J'ai senti qu'avec ce matériau et cette forme, on pouvait aussi entrer dans le champ de l'art contemporain », dira-t-elle lors d'un entretien accordé à l'Asia Art Archive[8].

Shi Hui excellait au sein de l'Institut et finira par exposer ses œuvres aux côtés de celles de Gu Wenda et de Liang Shaoji à la Biennale de la Tapisserie de Lausanne en 1987, qui marqua la première participation d'artistes chinois contemporains à une biennale internationale après la Révolution culturelle. Shi Hui et Liang Shaoji se rendirent avec Varbanov à Lausanne pour l'ouverture de l'exposition. L'importance croissante de l'Institut d'art de la tapisserie Varbanov et du rôle de la tapisserie dans les cercles artistiques donna également lieu à l'« Exposition d'art de la tapisserie de Chine 1987 » (« Zhongguo bigua yishuzhan 1987 ») au Centre d'exposition de Shanghai. Malgré cette intégration précoce dans les cercles nationaux et internationaux, les contributions fondamentales de Shi Hui et de l'Institut au développement de la Nouvelle Vague 85 furent largement éclipsées par les disciplines appartenant aux Beaux-Arts, notamment la peinture à l'encre ou à l'huile. Les œuvres de Gu Wenda et de Liang Shaoji – y compris celles réalisées au sein de l'Institut – sont aujourd'hui considérées comme essentielles pour l'histoire de l'art contemporain chinois, et malgré les expériences collectives formatrices qu'elle partagea avec ses collègues, Shi Hui reste un peu en dehors de la nouvelle vague canonique. Après la mort de Varbanov en 1989, Shi Hui expérimentera d'autres matériaux fibreux, du bambou au papier Xuan (papier de riz), traditionnellement utilisé pour la peinture à l'encre et la calligraphie, avec la vitalité que lui inspirait le monde naturel, mais restera toujours fidèle au tissage non traditionnel et à l'art abstrait, selon la formation qu'elle avait reçue.

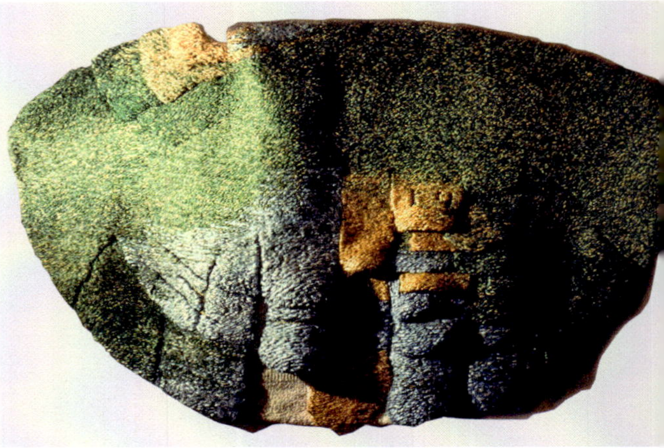
Shi Hui, *Yun*, 1987, tapisserie, 200 x 400 x 10, © Shi Hui, photo Shi Hui

Wang Gongyi

Wang Gongyi quant à elle fut en 1980 l'une des premières étudiantes à être diplômée d'un Master de l'Académie des Beaux-Arts de Zhejiang. Venant de l'édition, Wang Gongyi y étudia la gravure. En 1980, elle remporte le premier prix du 2e Concours des Beaux-Arts de la Jeunesse chinoise avec sa gravure sur bois sur papier *Qiujin, n° 2* (1979-1980), première reconnaissance de ses compétences. L'œuvre fait partie d'une série de gravures dépeignant l'histoire de Qiu Jin, femme révolutionnaire de l'époque de la fin de la dynastie Qing (1636-1912), exécutée après l'échec d'un soulèvement. Bien qu'honorée par ce prix important, ces premières œuvres de Wang Gongyi furent éclipsées par celles de Luo Zhongli (né en 1948), notamment *Père* (1980), une toile massive représentant dans ses détails les plus accablants un vieux fermier, qui reçut également le premier prix. Après avoir obtenu son diplôme, Wang Gongyi rejoint en tant que membre du corps professoral le département de Gravure de l'Institut, où elle enseignera à une nouvelle génération d'étudiants, dont beaucoup allaient constituer la Nouvelle Vague 85[9].

Wang Gongyi réalisera des estampes dans le style figuratif de la série *Qiujin* jusqu'en 1986, année

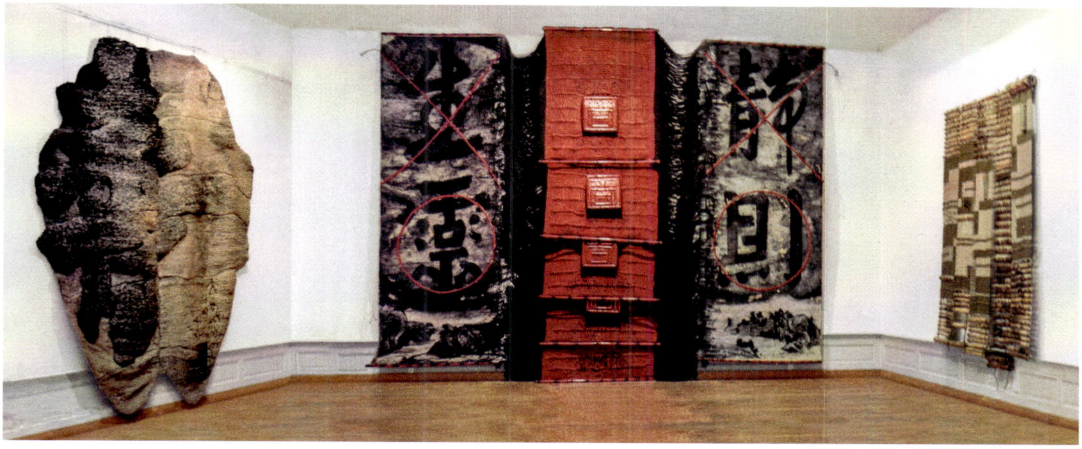

De g. à dr. : Shi Hui et Zhu Wei, *Shou* [*Longévité*] (1986) ; Gu Wenda, *Sagesse du Silence* (vers 1986) ; Liang Shaoji, *L'Art de la guerre* (vers 1986), vue de la 13ᵉ Biennale internationale de la Tapisserie de Lausanne, 1987, Musée cantonal des Beaux-Arts de Lausanne, © Shi Hui, © Adagp, Paris, 2022 pour Zhu Wei, © Gu Wenda, © Liang Shaoji, photo Shi Hui

où elle reçoit une bourse du ministère français de la Culture pour étudier à l'École d'art de Marseille Luminy (aujourd'hui École supérieure d'art et de design Marseille-Méditerranée) et à l'École des beaux-arts d'Aix-en-Provence (aujourd'hui École supérieure d'art d'Aix-en-Provence Felix Ciccolini)[10]. Arrivée en France, elle décide d'abandonner la gravure figurative pour se mettre à la peinture abstraite à l'encre. Dans un entretien accordé à l'Asia Art Archive, elle raconte que, après sa première visite au Centre Pompidou et avoir constaté qu'« un gros pavé et un néon rouge sont une œuvre d'art, et [qu'] un grand sac en tissu est également une œuvre », elle déduit que « tout peut être une œuvre d'art »[11]. Elle réfléchit alors aux matériaux qu'elle pourrait faire entrer dans sa pratique et son choix se porte immédiatement sur du papier Xuan qu'elle avait emporté dans ses bagages. L'exubérance de Wang Gongyi s'exprime dans les premières œuvres à l'encre qu'elle réalise à Aix-en-Provence et dont elle raconte ici la naissance :

Je vais tout simplement utiliser du papier de riz ! Mais comment faire ? Je suis allée à Marseille pour acheter de l'encre, et j'ai d'abord noirci un morceau de papier puis l'ai accroché au mur ; puis un autre à moitié, que j'ai aussi accroché au mur. Je ne savais pas quoi faire ensuite, j'étais juste très excitée. Le lendemain, j'ai regardé le cahier d'écriture qu'utilise Yan Zhenqing[12] *d'habitude, et j'ai rempli un petit morceau de papier avec les points de la calligraphie, puis j'ai rempli un autre petit morceau de papier avec une ligne horizontale… et je les ai cloués par-dessus ceux du premier jour… Je ne savais pas ce que cela signifiait, et il n'y avait pas d'idée claire. Je me souviens très nettement que lorsque je suis revenue pour le déjeuner de midi, je l'ai vu de loin, et je me suis dit que c'était vraiment bien ! Ça y était*[13] *!*

Les œuvres de Wang Gongyi se caractérisent depuis ce jour par des feuilles de papier assemblées en compositions continues et discontinues, dont la délimitation entre espace blanc et espace noir est souvent exagérée. Ce dont témoigne *Tian fang di yuan* (« Terre rectangulaire Ciel circulaire », 1986), une installation à l'encre sur papier Xuan qui descend du mur vers le sol. Dans *Fengjing* (« Paysage », 1987), la répétition géométrique de lignes horizontales et de points calligraphiques est encore plus manifeste. Ici, deux parties en pointillés et des sections de fines lignes verticales ponctuent la formation abstraite. Le style fragmenté et organisé linéairement de ces peintures à l'encre a même permis que l'artiste collabore avec l'Institut d'art de la tapisserie Varbanov, collaboration documentée dans la revue d'art chinoise *Qiang. Meishu*

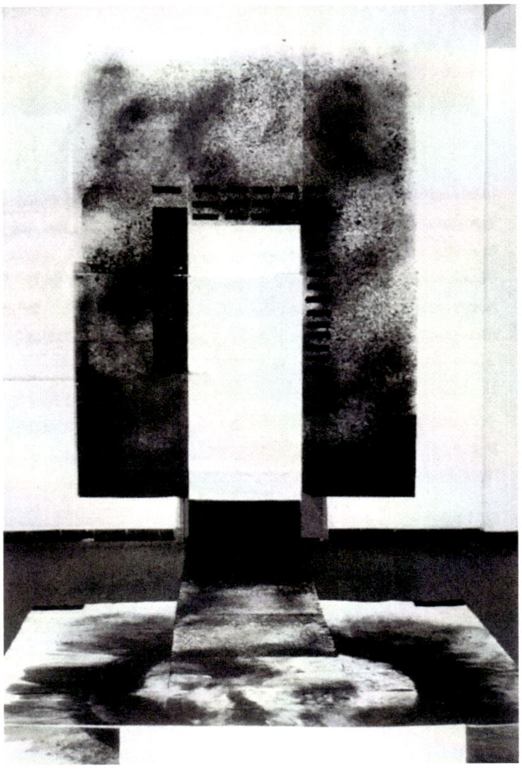

Wang Gongyi, *Tian fang di yuan* [*Terre rectangulaire Ciel circulaire*], encre de Chine sur papier Xuan, corde et baguette de bois, 1986, vue de l'installation à l'École des beaux-arts d'Aix-en-Provence, 1986, © Wang Gongyi, photo Wang Gongyi

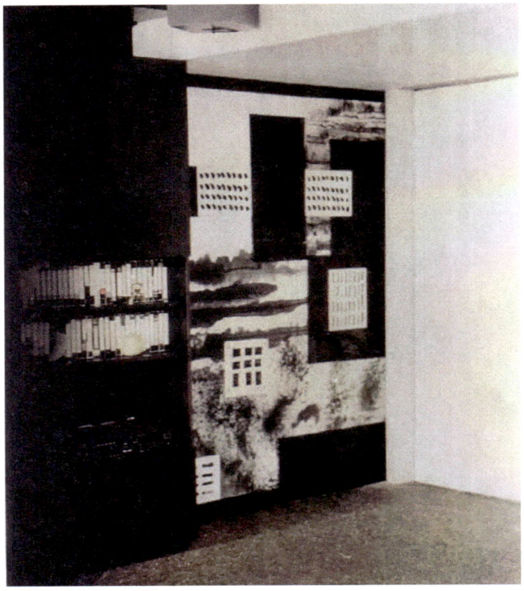

Wang Gongyi, *Fengjing* [*Paysage*], 1987, encre de Chine sur papier Xuan, collection particulière, © Wang Gongyi, photo Wang Gongyi

jiaoliu bao (« Le mur. Revue d'échanges artistiques ») – première revue d'art consacrée explicitement aux échanges internationaux. On y trouve une photographie de la tapisserie murale, *Gugong* (« Cité interdite », 1987), composée de sections de longues lignes et d'autres de courtes marques d'inspiration calligraphique, réalisées en variant l'épaisseur du tissage.

Même si elles ont été réalisées à l'étranger, les œuvres abstraites de Wang Gongyi ont le plus souvent été comparées à celles de Gu Wenda, son collègue masculin de l'Académie des Beaux-Arts de Zhejiang. Leur ressemblance stylistique est en effet frappante et les matériaux identiques, mais cette comparaison récurrente nie l'existence d'importantes divergences entre les deux pratiques. Gu Wenda, contrairement à Wang Gongyi, fut formé à la peinture à l'encre, et sa pratique de l'abstraction est la tentative d'infuser cette technique dans l'art conceptuel. De plus, Gu Wenda voyagea à l'étranger après Wang Gongyi – se détournant alors de l'encre pour privilégier des matériaux corporels tels que le sang humain et les cheveux. Je proposerai une autre comparaison, potentiellement plus pertinente, avec l'artiste autodidacte Zhu Jinshi (né en 1954), qui voyagea également en Europe à la fin des années 1980. Pendant son séjour à Berlin, il réalisa, selon une méthode novatrice, des sculptures et des installations presque totalement abstraites, qui s'appuyaient sur l'utilisation du papier Xuan. Il utilisa d'abord des toiles brutes, puis des morceaux de papier Xuan vierge pour composer des installations temporaires. En mettant en relation Wang Gongyi et Zhu Jinshi, on peut développer le récit alternatif de la transformation de l'art chinois dans les années 1980, celui qui considère en particulier la manière dont le départ à l'étranger a conduit deux artistes à revenir aux matériaux conventionnels, utilisés en Chine dans la pratique artistique depuis des siècles, comme supports de leurs propres pratiques abstraites. L'abstraction et les techniques spécifiquement chinoises catalysent des avancées dans l'art de chacun des deux artistes qui dépassent les développements que connut l'art à l'intérieur des frontières de la Chine pendant la Nouvelle Vague 85 – concomitante des expérimentations de Shi Hui et de la première présentation européenne de son œuvre.

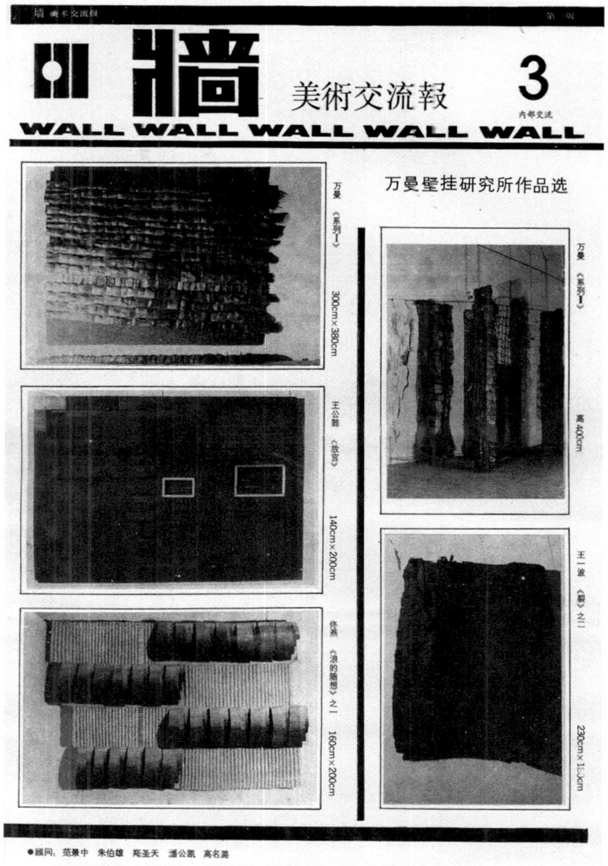

Qiang. Meishu jiaoliu bao [*Le Mur. Revue d'échanges artistiques*], 1987, couverture, œuvres produites par l'Institut d'art de la tapisserie Varbanov, dont Wang Gongyi, *Gugong* [*Cité interdite*], 1987 (colonne de gauche, image du milieu). © Wang Gongyi, photo courtesy de Zheng Shengtian Archive at Asia Art Archive

*

L'analyse des œuvres abstraites de Wang Gongyi et de Shi Hui est susceptible de contrer de façon décisive l'histoire canonique à prédominance masculine de la Nouvelle Vague 85 et plus généralement celle de l'art contemporain chinois des années 1980. Ce sont les expérimentations avec les matériaux qui activèrent les pratiques abstraites des deux artistes, ce qui établit une différence avec la manière dont l'abstraction fut d'abord théorisée au début des années 1980, à savoir comme un style artistique capable de réconcilier l'art moderne avec l'art classique chinois et la théorie esthétique maoïste. Les cas de Shi Hui et de Wang Gongyi, dont la pratique de l'abstraction émergea des matériaux utilisés, corroborent l'observation de Jane DeBevoise selon laquelle les disciplines autres que la peinture, en particulier la tapisserie, semblaient offrir une plus grande marge de manœuvre pour l'expérimentation[14]. En tant que tels, les matériaux non traditionnels et non conventionnels constituèrent un terrain fertile pour le développement de l'abstraction comme langage visuel et artistique alternatif.

L'étude des pratiques de ces artistes femmes remet en outre en question la manière dont la mondialisation de l'art chinois contemporain a été historicisée. La mobilité de Shi Hui et de Wang Gongyi remodèle la géographie décrite par cette historicisation, et notre compréhension de celle-ci. Il est important de noter à cet égard que les voyages des deux femmes proposent une chronologie alternative à ceux qui font débuter l'internationalisation de l'art contemporain chinois au début des années 1990, après les manifestations – dominées par les hommes – que sont l'exposition « Magiciens de la Terre » en 1989 au Centre Pompidou et la Biennale de Venise de 1993. Ces deux expositions ont servi de repères au cadre critique présidant à la lecture de l'internationalisation, qui ne tient donc pas compte de la participation chinoise à la Biennale internationale de la tapisserie de Lausanne en 1987 ni des premiers échanges dont des artistes ne faisant pas officiellement partie de la Nouvelle Vague 85 ont bénéficié. Les œuvres de Shi Hui et de Wang Gongyi montrent à l'inverse l'importance des artistes femmes et de l'art abstrait dans les premiers temps de l'internationalisation de l'art contemporain chinois, fait contrastant avec l'exposition très majoritaire dans les années 1990 d'art figuratif ou conceptuel chinois – dû à des artistes presque exclusivement masculins – hors de Chine. En réalité, la plupart des œuvres d'art chinoises exposées en Europe dans les années 1980 étaient abstraites et mettaient l'accent sur l'exploration des matériaux ; non seulement les œuvres de Shi Hui et de Wang Gongyi, mais aussi celles de Gu Wenda et de Liang

Shaoji à la Biennale internationale de la tapisserie de Lausanne, celles de Zhu Jinshi à Berlin et celles des trois artistes chinois présentées dans « Magiciens de la Terre »[15]. En plus de permettre le réexamen des histoires canoniques, cette découverte ouvre de nouvelles pistes de réflexion sur le rôle de l'abstraction et des artistes femmes dans l'internationalisation de l'art chinois contemporain.

Traduit de l'anglais par Marie-Mathilde Bortolotti

Notes

1. Parmi ces artistes figurent Huang Yong Ping (1954-2019), Wang Guangyi (né en 1957), Zhang Peili (né en 1957), Geng Jianyi (1962-2017), Gu Wenda (né en 1960), Wu Shanzhuan (né en 1960), pour n'en citer que quelques-uns.
2. Voir Wu Guanzhong, « Guanyu chouxiangmei » [Esthétique abstraite], dans *Meishu* [Beaux-Arts], n° 10, octobre 1980, p. 37-39.
3. Sur les théorisations de l'abstraction par Wu Guangzhong, voir Jennifer Lee, « Ideology of the Image: Wu Guangzhong's Abstract Expression in Early Post-Mao China », conférence donnée au Visual and Material Perspectives on East Asia Workshop, University of Chicago, 22 novembre 2019; Gao Minglu, *Total Modernity and the Avant-Garde in Twentieth Century Chinese Art*, Cambridge (Mass.), The MIT Press, 2011, p. 80-81; et Wu Hung, *Contemporary Chinese Art. A History (1970s-2000s)*, New York, Thames & Hudson, 2014, p. 47-49.
4. Gao Minglu, *Total Modernity and the Avant-Garde in Twentieth Century Chinese Art*, *op. cit.*, p. 81.
5. *Ibid.*
6. *Ibid.*
7. Maryn Varbanov (1932-1989) était un étudiant étranger en échange à l'Académie centrale des Beaux-Arts de Pékin, où il rencontrera et finalement épousera Song Haui-Kuei (plus tard connue sous le nom de Madame Song) dans les années 1950. Après avoir quitté la Chine peu après leur mariage, ils revinrent à Pékin au début des années 1980. Pendant son séjour à Pékin, Varbanov commença à réaliser une nouvelle série d'œuvres exposées au Musée national d'art de Chine en 1985, ce qui lui valut d'être invité à créer un institut de tapisserie à l'Académie des Beaux-Arts de Zhejiang, en collaboration avec la Zhejiang Art Carpet Factory.
8. « Interview with Shi Hui », dans « Materials of the Future: Documenting Contemporary Chinese Art from 1980-1990 », organisé par l'Asia Art Archive, <www.china1980s.rg/files/interview/shftfinal_201105231531358765.pdf>.
9. Parmi ses élèves figuraient Zhang Peili, Chen Haiyan, Yan Lei et Qiu Zhijie.
10. Wang Gongyi fut sélectionnée par concours pour la bourse en France parmi un groupe de professeurs et d'étudiants de l'Académie des Beaux-Arts de Zhejiang, dont faisaient partie Gu Wenda et Chen Haiyan (née en 1955). Trois artistes, Wang Gongyi, Guang Jun (né en 1938), Cheng Conglin (né en 1954) et l'historien et critique d'art Fei Dawei (né en 1954) furent sélectionnés pour aller en France.
11. « Interview with Wang Gongyi », dans « Materials of the Future: Documenting Contemporary Chinese Art from 1980-1990 », organisé par l'Asia Art Archive, <www.china1980s.org/files/interview/wgyft_201305061628374850.pdf>.
12. Yan Zhenqing était un maître calligraphe et un homme politique de la dynastie Tang (618-690, 705-907).
13. « Interview with Wang Gongyi », cité *supra*.
14. Jane DeBevoise, *Between State and Market. Chinese Contemporary Art in the Post-Mao Era*, Leyde/Boston, Brill, 2014, p. 183.
15. Parmi ces artistes figurent Huang Yong Ping, qui exposa une œuvre réalisée à partir de livres réduits en pâte, Yang Jiechang, qui présenta une série de peintures réalisées avec des centaines de couches d'encre, et Gu Dexin, qui créa une installation avec du plastique fondu et brûlé.

Orianna Cacchione est conservatrice pour l'art contemporain mondial au Smart Museum of Art, University of Chicago. Sa pratique curatorale vise à élargir le canon de l'art contemporain afin de répondre aux circulations mondiales de l'art et des idées. Elle a notamment organisé les expositions « Zhang Peili : Record. Repeat » (Art Institute of Chicago, 2017), « Tang Chang : The Painting that is Painted with Poetry is Profoundly Beautifull » (Smart Museum, 2018), « Samson Young : Silver Moon or Golden Star, Which Will You Buy of Me ? » (Smart Museum, 2019), « The Allure of Matter : Material Art from China » (avec Wu Hung, Smart Museum, Los Angeles County Museum of Art, 2019- 2020), dont elle aussi a dirigé les catalogues.

Cecilia Fajardo-Hill

Ses abstractions à elle : modernismes élargis

Cet essai propose de se « désidentifier[1] » d'une idée de l'abstraction conçue comme non genrée, centrée sur le modernisme canonique, avec l'abstraction géométrique comme principal protagoniste, pour se focaliser à la place sur des artistes femmes d'Amérique latine travaillant à partir de vocabulaires abstraits tout en dialoguant avec une esthétique pré-hispanique et autochtone, ou avec la culture africaine – des femmes dont l'œuvre accorde une attention particulière au corps, au genre, ou à la participation et à la collaboration du public ; ces artistes créent ainsi des passerelles entre l'abstraction d'une part et, d'autre part, l'art conceptuel et la performance. Elles déplacent de ce fait la centralité des référents euro-américains en matière d'art, mais aussi la division cartésienne entre corps et esprit, laquelle privilégie une matérialité désincarnée, en particulier lorsqu'elle concerne des artistes femmes. Il est important de poser clairement à ce stade que le terme « femme » ne recouvre pas dans cet essai une catégorie fixée par opposition à d'autres genres et occupant, sur le plan sociétal ou dans l'histoire de l'art, une place assignée et subalterne. María Lugones – féministe, philosophe et activiste argentine se définissant comme *latinx*[2] – affirme ainsi : « Le genre, tel que je l'entends, est à la fois la marque de la conception moderne de l'humain et une injonction coloniale. Le genre marque ce que les colonisés ne sont pas[3]. » La désignation du rôle de « femme » et la définition du genre comme signalant systématiquement ce qui est « autre » que mâle est une construction coloniale. Dans les études féministes décoloniales[4], on met en particulier l'accent sur la notion de résistance à la pensée de la binarité ; une abstraction produite par des femmes latino-américaines ne peut donc s'envisager selon une dialectique binaire qui opposerait un centre à une périphérie (les centres occidentaux de l'art, le statut subalterne de la femme face à la prééminence masculine, etc.). L'abstraction de ces artistes ne peut pas non plus être pensée en termes absolus, ni sa temporalité comme progressive, ni sa matérialité comme dépourvue de rationalité, pas plus que cette abstraction ne peut être conçue comme désincarnée. Ainsi que l'explique Lugones, il existe « de nombreuses différences coloniales, mais une seule logique d'oppression », de sorte que « la multiplicité n'est jamais réduite »[5]. Et c'est là que réside la notion de différence et de diversité placée au cœur de cet essai

– en ce que les femmes, lorsqu'« elles font l'abstraction », ne peuvent être réduites à une dichotomie ou logique catégorielle, qu'elle soit artistique ou de genre.

Des traditions abstraites, nées plusieurs centaines d'années avant la naissance de l'Europe ou des États-Unis, ne sont pas considérées comme faisant partie de l'histoire de l'abstraction simplement parce qu'elles ne constituent pas le résultat d'une progression propre à la perspective cosmopolite de l'Occident. Parce que l'abstraction que l'on rencontre sur des tuniques, des coiffes, des poteries ou dans l'architecture des cultures mayas ou incas (antérieures à l'invasion colonisatrice des Amériques) s'inscrivait dans la vie quotidienne, dans des structures politiques et sociales ou dans des rituels – et à ce titre ne respectait pas la traditionnelle séparation qu'opère l'Occident entre l'art et la vie, ou entre l'art et l'utilitaire –, cette abstraction n'a pas été intégrée à une historiographie de l'art digne de ce nom. La démarcation « radicale » entre réalisme et abstraction, instaurée par les avant-gardes européennes du début du XXe siècle, s'appuie sur la dualité ou le rapport binaire fondant la séparation – cartésienne et chrétienne – entre le corps et l'esprit, ou l'âme. La rationalité y est privilégiée par-dessus tout, en opposition aux subjectivités « non modernes » et à des visions du monde qui ne reposent pas sur cette dualité. Les abstractions faisant intervenir le corps ou les traditions culturelles, en les entremêlant avec des formes non modernes ou utilitaires de l'art et de la vie, devraient à cet égard être considérées comme des manifestations parfaitement légitimes de l'art abstrait. Pour autant, le fait même que ces abstractions émanent de femmes ayant choisi de dialoguer avec des cultures ou des collectivités non modernes – ou avec leur corps – introduit un profond paradoxe au regard d'un système de valeurs culturelles hiérarchisées et patriarcales. À ce titre, elles font donc l'objet d'une double ou triple marginalisation. L'objectif de cet essai sera de démontrer qu'une abstraction produite par des femmes, et qui place en son centre le corps et le collectif, ou s'enracine dans des cultures amérindiennes et pré-hispaniques ou africaines, permet d'élargir une définition moderniste trop limitée de l'abstraction, et de produire des formes radicales et imaginatives d'art abstrait.

Abstractions interculturelles[6]

Silvia Rivera Cusicanqui est une féministe bolivienne, sociologue, historienne et spécialiste des théories décoloniales. Se fondant notamment sur les philosophies quechua et aymara, elle a travaillé, à partir du terme *ch'ixi*, à représenter la contradiction comme modalité de passage entre deux mondes – entre visible et non visible – ou comme moyen d'exister dans des mondes distincts. Cette notion d'entre-deux et de médiation des opposés par le *ch'ixi* est importante si l'on veut comprendre comment les traditions ancestrales et la modernité peuvent, au même titre que le corps et l'abstraction, se rencontrer, et comment la culture matérielle peut s'intégrer à l'art avec toutes ses références aux valeurs symboliques et utilitaires.

Née à Santiago du Chili en 1948, l'artiste Cecilia Vicuña travaille pour sa part en dialogue avec les cultures anciennes indigènes et avec les concepts de féminité au sens large émanant de tout le Cône Sud. Pour autant, son œuvre ne peut être perçue comme participant à l'histoire de l'abstraction, ni à la fabrication de celle-ci. María Lugones quant à elle travaille à rebours des logiques oppressives de la modernité coloniale, toujours promptes à recourir aux dichotomies hiérarchisantes et à des étiquettes catégorielles à la fois homogènes et discriminantes. Dans cette perspective, se retrouver placée – par exemple – à l'intersection de la race et du genre, c'est-à-dire être une femme à la peau brune, et non blanche, c'est déjà déborder les limites de la catégorie moderne. Comment imaginer, dans ce cas, qu'une artiste comme Cecilia Vicuña puisse faire partie du champ de la modernité ou du contemporain, alors que ses références sont non modernes, non occidentales, non coloniales et que, de surcroît, elle n'est pas une femme « blanche » ? Plutôt que d'essayer de faire entrer à tout prix une artiste comme Vicuña dans la narration progressive des canons de l'art moderne, pourquoi ne pas interpréter au contraire son œuvre comme une alternative profondément décoloniale à la modernité (et comme une modernité alternative), eu égard à sa résistance active à la colonialité, tant contemporaine que passée ?

C'est en 1966 que Cecilia Vicuña a conceptualisé son premier *Quipu* (« nœud », en langue quechua).

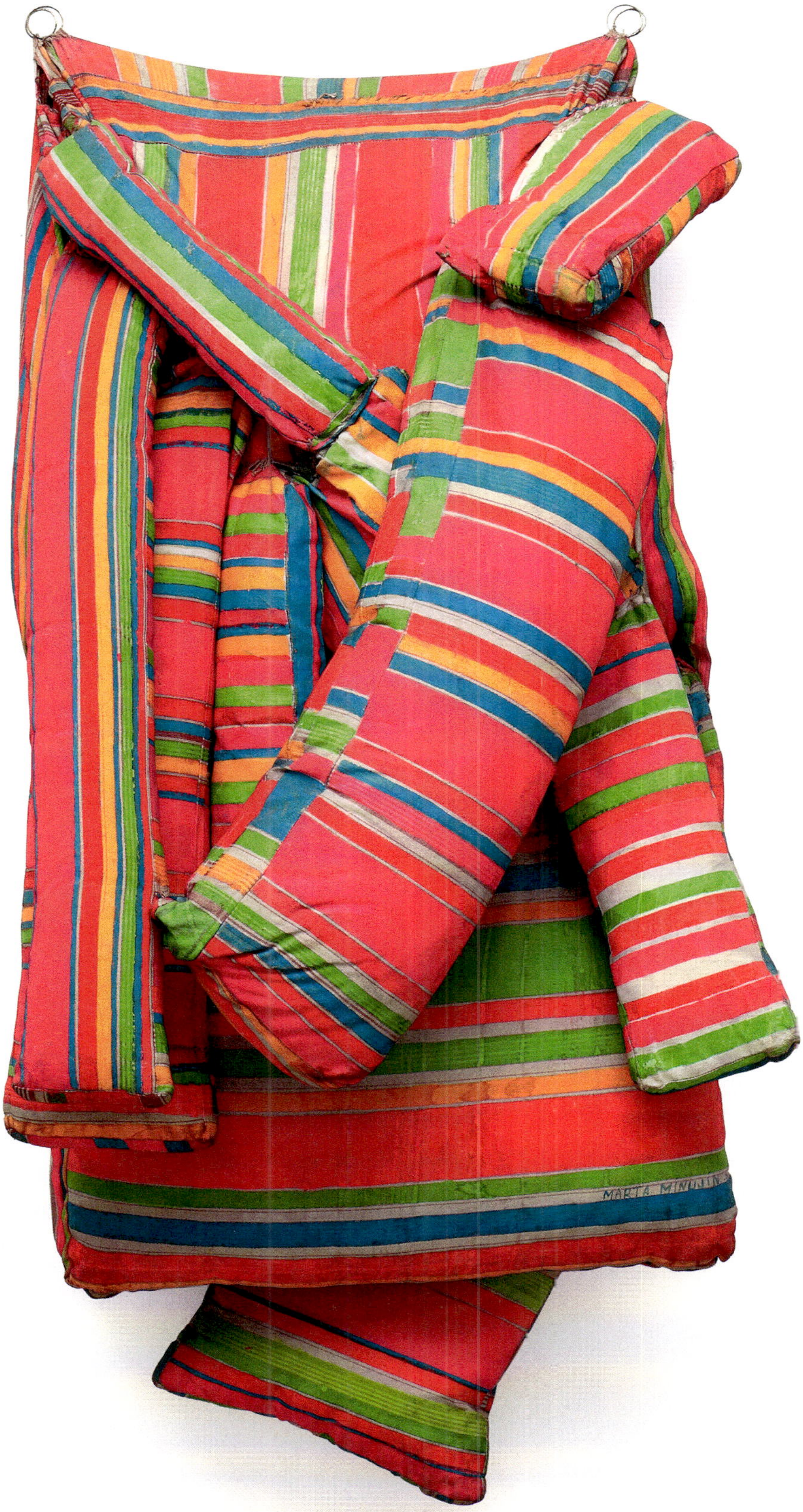

Marta Minujín, *Colchón* [*Matelas*], 1964-1985, acrylique sur tissu, matelas en mousse restructuré, 150 x 87 x 54, collection de Jorge et Marion Helft, © Marta Minujín, photo droits réservés

Aux dires de l'artiste, ce *Quipu qui ne se souvient de rien*, cette «corde vide»[8], constituait aussi son premier *Precario* – *Quipus* et *Precarios* («Précaires») incarnant dès lors deux formes d'art qu'elle ne cessera jamais de revisiter par la suite. Remontant, pour les premiers, aux alentours de trois mille ans avant notre ère, les quipus sont des jeux de cordelettes à nœuds utilisés dans les régions andines d'Amérique du Sud. Selon la position des nœuds sur les cordelettes, ceux-ci pouvaient contenir des informations chiffrées, mais aussi d'autres types de messages, et même de la poésie. Aujourd'hui encore, le déchiffrement des quipus demeure inachevé. L'information qu'ils contenaient était en tout cas activée en tant que forme incarnée de mémoire par le contact des doigts avec les nœuds[9]. Vicuña écrit à ce propos : «Dans les Andes, les gens n'écrivaient pas; ils tissaient le sens dans des étoffes et des cordes nouées. Il y a cinq mille ans, ils ont inventé le quipu [nœud], un poème dans l'espace, une façon de se souvenir qui impliquait simultanément le corps et le cosmos. [...] Les quipus ont été brûlés, mais une vision des interrelations, une résistance poétique perdure, clandestinement[10].» Ainsi que l'affirme Julia Bryan-Wilson, parce que le premier quipu de Vicuña n'a jamais été réalisé, il demeure une «évocation conceptuelle du quipu [... et] l'œuvre existe, de façon paradoxale, comme une idée de la matière[11]». Les anciens quipus des Andes, comme ceux de l'artiste, sont des formes visuellement abstraites. La nature indéchiffrable des quipus anciens et l'opacité sémiotique intégrée à la matérialité performative de ceux de Vicuña sont «abstraites»; elles ne le sont pas, toutefois, dans le sens où l'on entend l'abstraction en Occident, par opposition au reconnaissable et au signifiant, mais parce que leur forme même résiste à la logique coloniale de la pensée occidentale. Les *Quipus* de l'artiste ne sont pas modernes, dans la mesure où la modernité impliquerait leur non-existence; leur contemporanéité tient en revanche à l'actualisation d'un passé dans le présent – à l'actualisation de valeurs symboliques et esthétiques qui auraient dû être détruites, mais qui ont survécu.

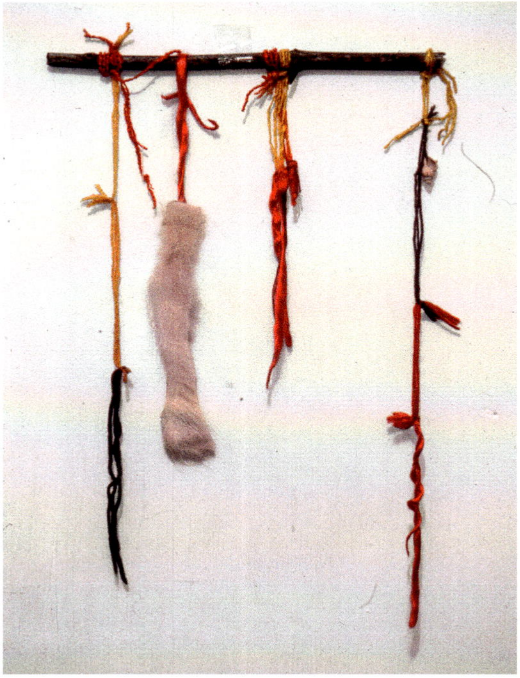

Cecilia Vicuña, *London Quipu*, 1974, technique mixte, œuvre détruite, © Cecilia Vicuña, photo droits réservés

Le *London Quipu* de 1974 constitue une forme de matérialité incarnée répondant à une sensibilité qui n'est pas occidentale, mais indigène. Un ruban de bois horizontal surmonte ici une structure verticale rectangulaire, ouverte dans sa partie inférieure et esquissant une sorte d'architecture éphémère. Des fils de laine colorés pendent du ruban horizontal, se conjuguant en une géométrie organique de lignes verticales irrégulièrement nouées. Un lambeau blanc de fourrure animale vient démentir la légèreté des fils et des nœuds. Cecilia Vicuña a réalisé ce quipu londonien à un moment difficile de sa vie, avec des matériaux récupérés dans des ateliers de confection – peaux, tissus, fils et cordons[12]. L'irrégularité des nœuds produit ici une sorte d'efflorescence indisciplinée de lignes refusant d'obéir à un ordre rationnel, mais qui répondent en revanche à un ordre interne, à la fois ancien et intime, incarnant ruptures et continuités – tant celles de l'histoire de la colonisation que celles du déracinement vécu par Vicuña, en exil pendant les années de la dictature Pinochet. Sa série de *Quipus* ne représente pas seulement un attachement aux formes ancestrales des savoirs précoloniaux autochtones, mais accomplit aussi une

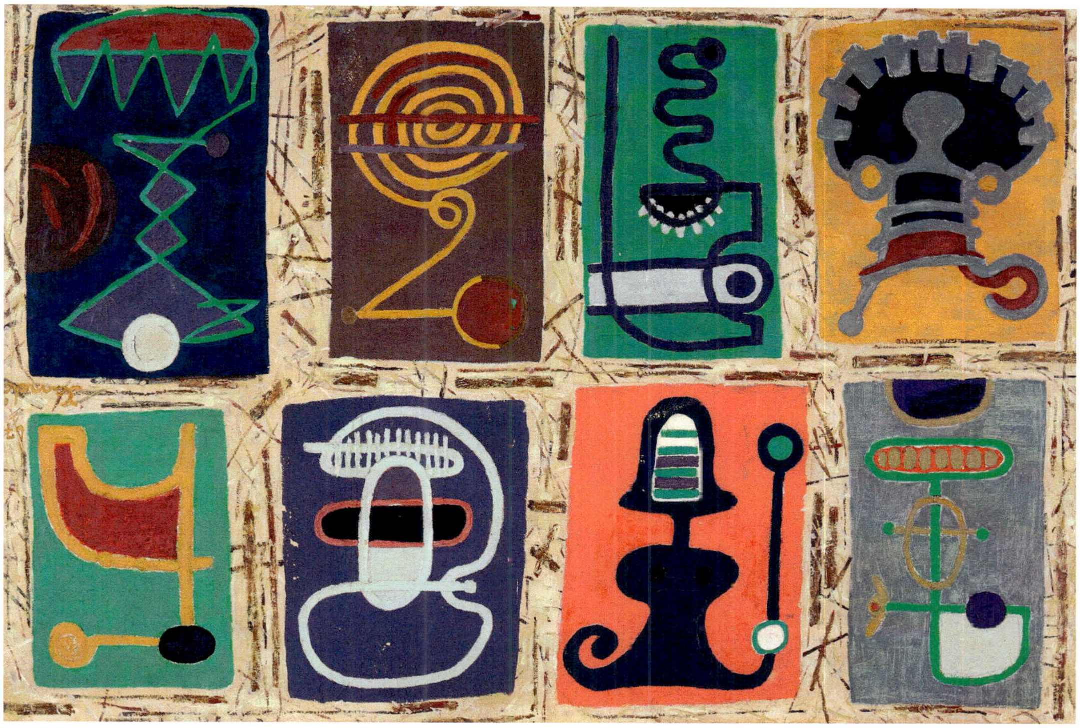

Niobe Xandó, *Máscaras XXX*, 1967, huile sur toile, 95 x 142, Ricardo Straus Collection São Paulo, © Niobe Xandó, photo Acervo Niobe Xandó

véritable poésie visuelle – Vicuña est artiste et poétesse –, et ceci par le biais d'une tradition textile mystérieuse, endurante, et profondément décoloniale. Les *Quipus* sont ainsi une manière de faire vivre les souvenirs anciens, ceux du présent et ceux de l'avenir.

La Brésilienne Niobe Xandó (1919-2010), artiste pluridisciplinaire et autodidacte, déclarait en 1978 : « Je suis une primitive de l'âme[13]. » Parmi ses premières productions, provenant d'une série de saisissantes *Têtes fantastiques* datant de 1948, se trouvaient des crânes de singes qu'elle avait peints et dont l'aspect évoquait une dimension rituelle (ces œuvres ont aujourd'hui disparu). Elle réalise ses premières séries de masques en 1964 : combinaisons, avec le symbole du masque, de motifs végétaux imaginaires (issus d'une précédente période autour des fleurs fantastiques) et de marques de type hiéroglyphique, l'ensemble synthétisé dans un même vocabulaire visuel abstrait. Selon Antonio Carlos Abdalla, ces incursions de Xandó dans l'univers des masques lui ont été inspirées par les pratiques spirituelles syncrétiques africaines-brésiliennes, notamment autour des *orixás*, ces êtres d'essence divine représentant les forces de la nature[14]. En 1971, le philosophe Vilém Flüsser[15] a décrit la façon dont Xandó était parvenue à réaliser cette synthèse entre éléments occidentaux et éléments africains, que l'on peut considérer comme un particularisme de la vie au Brésil et du peuple brésilien, et qui fait partie intégrante des formes africaines-brésiliennes de rituels et de magie. Ce que Flüsser identifie comme spécifique à la vision de l'artiste, c'est le fait que ses masques mettent en évidence une tension entre l'approche rituelle et magique de l'Afrique brésilienne d'une part, et le monde moderne de l'autre, plaçant le noir au centre de la beauté et de l'équilibre. L'œuvre de 1967 *Máscaras V* (« Masques V ») est l'une des toiles les plus abstraites de cette série. Avec ses différents niveaux d'association, elle est à la fois profondément énigmatique, et inventive. Chacun des huit rectangles verticaux contient une forme abstraite, et les masques se laissent deviner grâce à la présence d'un ou deux cercles symbolisant des yeux, et suggérant leur caractère visionnaire. Ces masques sont tracés dans différentes couleurs, à partir d'arabesques, de motifs circulaires, de lignes brisées et de formes imprévisibles, sur fond d'aplats monochromes. Ils suggèrent l'énergie, l'élan, et marchent à l'unisson – communauté d'oracles et de devins venus créer des passerelles entre modernité et rituels africains-brésiliens d'hier et d'aujourd'hui, dans une forme singulière d'abstraction.

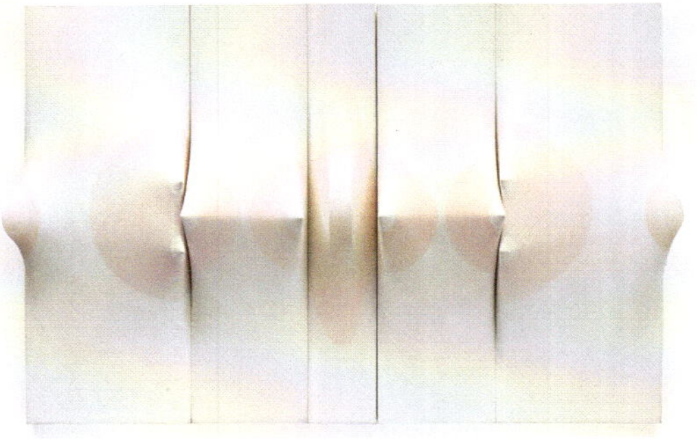

Zilia Sánchez, *Las Amazonas*, 1968, acrylique sur toile tendue, 182,9 x 274,3 x 34,2, © Zilia Sánchez, Courtesy Galerie Lelong & Co, New York

Abstraction incarnée et collective[16]

L'opposition entre représentation et abstraction est profondément remise en question lorsque le corps et le genre se mêlent à une volonté d'abstraire envisagée comme stratégie conceptuelle et esthétique à la fois. En effet, abstraire certains codes visuels n'implique pas nécessairement la disparition du sens, du corps, de la réalité ou du désir de communiquer. Les artistes que j'aborderai dans cette partie ont toutes célébré le caractère central du corps en tant que lieu phénoménologique de l'expérience artistique et abstraite. Parce que l'abstraction n'est ni générique, ni asexuée, certaines parmi elles y incorporent des aspects relatifs au genre, à la sphère personnelle ou à l'intime. Toutes les œuvres d'abstraction incarnée abordées ici engagent pleinement le corps, en même temps qu'elles invitent directement le spectateur – ou cocréateur – à participer à la production de l'œuvre et à sa signification, selon des modalités propices à une expérience incarnée et collective. La dimension performative, le vivant en transformation et l'éphémère sont profondément inscrits dans ces œuvres. En outre, nombre de ces pièces ou situations sont aussi dialogiques, de manière à susciter des phénomènes affectifs. L'abstraction incarnée peut aller du simple geste, du signe le plus précaire, à des installations de grande ampleur, des pièces conceptuelles, de la sculpture ou des situations performées. J'ai subdivisé cette abstraction incarnée en deux thématiques : les « abstractions genrées » et les « abstractions collectives ».

Abstractions genrées

Comme je l'ai indiqué précédemment, l'art – au même titre, donc, que l'abstraction – n'est pas un langage neutre, générique, étranger au genre, mais bien un langage spécifique. À ce titre, il n'est pas surprenant que certaines artistes aient choisi de traiter du genre ou de questions personnelles dans leurs abstractions. En Amérique latine, beaucoup de femmes artistes, tout en ne se définissant pas elles-mêmes comme féministes, abordent très directement l'incarnation du genre et du corps. C'est le cas par exemple de Zilia Sánchez, née à Cuba en 1928 et qui, au milieu des années 1960, a entamé une série intitulée *Topologías eróticas* (« Topologies érotiques »), dans laquelle elle concevait les œuvres comme des corps, et les toiles étirées comme des peaux. Ces œuvres peintes et sculptures de toile tendue sont extrêmement sensuelles ; leurs protubérances font naître des formes anatomiques évoquant des seins et d'autres parties du corps féminin, en particulier la zone pubienne. À titre d'exemple, *Las Amazonas*, œuvre de 1968, est un tableau-sculpture rectangulaire composé de segments verticaux ajointant les galbes de plusieurs seins. En son centre, un étroit rectangle vertical, peint d'un rose couleur chair, évoque une vulve. Ces œuvres conjuguent l'abstraction non seulement avec l'érotisme du corps féminin, mais aussi avec le paysage. Certaines de ces pièces ont en effet été photographiées sur une plage de l'île de Porto Rico, où l'artiste s'est installée en 1972, et où elles devenaient simultanément des topologies du corps et du territoire. Par leurs titres, les œuvres abstraites de cette série rendent en outre hommage à des femmes mythiques, Amazones ou Troyennes, ce qui imprègne encore davantage l'abstraction de Zilia Sánchez d'un ethos féminin et féministe.

Un autre exemple de suggestion érotique dans l'abstraction peut être trouvé dans les *Eróticos en Technicolor* («Érotiques en Technicolor»), créés en 1964 par Marta Minujín, née en Argentine en 1943. Ces sculptures sont constituées de plusieurs «faux matelas» que l'artiste a cousus, puis peints de bandes de couleurs vives et fluorescentes dans des tons fuchsia, rouge, vert, bleu ou jaune. La commissaire d'exposition Victoria Noorthoorn dit de cette série qu'elle se situe au carrefour de deux tendances dominantes à l'époque, le Nouveau Réalisme et le pop art : l'élément sémiotique introduit par le matelas représente en effet la vie quotidienne et domestique, reconceptualisée ici en tant que signe de la nouvelle société du spectacle[17]. Le potentiel psychédélique de ces sculptures change la géométrie du motif en indiscipline, tandis que leurs formes rembourrées et amorphes évoquent des parties d'anatomie, ou l'empreinte laissée par les corps sur une surface molle. Minujín a également réalisé, avec ces faux matelas aux rayures bariolées, des installations, dans lesquelles il était possible d'entrer. La première, intitulée *La Chambre d'amour* (1963-1964), fut créée à Paris en collaboration avec l'artiste néerlandais Mark Brusse; la deuxième a été présentée en 1964 à Buenos Aires sous le titre *¡Revuelquese y viva!* (que l'on pourrait traduire approximativement par «Vautrez-vous et vivez!»). En espagnol, le titre est délibérément équivoque, le verbe pouvant signifier à la fois «se complaire» et faire l'amour de façon impudique. Comme le laissent entendre les titres de toutes ces œuvres, il s'agit là de pièces foncièrement excessives et érotiques, où la dimension anatomique et sensuelle vient contrarier le caractère rationnel de l'abstraction géométrique. Ce sont des pièces saturées et provocatrices, qui invitent le public à se libérer – que ce soit par le corps ou par l'imagination – tout en employant un vocabulaire abstrait qui échappe à toute tentative de catégorisation.

Abstractions collectives

María Lugones a écrit des lignes très éloquentes sur le sentiment de communauté : «La colonialité du genre est fondamentalement liée à la destruction ou à une tentative de destruction de la notion de communauté. Dans ma lecture du féminisme décolonial, le sentiment commun [*the communal*] est central, l'intentionnalité communale et la complexité de la communalité constituant l'humain[18].» Voilà le point de départ de ce dernier développement : comprendre que, comme le souligne Lugones, «[n]os possibilités résident dans la communauté plutôt que dans la subordination», et que «ce sont les communautés, plus que les individus, qui rendent possible le faire»[19]. Nous examinerons donc des œuvres créées dans une forme de communauté, selon des modalités profondément radicales et libératrices, et par le déploiement de réseaux sociétaux non hiérarchiques nourrissant l'affectivité et la cocréation.

À partir des années 1960, avec la création de ses *Bichos* («bestioles» ou «créatures»), la Brésilienne Lygia Clark (1920-1988) a défié le concept même d'autonomie de l'abstraction, non seulement en associant cette dernière à l'idée d'un animal qui prend vie lorsque l'œuvre est activée, mais aussi parce qu'elle a introduit la participation du public, à travers un processus aussi infini qu'imprévisible. Comme l'explique André Lepecki, le travail de Lygia Clark ne répond pas à une définition conventionnelle de la performance, ni du rôle du participant, parce qu'il implique un engagement transformationnel et «commun dans un processus sans fin d'exercices toujours renouvelés et renouvelables, toujours intersubjectifs, et cela par l'intermédiaire de matériaux précaires, bon marché, quotidiens[20]».

L'œuvre collective *Estruturas vivas* («Structures vivantes»), créée en 1969, faisait ainsi intervenir plusieurs participants reliés entre eux par de fins élastiques qui s'entrecroisaient au gré de leurs déplacements pour former un réseau complexe de fils émergeant de ce que Lepecki appelle une «géométrie affective», résultat d'une «intense participation collective»[21]. Clark elle-même déclarait : «Il y a de la géométrie dans toutes les créations fabuleuses, qui sont un échange intersubjectif ininterrompu[22].» C'est cette géométrie affective et intersubjective qui permet d'échapper à la distinction entre objet et sujet, entre soi et autrui, entre création et participation, entre forme et non-forme, entre passé, présent et avenir, et qui est à la base d'une conception élargie

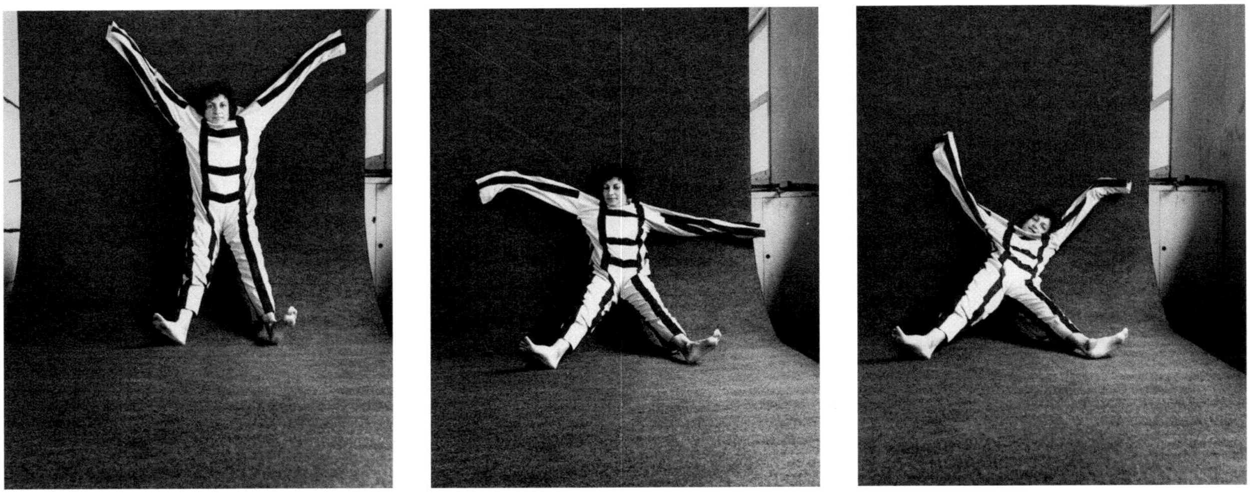

Martha Araújo, *Para um corpo nas suas impossibilidades* [*Pour un corps dans ses impossibilités*], 1985, photographies de la performance, 21,5 x 17,5 chaque. © Martha Araújo, photo courtesy Galeria Jaqueline Martins (São Paulo/Brussels) et Martha Araújo

et radicale de l'abstraction. Dans *Estruturas vivas*, les fils reliant entre eux les participants déterminent une géométrie, un réseau de lignes qui, en relation dialogique avec les corps, constituent une grille ouverte; elle contient l'affectif et le relationnel, et n'a rien à voir avec la grille moderniste ordonnatrice – bien souvent sourde au monde extérieur.

Née au Brésil en 1943, Martha Araújo s'est tournée vers l'art au début des années 1980, après des études de pédagogie. Une bonne partie de son travail intègre la dimension collective, par exemple dans *Roupa colectiva* («Vêtements collectifs»). Tirée de la série *Hábito/Habitante* (1985), l'œuvre bat en brêche les notions de vêtement individuel, de mode et de différentiation afin de provoquer des situations de mouvement collectif, les corps se voyant contraints de coopérer pour se déplacer ensemble. Dans *Para um corpo nas suas impossibilidades* («Pour un corps dans ses impossibilités»), autre œuvre de 1985, l'artiste avait fixé sur des costumes, individuels cette fois, d'épaisses bandes noires. Les lignes verticales soulignaient le buste et les jambes, tandis que des lignes horizontales suivaient les bras, avec trois autres transversales au niveau du torse. Cette œuvre était à la fois une installation et une performance. Les tenues des performers étaient en effet pourvues de la partie rugueuse, agrippante de la bande velcro (les «crochets», également appelés face mâle), dans le but d'interagir avec un pan de mur revêtu de la partie douce et crépue du velcro (les «bouclettes», partie qualifiée de femelle). Le revêtement du pan de mur se prolongeait au sol, créant l'effet d'une paroi incurvée et continue venant s'opposer à la verticalité et à la rationalité de l'espace architectural tout en lui conférant une dimension organique. Ce qui évoque ici «le corps dans ses impossibilités», c'est la tension qui se crée entre les lignes géométriques et l'organicité du corps. Lorsque les performers perdent le contrôle de leurs mouvements, la géométrie se déforme, leurs tenues restant solidaires du mur de velcro où elles demeurent suspendues. Eux-mêmes se retrouvent ainsi comme en suspension entre la verticalité du corps et l'inertie de positions non contrôlées, fruits du hasard, tandis que, dans cet abandon délibéré qui fait partie intégrante de la performance, les frontières sont abolies entre rationalité et subjectivité, entre le féminin et le masculin, entre l'abstraction et le corps, et entre le sujet et l'objet.

La dernière œuvre que j'évoquerai ici s'intitule *Os amassadinhos* («Les petites choses cabossées»), un ensemble tardif réalisé en 1990[23] par l'artiste brésilienne Celeida Tostes (1929-1995), en activité depuis le milieu des années 1950. En 1959, un stage auprès de Maria Montoya Martinez (1887-1980)[24] joua un rôle décisif dans l'orientation de Tostes vers le travail de l'argile. Martinez, artiste-potière amérindienne de renom, d'ascendance Tewa, a consacré sa vie à préserver les traditions de fabrication de la céramique par les tribus amérindiennes dites Pueblo. Auprès d'elle, Celeida Tostes s'est initiée au travail de l'argile, associant l'adobe aux techniques ancestrales de la céramique. À partir de là, Tostes a entrepris d'explorer seule les iconographies féminines et les cultures anciennes, notamment la sculpture indigène et celle du paléolithique. Son travail incarne non seulement ces dimensions archaïques, mais aussi les notions de fécondité et d'énergie créatrice, en s'appuyant sur la répétition de certaines formes – œufs, balles lisses ou craquelées, roues, outils préhistoriques, poteries gravées de symboles totémiques et précolombiens, ou encore vénus, entre autres. L'enseignement et le travail collaboratif ont tenu une place centrale dans ses activités, en particulier auprès des enfants. Fait significatif, elle a également associé à son travail des communautés marginalisées, notamment le monde carcéral, avec des femmes et des hommes détenus (1978), ou des communautés des favelas – par exemple celle de Morro de Chapéu Mangueira, à Rio, à partir des années 1980. L'artiste décrivait ses *Amassadinhos* comme un « geste archaïque », en référence au geste instinctif de refermer le poing sur n'importe quelle forme[25], avec pour résultat ici l'empreinte laissée par la main dans l'argile malléable. Pour sa participation à la Biennale de São Paulo, en 1991, Tostes avait rassemblé vingt mille de ces *Amassadinhos*, qui occupaient trois grands murs, du sol jusqu'au plafond. Ils avaient été réalisés par un immense collectif de personnes de tous horizons : visiteurs, enfants, collaborateurs venus de la favela de Chapéu Magueira ou de Parque Lage, prostituées de Vila Rosali, sans-abri de tous âges, professeurs d'université, détenus de la prison de Frei Caneca, artistes ou travailleurs sans qualifications. Comme l'écrit Daniela Nave, cette pièce instaurait ainsi une communion avec d'innombrables anonymes de tous âges et de toutes

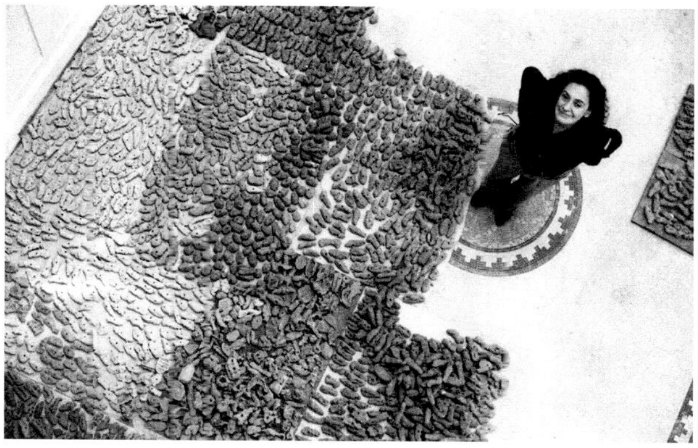

Celeida Tostes avec ses *Amassadinhos*, 1990, Celeida Tostes Project | Raquel Silva | Rio de Janeiro | Brasil, photo Celeida Tostes Project, Raquel Silva, Rio de Janeiro

classes sociales, effaçant toute forme de hiérarchie sociale – jusqu'au propre rôle de Tostes en tant qu'artiste – se détournant du même coup de la notion de *high art*. « [Celeida] se mêle à des certaines de personnes, écrit Nave, et se dilue dans ces gestes anonymes, afin que son propre travail connaisse lui aussi une renaissance, en multipliant les potentialités. [...] Avec les *Amassadinhos*, Celeida a intégré, dans un unique geste sculptural, les possibilités du plein et du vide, de l'espace et de son négatif[26]. »

Les œuvres que j'ai analysées travaillent avec la notion de communauté, avec l'interactivité, l'échange, l'empathie et un positionnement dialogique vis-à-vis de « l'autre » – c'est-à-dire vis-à-vis de cultures généralement perçues comme autres, celles des peuples autochtones ou de culture africaine-brésilienne, même si celles-ci font en réalité partie de notre ADN culturel. Beaucoup de ces œuvres tirent également leur sens de leur caractère genré. Elles incarnent l'entre-deux, quelque part entre l'ancestral et le moderne, le corps et l'abstrait, le collectif et l'individuel. Ces œuvres sont de l'abstraction, et n'en sont pas – elles sont abstraites et se situent en même temps au-delà de l'abstraction, comme des incarnations du *ch'ixi*.

Traduit de l'anglais par Jean-Marc Agostini

Notes

1. Terme emprunté à José Esteban Muñoz et à son concept de «désidentification» (à l'égard du statu quo colonial, raciste, patriarcal, classiste), une désidentification envisagée comme troisième modalité de réponse à l'idéologie dominante. J. E. Muñoz, «Disidentifications: Queers of Color and the Performance of Politics», dans *Cultural Studies of the Americas*, vol. 2, Minneapolis/Londres, University of Minnesota Press, 1999, p. 7.
2. Néologisme non genré utilisé en substitution de latina ou latino pour désigner, en anglais comme en espagnol, des personnes d'origine ou de culture latino-américaine [N.d.T.].
3. María Lugones, entrée pour le terme «Decolonial», dans *Keywords for Latina/o Studies*, Deborah R. Vargas, Nancy Raquel Mirabal et Lawrence La Fountain-Stokes (dirs), New York, NYU Press, Kindle Edition, 2017.
4. Parmi les principales représentantes des féminismes décoloniaux, citons notamment Gloria Anzaldúa, Angela Davis, bell hooks, Audre Lorde, Emma Pérez, Silvia Rivera Cusicanqui ou Chela Sandoval.
5. María Lugones «Toward a Decolonial Feminism», *Hypatia*, vol. 25, n° 4, 2010, p. 742-759, ici p. 755, <http://www.jstor.org/stable/40928654>.
6. Pour mon intervention au colloque «Elles font l'abstraction. Une autre histoire de l'abstraction au XXe siècle», en mai 2021, dont s'inspire cet essai, j'introduisais aussi, dans cette partie sur l'abstraction interculturelle, le travail de Regina Aprijaskis, de Margarita Azurdia, de María Freire, de Gego, de Myra Landau et de Tereza D'Amico, pour leurs multiples façons d'explorer des référents culturels non occidentaux. Je ne peux les inclure dans le cadre et le périmètre de cet essai, mais elles méritent tout autant d'être étudiées.
7. Silvia Rivera Cusicanqui, *Ch'ixinakax utxiwa. On Practices and Discourses of Decolonization* [2012], trad. de l'espagnol en anglais par M. Geidel, Cambridge, Polity Press, 2020, p. 45-70.
8. Cecilia Vicuña, à propos des *Quipus*, <https://cecilia-vicuna.squarespace.com/quipus>.
9. Julia Bryan-Wilson, *Fray. Art and Textile Politics*, Chicago/Londres, The University of Chicago Press, 2017, p. 110.
10. Consulté sur le site internet de l'artiste : <http://www.ceciliavicuna.com/quipus/2016/4/3/quipus-quipus>.
11. J. Bryan-Wilson, *Fray. Art and Textile Politics*, *op. cit.*
12. Correspondance de l'autrice avec Cecilia Vicuña, 7 novembre 2021.
13. Notre traduction, à partir d'une citation de Laymert Garcia dos Santos, «Niobe Xandó e a passagem da imagem», dans *Niobe Xandó. A Arte de subverter a ordem das coisas*, cat. d'expo., Sao Paulo, Pinacoteca do Estado de São Paulo, 2007, p. 11.
14. Antonio Carlos Abdalla, «Cronologia», *ibid.*, p. 242.
15. Vilém Flüsser, «O preto é belo» [«Le noir est beau»], dans le supplément littéraire du quotidien *O Estado de São Paulo*, 18 avril 1971; repris dans L. Garcia dos Santos, «Niobe Xandó e a passagem da imagem», art. cité, p. 259-261.
16. Pour le colloque cité *supra*, j'incluais dans ce concept d'abstraction incarnée un grand nombre d'autres artistes : Mary Brandt, Feliza Bursztyn, Vera Chaves Barcellos, Analívia Cordeiro, Helen Escobedo, Gego, Mercedes Elena González, Carmela Gross, Magali Lara, Anna Maria Maiolino, Ana Mendieta, Sara Modiano, Tomie Ohtake, Margarita Paksa, Marta Palau Bosch, Lygia Pape, Mira Schendel, Antonieta Sosa, Amelia Toledo et Beatriz Zamora. Je ne peux aborder leur travail dans cet article, mais toutes pourraient légitimement et indistinctement faire partie de ce panorama.
17. Victoria Noorthoorn, *Marta Minujín. Obras 1959-1989*, cat. d'expo., Buenos Aires, MALBA, 2010, p. 23.
18. M. Lugones, «Decolonial», art. cité.
19. *Id.*, «Toward a Decolonial Feminism», art. cité, p. 752, 754.
20. André Lepecki, «Affective Geometry, Immanent Acts: Lygia Clark and Performance», dans Cornelia H. Butler et Luis Pérez-Oramas (dirs), *Lygia Clark. The Abandonment of Art, 1948-1988*, cat. d'expo., New York, The Museum of Modern Art, 2014, p. 281.
21. *Ibid.*, p. 282.
22. L. Clark, traduit et cité *ibid.*
23. On ignore quand l'artiste a commencé son travail sur les *Amassadinhos*. La première fois qu'elle a exposé un millier d'entre eux, c'était en 1990, à l'université des arts visuels (EAV) de Parque Lage, à Rio de Janeiro, mais le Museu de Arte Moderna (MAM) de la ville possède également dans ses collections un ensemble d'*Amassadinhos* daté de 1980.
24. Maria Montoya Martinez – prénommée Po-Ve-Ka («Nénuphar») en langue tewa – est née dans le village de San Idelfonso, au Nouveau Mexique.
25. Daniela Nave, «From Mud to Chaos, From Chaos to Mud», dans Marcus de Lontra Costa et Raquel Silva (dirs), *Celeida Tostes*, Rio de Janeiro, Aeroplano Editora, Memória Visual, 2014, p. 295.
26. *Ibid.*, p. 296.

Cecilia Fajardo-Hill est historienne de l'art indépendante britannique-vénézuélienne et commissaire d'exposition en art moderne et contemporain, spécialisée dans l'art latino-américain et latinx, basée en Californie du Sud. Elle est chercheuse en études latino-américaines invitée pour 2021-2022 au David Rockefeller Center for Latin American Studies à la Harvard University, ce qui donnera lieu à un ouvrage sur l'histoire de l'art latino-américain et latinx décolonial aux XXe et XXIe siècles centrée sur le genre, la race, l'ethnicité, l'indigénéité, l'héritage africain et la culture populaire. Elle a été co-commissaire de l'exposition «Radical Women : Latin American Art 1960-1985» (Los Angeles, Hammer Museum, 2017; New York, Brooklyn Museum; Sao Paulo, Pinacoteca, 2018) et de «Xican-a.o.x. Body», exposition itinérante organisée par l'American Federation of Arts pour 2023.

Daniel Belasco

Images de théories

Ti-Grace Atkinson, abstraction et féminisme radical aux États-Unis, 1968-1974

Amazon Odyssey. The First Collection of Writings by the Political Pioneer of the Women's Movement, le livre de Ti-Grace Atkinson publié en 1974[1], défie les conventions visuelles de la séduction promotionnelle. Le nom et le titre de l'autrice – bien que celle-ci revendiquât avec audace sa primauté en tant que leader du mouvement radical – sont imprimés en caractères relativement petits sur les bords supérieur et inférieur du livre, cédant la majeure partie du terrain, au centre, à une forme abstraite et amorphe, dont les éléments suggèrent des cornes, des dents, des sutures, des yeux et d'autres formes organiques[2]. Ce soi-disant « beau monstre », peint à l'aquarelle et à l'encre par l'artiste Barbara Nessim[3], agit comme ferme invitation à utiliser les pouvoirs de communication de l'art abstrait pour atténuer la dissonance émotionnelle provoquée par la structure chronologique du livre. Ensemble, Atkinson et Nessim ont transformé cinq années de conférences, de communiqués de presse, de lettres ouvertes et de polémiques diverses en un « objet d'art » singulier de 18 cm de côté, couronné par une couverture qu'Atkinson a jugée « si belle et si parfaite qu['elle eut] des frissons en la voyant[4] ». Enthousiasmée par le partenariat avec Nessim, Atkinson a joint au livre une longue postface qui documente le processus de leur collaboration[5].

Amazon Odyssey est un exemple remarquable de la manière dont l'abstraction se constitue à la fois comme source et produit de la théorie et de l'action féministes. « La politique – comme l'esthétique – radicale est, à son meilleur, une opération consistant à entreprendre la critique d'un problème dans sa forme la plus fondamentale et à tenter d'envisager la meilleure façon pour les êtres humains de s'organiser les uns par rapport aux autres », écrit Atkinson des décennies plus tard[6]. Par la centralité donnée à une image biomorphique abstraite, *Amazon Odyssey* se distingue des présentations visuelles de textes théoriques de deux autres théoriciennes féministes de premier plan, également issues de l'art moderne et contemporain, Kate Millett et Shulamith Firestone. La couverture réalisée par ordinateur, de l'ouvrage de Millett *Sexual Politics* (New York, Doubleday, 1970), blanche et austère, fait écho à la démarche conceptuelle passée de l'artiste, vouée à la déconstruction du langage et de l'espace, à l'instar de l'installation *Fluxus Trap. An Environment* (1967). Et sur la couverture de l'ouvrage de Firestone, *The Dialectic of Sex. The Case for Feminist Revolution* (New York, Morrow,

1970), on trouve la peinture à l'huile d'Edgar Degas *Portrait de jeune femme* (1867, Musée d'Orsay), reproduite à fond perdu, rappelant à la fois la formation académique de l'autrice et ses interrogations sur la fonction de la beauté dans le contrôle social du corps féminin. Comme Millett et Firestone, Atkinson est arrivée à la politique et au militantisme féministes par les pratiques et les discours esthétiques de la peinture et de la sculpture. La présente étude, qui s'inscrit dans un projet de recherche plus vaste sur le développement du féminisme radical à partir des promesses non tenues de l'art moderne, se concentre sur le travail qu'Atkinson a mené avec Nessim dans *Amazon Odyssey*, l'ouvrage participant de l'invention d'une abstraction narrative féministe.

Quelques éléments de biographie sont d'abord nécessaires afin d'éclairer les principes esthétiques premiers d'Atkinson en tant que critique et commissaire d'exposition. Née en Louisiane en 1938, Atkinson obtient son diplôme d'études secondaires en Californie en 1956, puis se marie et s'installe à Philadelphie. Vers 1959, elle commence le cursus peinture du Bachelor of Fine Arts (BFA) proposé conjointement par la Pennsylvania Academy of the Fine Arts et la Pennsylvania University (Penn). Bridée par le mariage, elle divorce et gravite autour de la scène artistique new-yorkaise, partageant son temps entre Philadelphie et New York. Ses relations avec les critiques Harold Rosenberg et Tom Hess lui ouvrent les portes d'une carrière d'intellectuelle publique. *ARTnews* l'engage en 1962 en tant que collaboratrice éditoriale et, au cours d'une brève période de seize mois en tant que critique régulière, elle publie environ 150 courts articles, documentant principalement les débuts de jeunes artistes, la plupart aujourd'hui oubliés, mais aussi quelques-uns dont le travail fait résonner sa passion pour l'expressionnisme abstrait. Dans une prose stylisée et branchée, elle fait l'éloge des peintures gestuelles abstraites de Vivian Springford (« elle peint des rythmes venus du *Meilleur des Mondes*, tire sur la lune avec des cœurs et des fleurs[7] ») et de John Stephan (« les œuvres deviennent de plus en plus réelles, le spectateur est tellement impliqué que le paysage et lui ne font bientôt plus qu'un[8] »). Elle reste méfiante à l'égard des images figuratives et symboliques, leur reprochant leur tendance à déformer ou à manipuler. Bien qu'elle apprécie la capacité du pop art à susciter l'enthousiasme du public, elle affirme dans des textes encore inédits sa préférence pour l'art abstrait, estimant qu'il transmet l'essence d'une idée alors que l'art figuratif ne fait que délimiter une instance spécifique de l'idée.

Écrire pour *ARTnews* renforce sa position au sein de Penn et lui fournit une plateforme pour sensibiliser Philadelphie à l'art contemporain. Elle travaille sans relâche en tant que bénévole à la Graduate School of Fine Arts pour développer leur très vague concept d'espace d'exposition géré par la faculté et en faire l'ambitieux Institute of Contemporary Art (ICA), avec un comité consultatif de luxe, composé notamment de Rosenberg, Hess et Clement Greenberg. Nommée directrice par intérim à l'âge de 25 ans, Atkinson ouvre l'Institute en octobre 1963 avec éclat : une importante rétrospective du peintre expressionniste abstrait Clyfford Still. L'artiste, réputé irascible, admire son mépris de principe pour l'autorité et son refus de céder à la paperasserie ou aux procédures administratives habituelles. « Liberté... absolue et infiniment exaltante », c'est le titre sous lequel *ARTnews* republie l'article que Atkinson avait écrit pour le catalogue de cette exposition[9], soulignant ainsi sa foi dans le potentiel libérateur de l'art abstrait. Son engagement envers la génération pionnière d'artistes abstraits se poursuit lors de l'exposition suivante, celle des sculptures totémiques en acier soudé de David Smith. Smith, comme Still, épouse l'éthique existentialiste de l'autonomie de la création, et son attitude intransigeante inspirera une autre future féministe radicale, Andrea Dworkin – elle chérira le conseil que Smith lui avait donné alors qu'elle était étudiante en première année au Bennington College : « Ne fais jamais la pute[10]. » Pour son troisième et dernier acte à l'ICA, Atkinson élargit son champ d'action au pop, au minimalisme et à l'assemblage avec l'exposition « The Atmosphere of '64 », qui réunissait quatorze artistes au style très varié, dont Andy Warhol, Robert Rauschenberg, Frank Stella et d'autres, et condensait l'art le plus mémorable de l'année en un seul spectacle grandiose. Avec l'ICA, Atkinson avait créé une zone autonome temporaire pour donner à l'indé-

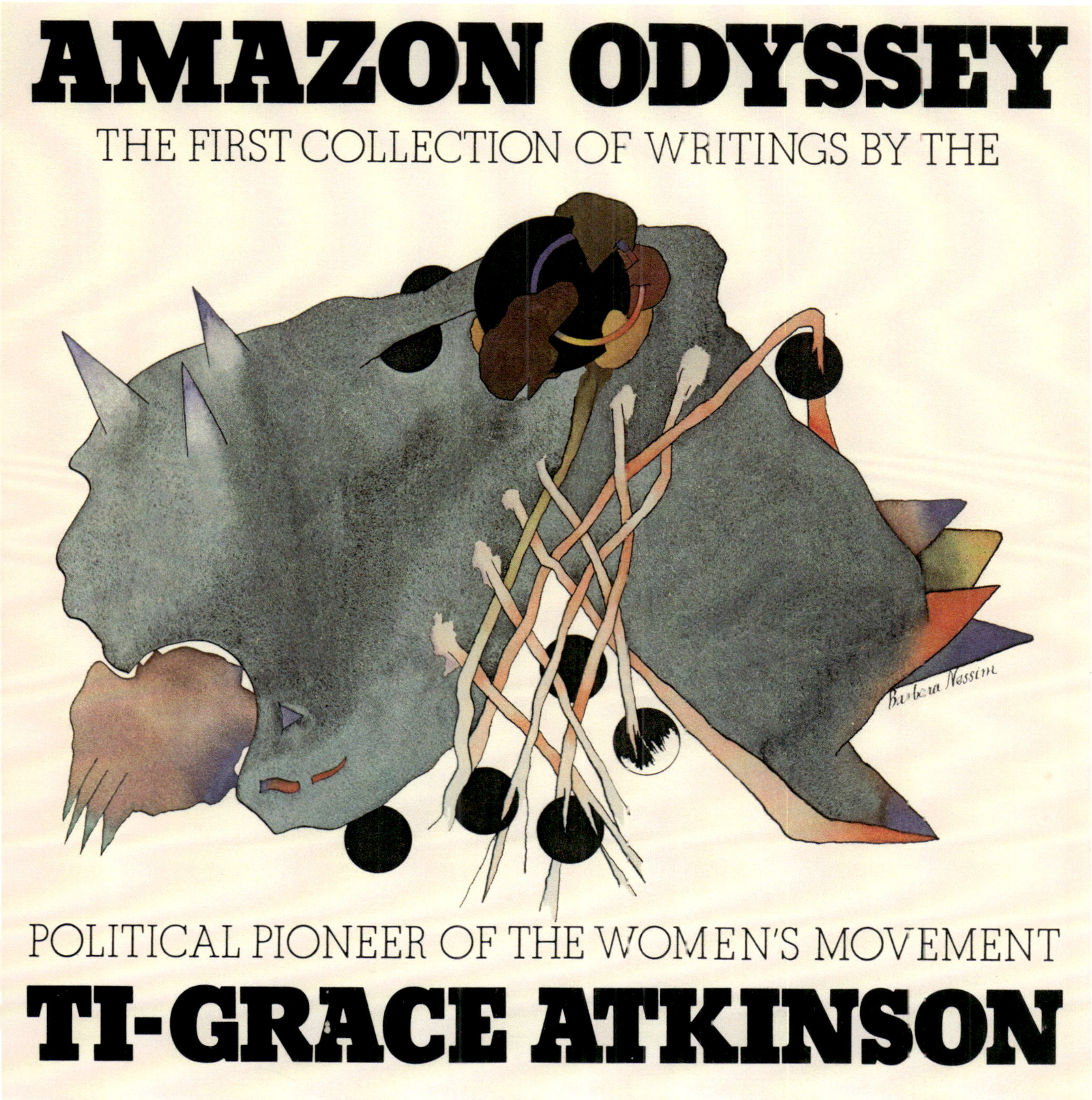

Ti-Grace Atkinson, *Amazon Odyssey. The First Collection of Writings by the Political Pioneer of the Women's Movement*, New York, Links Books, 1974, 2e édition, couverture (par Barbara Nessim), © Ti-Grace Atkinson, © Barbara Nessim, photo courtesy Barbara Nessim

pendance esthétique une vertu éducative d'intérêt public. Elle n'aura duré qu'un an environ, avant que les autorités ne reprennent le contrôle.

Malgré son impact immédiat, Atkinson, jeune femme séduisante – « ardente, inoubliable[11] » – n'était prise au sérieux ni par l'administration de Penn ni par les médias locaux. Sous une photo d'Atkinson avec son équipe d'installation entièrement féminine parue dans le *Philadelphia Daily News*, on peut lire la légende suivante : « L'art avec une touche féminine[12]. » Les administrateurs supervisant l'ICA partageaient cette attitude sexiste. Ils diminuèrent leurs contributions et nommèrent un homme au poste de directeur permanent, rétrogradant Atkinson au rang d'assistante. Après une longue lutte, celle-ci démissionne, expliquant dans une lettre à Greenberg : « J'ai poussé la situation jusqu'à son absurdité absolue pour que les positions soient un peu plus claires – elles l'ont été[13]. » Est-ce le moment où elle est devenue féministe ? le moment où elle perçut pour la première fois clairement le caractère intraitable de la culture et de la politique patriarcales ? La conjonction de cette crise personnelle avec la résurgence de la politique conservatrice défendue par Barry Goldwater alors candidat républicain à la présidence des États-Unis conduit Atkinson à prononcer intérieurement son renoncement à la féminité, et à Goldwater.

Les recherches menées sur Atkinson montrent que le rejet de l'ICA a été la fameuse goutte d'eau qui a fait déborder une position féministe alors inchoative pour la convertir en une action féministe publique[14]. Atkinson avait lu *Le Deuxième sexe* et écrit pour *ARTnews* un certain nombre de critiques non publiées, qui dénonçaient chez Balthus et d'autres artistes la transformation du corps des femmes en objet. Ces fragments de textes peuvent être tissés ensemble pour former l'étoffe de la conjonction – alors non articulée – qu'elle tente d'élaborer entre abstraction et libération des femmes. Au cours de son bref passage à l'ICA, Atkinson semble n'avoir ni condamné la suprématie masculine ni soutenu les artistes femmes. Même si elle y avait bien programmé des spectacles de danse en nocturne – produits par sa collègue d'*ARTnews*, Jill Johnston –, avec des pièces d'Yvonne Rainer et de Lucinda Child notamment, Marisol était la seule femme plasticienne dans l'exposition « The Atmosphere of '64 ». Si elle était restée dans le monde de l'art, Atkinson serait peut-être devenue une critique et une commissaire d'exposition féministe influente, dans la veine de Lucy Lippard. Mais elle avait d'autres objectifs. Atkinson quitte donc le monde de l'art et s'installe à New York pour s'inscrire à l'école supérieure de la Columbia University afin d'étudier la philosophie. Ses intérêts intellectuels vont de l'esthétique pure pour s'étendre à la structure patriarcale de l'oppression. Une correspondance avec Simone de Beauvoir la conduit à Betty Friedan, autrice du livre fondateur *The Feminine Mystique* (1964)[15]. En 1966, Friedan cofonde la National Organization for Women (NOW), le groupe de référence pour la défense des droits des femmes, et nomme Atkinson présidente de la section de New York. Celle-ci devient vite l'une des leaders les plus visibles et les plus ferventes du mouvement naissant de libération des femmes aux États-Unis.

Mais à la fin de 1967, le mouvement féministe américain de la deuxième vague commence à se diviser entre le courant dominant et la gauche radicale, entre celles qui s'efforcent d'amener les femmes au pouvoir et celles qui se battent pour détruire complètement le pouvoir. Des groupes féministes radicaux comme les Redstockings sont déjà en formation, mais Atkinson reste fidèle à NOW – jusqu'à ce que Valerie Solanas tire sur Andy Warhol en juin 1968. Friedan dénonce un acte violent, mais Atkinson refuse d'abandonner l'autrice du séditieux « SCUM Manifesto » – qu'elle admire pour l'hostilité flagrante qu'elle manifeste envers la suprématie masculine –, et rend visite à Solanas en prison, accompagnée de Florynce Kennedy, l'avocate de Solanas et le mentor d'Atkinson en matière d'action directe. Elle démissionne de NOW et fonde le October 17th Movement – qui s'appellera plus tard The Feminists –, et déploie d'extravagantes méthodes d'incitation, mises en œuvre auparavant dans la critique d'art et les réunions du département d'études supérieures et étendues désormais à l'arène ouverte et contradictoire que sont les débats sur les droits des femmes. Elle fait le siège du *New York Times* pour protester contre les annonces de recherche d'emploi classées par sexe, occupe le service des autorisations de mariage de la Ville de New York, et plus tard s'opposera à la

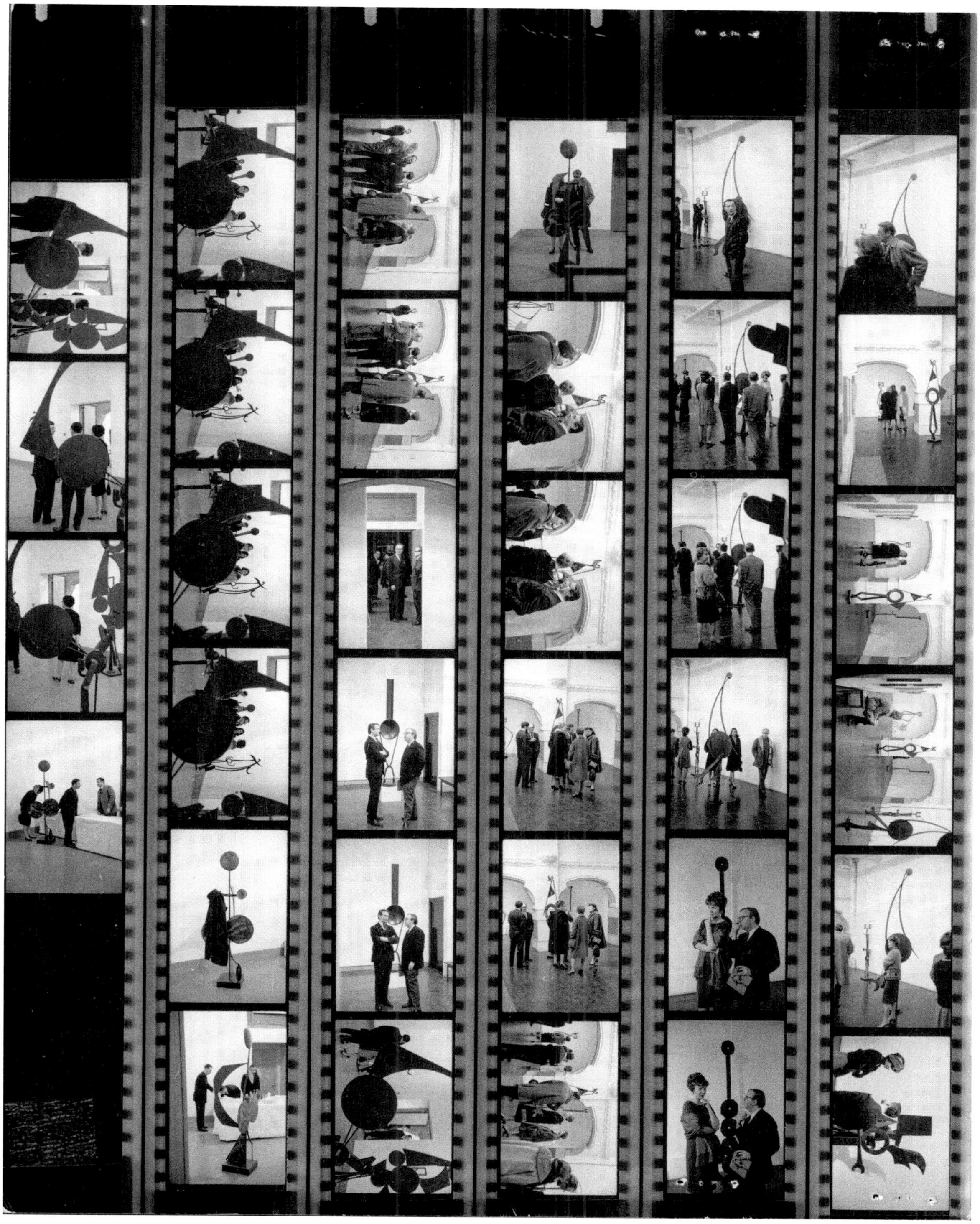

Vernissage de l'exposition «David Smith : Sculpture & Drawings», commissaire Ti-Grace Atkinson, Philadelphie, Institute of Contemporary Art, 1er fév.-26 mars 1964, University of Pennsylvania, Kislak Center for Special Collections, Rare Books and Manuscripts, Institute of Contemporary Arts records, 1963-2007, Ms. Coll. 777, © The Estate of David Smith/Adagp, Paris 2022, photo Kislak Center for Special Collections, Rare Books and Manuscripts, University of Pennsylvania

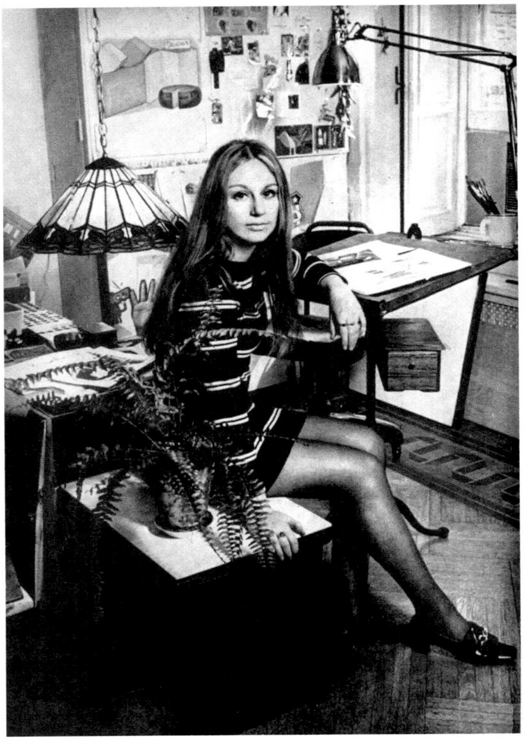

Barbara Nessim photographiée par Michael LeRoy, reproduit dans *Cosmopolitan*, mars 1968, photo © Michael LeRoy, courtesy Barbara Nessim

police pendant une manifestation contre la guerre au Vietnam. Au cours des années suivantes, le champ de sa vision provocatrice s'élargit à toutes les oppressions – et surtout à l'assujettissement des femmes –, auxquelles elle veut mettre fin. Dans la promotion du séparatisme des femmes et dans les francs débats sur révolution violente, Atkinson est devenue le paratonnerre; elle s'expose aux critiques en s'alliant avec le mafioso devenu militant des droits civiques Joseph Colombo. À la fin de l'année 1972, se sentant blessée et trahie, elle quitte en grande partie le mouvement et se concentre sur ses études supérieures et sa carrière d'enseignante.

Ce qui nous ramène à *Amazon Odyssey*. Alors qu'elle travaille depuis longtemps sur son *opus magnum* inédit *Women and Oppression*, Atkinson décide, en 1973, encouragée par Jill Johnston, de réunir dans un premier temps une anthologie de divers textes anciens, et de créer, avec l'appui de l'art visuel, un nouveau volume holistique avec un arc narratif actualisé. Les trois premiers illustrateurs invités par le directeur artistique de Links Books, Uli Boege, ne réussissent pas à concrétiser sa vision de la couverture. Boege montre alors à Atkinson un dessin de Barbara Nessim, tiré de sa série *Womangirls*, des images d'agiles danseuses partiellement nues, sans poils pubiens et sur pointes, qui, pour Nessim, représentent les attentes impossibles à satisfaire accumulées sur les femmes. Mais Atkinson rejette immédiatement l'image, la comparant à celle d'une strip-teaseuse burlesque. Sans se décourager, Nessim invite Atkinson dans son studio pour qu'elles travaillent ensemble sur une nouvelle image. Alors que, debout derrière elle, Atkinson raconte son parcours difficile au sein du mouvement féministe, Nessim, à l'aquarelle grise, commence à peindre l'abstraction biomorphique qui deviendra l'image de couverture. « Le graphiste l'a trouvée répugnante », se souvient Atkinson[16], qui conclut : « Désormais, je *savais* que nous étions tirées d'affaire[17]. »

Nessim est particulièrement bien taillée pour le rôle d'interprète visuelle d'Atkinson. Née dans le Bronx en 1939, elle a étudié au Pratt Institute et travaillé en tant qu'artiste et illustratrice indépendante pendant plus de dix ans, contribuant à *Harper's Bazaar*, *Esquire* et d'autres périodiques. Elle a navigué dans le monde masculin de l'édition newyorkaise en femme indépendante, tout comme son ancienne colocataire Gloria Steinem, avec qui elle a partagé, de 1962 à 1968, un appartement d'une pièce équipée d'un bureau et d'une table à dessin installés contre des murs opposés. Leur inquiétude à l'égard de l'exploitation des femmes qui sévissait en ce début des années 1960 s'est concrétisée par des projets créatifs, tels que l'exposé de Steinem sur le Playboy Club paru dans le magazine *Show* et les parodies pop art de Nessim sur les stéréotypes de la femme comme objet sexuel domestique. Heureusement pour Atkinson, Nessim apprécie également la capacité de l'abstraction à corréler idées et états émotionnels. À la fin des années 1960 et au début des années 1970, Nessim réalise une série d'œuvres abstraites sur papier, à l'aquarelle, encre et marqueur. *Two Universes* (1968) se compose de cercles concentriques tracés au tire-ligne et rappelle les rythmes musicaux de Sonia Delaunay et les spirales mystiques de Hilma af Klint. Cet ensemble d'œuvres personnelles, distinct de ses travaux de commande, est le fruit d'un processus méditatif qui « est sorti directement de moi-même », déclare Nessim[18]. D'autres dessins évoquent des paysages semi-abstraits de formes gracieuses suggérant des corps, des profils de visages, des rubans et des objets ménagers. On trouve aussi deux plans verticaux tordus qu'elle avait imaginés comme des sculptures minimalistes monumentales. L'élément constant de toutes ses œuvres abstraites est la présence d'une ligne d'horizon, qui établit un espace et confère aux formes une certaine gravité. Nessim, jusqu'alors inconnue d'Atkinson, possède une esthétique abstraite soignée, des techniques narratives et une subjectivité féministe, sans oublier la patience et l'esprit d'initiative nécessaires pour passer de la tête au pinceau.

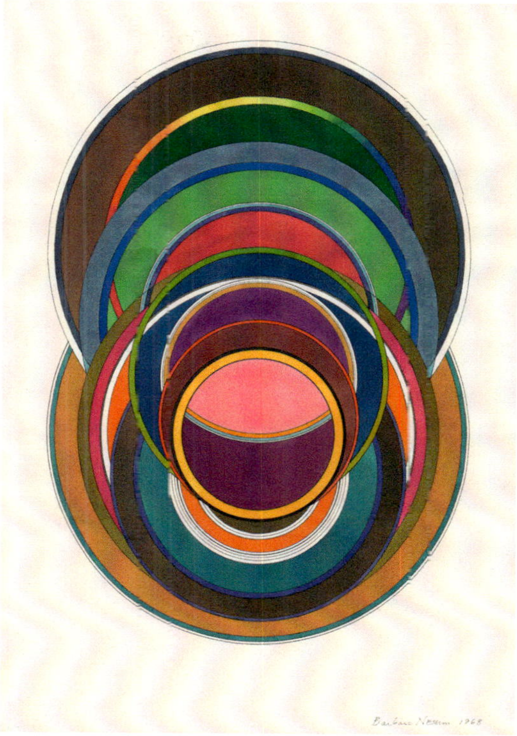

Barbara Nessim, *Two Universes*, 1968, crayon, encre et aquarelle sur papier, 50,8 x 35,56, collection de l'artiste, © Barbara Nessim, photo courtesy Barbara Nessim

Au cours de leur collaboration de plusieurs mois pour *Amazon Odyssey*, Atkinson et Nessim développent un langage visuel fait de tonalités changeantes, de vastes paysages et d'une géométrie symbolique. L'atmosphère qu'installe Atkinson dans le studio de Nessim est stimulante, mais un peu mélancolique aussi : elle lit des poèmes de l'écrivain sudiste Donald Davidson et passe des enregistrements de compositions pour piano de Ravel, aériennes et obsédantes, notamment le mouvement extrait de *Gaspard de la nuit* « Le Gibet ». Outre sa couverture stratégiquement grotesque, le livre de 260 pages se distingue des autres publications théoriques par sa conception graphique intérieure. Une section de 50 pages est composée d'illustrations abstraites séquencées, imprimées en niveaux de gris, avec des zones à l'aquarelle et des récits symboliques articulés par des configurations variables de triangles. Dans cette section, l'ensemble de 18 pages intitulé « Radical Feminism » (« Féminisme radical »), qui comprend deux essais de 1969, « Declaration of War » (« Déclaration de guerre ») et « Metaphysical Cannibalism » (« Cannibalisme métaphysique »), est présenté sur des pages où le texte en noir est superposé à des fonds d'aquarelle divisés en bandes horizontales de différents tons de gris clair. Des taches noires le long des trois lignes de séparation évoquent des explosions lointaines de bombes ou des idées symbolisées. L'épaisseur et le ton des bandes varient au fil des doubles pages, apportant des nuances à la mise en page comme s'il s'agissait d'une version aride des aquarelles tunisiennes de Klee, ou bien de l'ambiance mortuaire de la musique de Ravel régnant sur de vastes paysages. « Juniata II », autre ensemble de 30 pages – le titre fait référence aux quatre conférences données par Atkinson au Juniata College en Pennsylvanie – convoque les triangles afin de construire un récit symbolique. L'oppresseur est représenté par un triangle sur sa base, et l'opprimé par un triangle à l'envers, en équilibre précaire sur une pointe. À partir de ces deux triangles, Nessim a dessiné des configurations séquentielles – développant une narration symbolique et abstraite qui n'est pas sans rappeler les livres suprématistes d'El Lissitzky – représentant les dif-

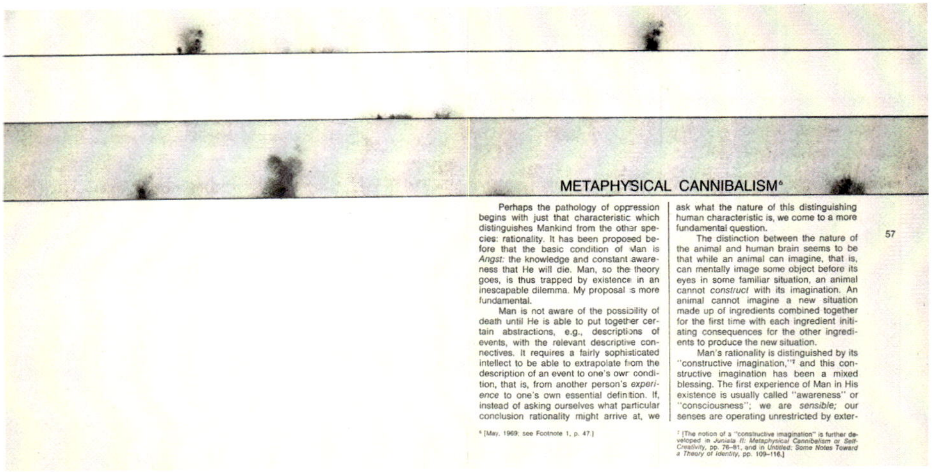

METAPHYSICAL CANNIBALISM[6]

Perhaps the pathology of oppression begins with just that characteristic which distinguishes Mankind from the other species: rationality. It has been proposed before that the basic condition of Man is *Angst:* the knowledge and constant awareness that He will die. Man, so the theory goes, is thus trapped by existence in an inescapable dilemma. My proposal is more fundamental.

Man is not aware of the possibility of death until He is able to put together certain abstractions, e.g., descriptions of events, with the relevant descriptive connectives. It requires a fairly sophisticated intellect to be able to extrapolate from the description of an event to one's own condition, that is, from another person's *experience* to one's own essential definition. If, instead of asking ourselves what particular conclusion rationality might arrive at, we ask what the nature of this distinguishing human characteristic is, we come to a more fundamental question.

The distinction between the nature of the animal and human brain seems to be that while an animal can imagine, that is, can mentally image some object before its eyes in some familiar situation, an animal cannot *construct* with its imagination. An animal cannot imagine a new situation made up of ingredients combined together for the first time with each ingredient initiating consequences for the other ingredients to produce the new situation.

Man's rationality is distinguished by its "constructive imagination,"[7] and this constructive imagination has been a mixed blessing. The first experience of Man in His existence is usually called "awareness" or "consciousness"; we are *sensible;* our senses are operating unrestricted by exter-

57

[6] [May, 1969; see Footnote 1, p. 47.]

[7] [The notion of a "constructive imagination" is further developed in *Juniata II: Metaphysical Cannibalism or Self-Creativity*, pp. 76–81, and in *Untitled: Some Notes Toward a Theory of Identity*, pp. 109–116.]

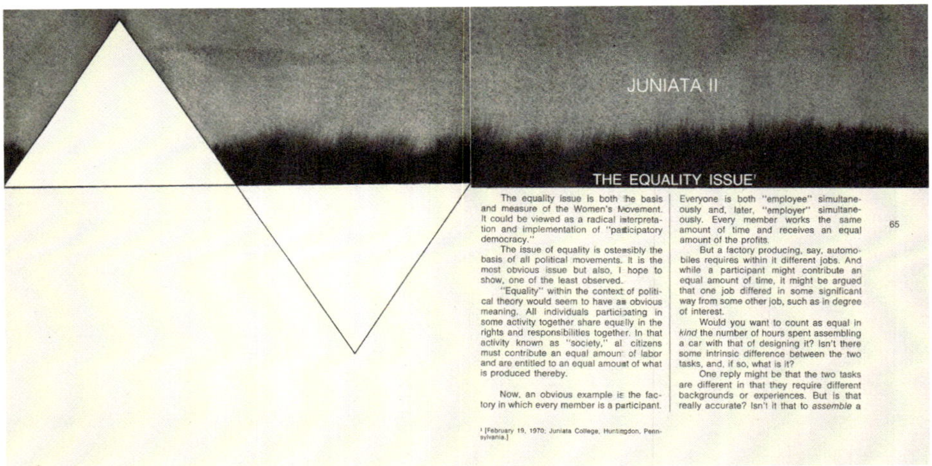

JUNIATA II

THE EQUALITY ISSUE[1]

The equality issue is both the basis and measure of the Women's Movement. It could be viewed as a radical interpretation and implementation of "participatory democracy."

The issue of equality is ostensibly the basis of all political movements. It is the most obvious issue but also, I hope to show, one of the least observed.

"Equality" within the context of political theory would seem to have an obvious meaning. All individuals participating in some activity together share equally in the rights and responsibilities together. In that activity known as "society," all citizens must contribute an equal amount of labor and are entitled to an equal amount of what is produced thereby.

Now, an obvious example is the factory in which every member is a participant. Everyone is both "employee" simultaneously and, later, "employer" simultaneously. Every member works the same amount of time and receives an equal amount of the profits.

But a factory producing, say, automobiles requires within it different jobs. And while a participant might contribute an equal amount of time, it might be argued that one job differed in some significant way from some other job, such as in degree of interest.

Would you want to count as equal in *kind* the number of hours spent assembling a car with that of designing it? Isn't there some intrinsic difference between the two tasks, and, if so, what is it?

One reply might be that the two tasks are different in that they require different backgrounds or experiences. But is that really accurate? Isn't it that to *assemble* a

65

[1] [February 19, 1970; Juniata College, Huntingdon, Pennsylvania.]

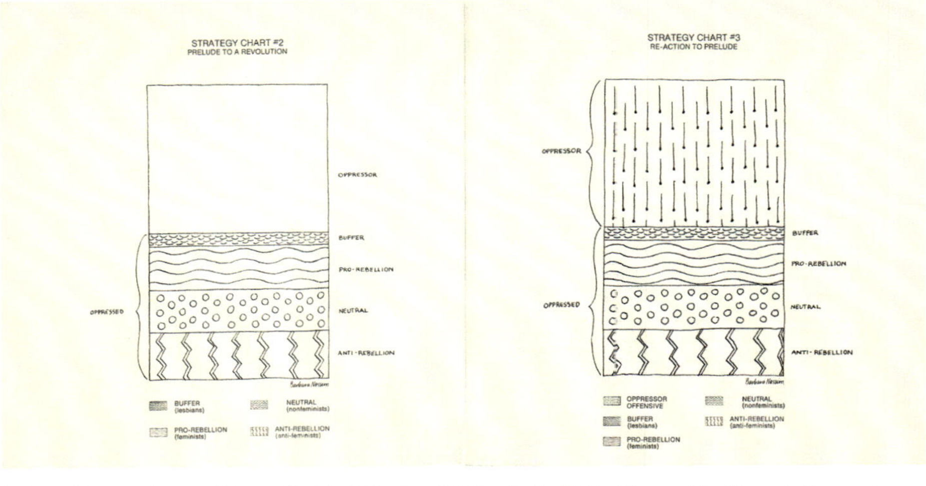

Ti-Grace Atkinson, *Amazon Odyssey. The First Collection of Writings by the Political Pioneer of the Women's Movement*, New York, Links Books, 1974, 2e édition, p. 56-57, 64-65, 142-143, illustrations par Barbara Nessim, © Ti-Grace Atkinson, © Barbara Nessim, photos courtesy Barbara Nessim

férents rapports de classes résultant de la réticence de nombreuses femmes à désigner les hommes, et les institutions dominées par les hommes – telle l'Église catholique –, comme leurs oppresseurs, ainsi que l'analyse systématiquement Atkinson dans son article.

Le troisième corpus d'illustrations se compose de 35 schémas tactiques, basés sur les ébauches qui permettaient à Atkinson, dans son travail théorique, de visualiser les interactions des groupes sociaux avec et contre la révolution féministe. Ces diagrammes verticaux illustrent le mouvement ascendant du féminisme radical, les forces alliées et la résistance passive et active que rencontre celui-ci sur le chemin qui le mène à ses propres objectifs stratégiques. Nessim a créé différents motifs répétés – vagues, cercles et arcs – signifiant différentes catégories : oppresseurs, lesbiennes, féministes, non-féministes neutres et antiféministes. Ces motifs expressifs, qui remplissent les zones rectangulaires, sont manifestement dessinés à la main, ils sont irréguliers et n'ont pas l'air mécaniquement reproduits. La signature cursive de Nessim au bas de chaque dessin a pour effet d'élever ceux-ci du statut d'illustration à celui d'une œuvre d'art, à part entière et collaborativement produite, qui explore les systèmes de signification, comparable en cela selon Atkinson à une lithographie numérale de Jasper Johns[19].

Si l'on compare, pour deux des articles, la mise en page d'*Amazon Odyssey* avec celle de leur publication originale en 1970 dans *Notes from the Second Year. Major Writings of the Radical Feminists*, la revue papier des New York Radical Women (éditée par Shulamith Firestone et Anne Koedt), preuve est faite que Atkinson évolue de la culture visuelle de l'activisme direct à celle de l'abstraction tonale. « Declaration of War », considérée comme l'une des premières déclarations de la théorie féministe radicale, paraît d'abord dans *Notes* en texte simple, sans illustrations. Ailleurs dans le journal, un autre texte d'Atkinson, « The Institution of Sexual Intercourse », (« L'institution de l'acte sexuel ») était illustré par la reproduction incongrue, en noir et blanc et légèrement recadrée, du tableau surréaliste de Magritte, *Les Amants* (1928, MoMA). Cette image est absente d'*Amazon Odyssey*. L'anthologie dépasse la conception graphique rudimentaire du féminisme radical, et la plupart du temps évite l'imagerie figurative. La présentation du texte en deux colonnes est conservée et se trouve réhaussée de fastueuses aquarelles rougeoyantes. Quelques photographies apparaissent néanmoins en manière de clarification tout au long du livre et sur la quatrième de couverture, et illustrent les diverses appartenances, ainsi que les activités d'Atkinson – notamment ce moment où, en 1971, elle est attaquée sur la scène d'une université catholique alors qu'elle prononce un discours, ajoutant une tension dramatique aux abstractions. *Amazon Odyssey* est également ponctué dans ses marges d'une demi-douzaine de dessins représentant des orbes, à la fois attachants et inquiétants, accrochés aux lignes d'horizon et dans différentes phases de leur activité, leitmotiv dessiné à l'encre, qui commente les textes plutôt qu'il ne les illustre.

L'analyse des illustrations abstraites contenues dans *Amazon Odyssey* fait également apparaître certains des discours esthétiques intégrés aux controverses féministes lancées par Atkinson. Au moment où le cœur de sa réflexion passe du commissariat d'exposition d'art contemporain à l'activisme féministe, l'art lui offre un ensemble de métaphores utiles. Dans le texte le plus ancien recueilli dans *Amazon Odyssey*, « Abortion » (« Avortement », 1967), Atkinson déplace les termes du débat et, de la reproduction, qui fait des femmes des récipients, les réoriente vers la création, par laquelle les femmes acquièrent une souveraineté sur leur corps. Elle soutient que « la femme est l'artiste », et que les femmes, comme les sculpteurs, jouissent du droit, moral et constitutionnel, établi par le 14e amendement, à disposer de leur vie, de leur liberté et de la propriété[20]. Elle prolonge la métaphore de l'art comme vie formulée dans « Metaphysical Cannibalism or Self-Creativity » (« Cannibalisme métaphysique ou auto-création »), une conférence donnée en 1970, en posant cette question : « Et si la vie de chacun était comme une œuvre d'art, créée par le dialogue avec son environnement, que ce dernier soit animé ou inanimé[21] ? » La véritable liberté, affirme-t-elle, s'acquiert lorsque vivre sa vie s'apparente à créer une œuvre d'art, sa motivation est interne et se justifiant elle-même, affranchie des définitions et les jugements extérieurs qui sont à l'origine du pouvoir asymétrique. *Amazon Odyssey* est l'entreprise qui réalisera cette vision, un objet d'art, chorégraphié et cohérent, par lequel Atkinson, en dialogue étroit avec Nessim, ambitionne de concrétiser ses idées et de matérialiser ses expériences au moyen d'un langage intersubjectif abstrait.

Le travail d'Atkinson et Nessim offre un modèle d'abstraction féministe conçue comme activité collective. L'intérêt porté à des éléments formels comme la sérialité et la répétition, la géométrie et la matérialité, dont témoigne la mise en page d'*Amazon Odyssey*, se rapporte à d'autres œuvres d'art abstraites, contemporaines de l'ouvrage, celles de Louise Fishman, de Harmony Hammond, Howardena Pindell et Jenny Snider, œuvres nées de la participation de ces artistes à des groupes new-yorkais de sensibilisation au féminisme. Au sein de l'histoire plus large de l'art, *Amazon Odyssey* se souvient de la culture spirite du groupe de femmes « The Five » cofondé en 1896 par Af Klint et anticipe le travail d'une jeune génération d'artistes femmes, celle de Mai Thu Perret par exemple, attirée par l'idéalisme du féminisme radical et sa cause perdue. Pour Atkinson, le pouvoir de communication de l'abstraction est en son cœur la manifestation de l'espoir en un lendemain meilleur. « L'oppression est, en tant que sujet, déprimant », admet Atkinson dans sa postface[22]. Mais il y eut l'association avec Nessim : « Ensemble, nous avons transformé un “recueil” en un livre, et mon travail avec elle m'a procuré une grande joie[23]. »

Traduit de l'anglais par Marie-Mathilde Bortolotti

Notes

1. Traduction française : *Odyssée d'une amazone*, trad. de l'anglais par M. Calisky revue par M. Causse, Paris, Éditions des Femmes, 1975.
2. Cette description ne s'applique qu'à la deuxième édition du livre, pour laquelle Atkinson avait voulu agrandir l'image abstraite de couverture, qui apparaissait trop petite à son goût dans la première édition.
3. Entretien de l'auteur avec Barbara Nessim, 10 juillet 2020. Merci à Nessim d'avoir repondu à mes nombreuses questions. Pour l'accès aux documents de Ti-Grace Atkinson, j'exprime ma reconnaissante envers Rachel Greenhaus de la Schlesinger Library au Radcliffe Institute de l'Université d'Harvard, et pour l'accès aux documents institutionnels de l'ICA, je remercie Eric Dillalogue du Kislak Center for Special Collections, Rare Books and Manuscripts de l'Université de Pennsylvanie.
4. Ti-Grace Atkinson, « Afterword », dans *id.*, *Amazon Odyssey. The First Collection of Writings by the Political Pioneer of the Women's Movement*, 2e édition, New York, Links Books, 1974, p. CCLIX.
5. *Ibid.*
6. Ti-Grace Atkinson, « Art and Logic », *Artforum*, vol. 46, nº 9, mai 2008, p. 111 et 404.
7. T.A.S. [Ti-Grace Atkinson Sharpless], « Vivian Springford », *ARTnews*, vol. 62, nº 3, avril 1963, p. 55.
8. T.A.S. [Ti-Grace Atkinson Sharpless], « John Stephan », *ARTnews*, vol. 61, nº 9, janvier 1963, p. 18.
9. Ti-Grace A. Sharpless, « Freedom... absolute and infinitely exhilarating », *ARTnews*, vol. 62, nº 7, novembre 1963, p. 36-39.
10. Andrea Dworkin, *Heartbreak. The Political Memoir of a Feminist Militant*, New York, Basic Books, 2002, p. 61-62.
11. Victoria Donohoe, « Penn's ICA Reverts to Rocking the Boat », *The Philadelphia Inquirer*, 16 juillet 1967.
12. « Art with the Feminine Touch », *Philadelphia Daily News*, 11 avril 1964.
13. Lettre de Ti-Grace Atkinson à Clement Greenberg, datée du 26 juillet 1964, Washington, D.C., Archives of American Art, Smithsonian Institution, Clement Greenberg Papers.
14. Jenni Sorkin, « The Feminist Nomad: The All-Women Group Show », dans *Wack! Art and the Feminist Revolution*, cat. d'expo., Los Angeles, Museum of Contemporary Art, 2007, p. 469. Voir aussi Breanne Fahs, « Ti-Grace Atkinson and the Legacy of Radical Feminism », *Feminist Studies*, vol. 37, nº 3, automne 2011, p. 561-590.
15. Betty Friedan, *La Femme mystifiée*, trad. de l'anglais par Y. Roudy, Paris, Gonthier, 1964.
16. Ti-Grace Atkinson, « Afterword », art. cité, p. CCXLIII.
17. *Ibid.*
18. Entretien de l'auteur avec Barbara Nessim, 10 juillet 2020. Pour une étude complète, voir *Barbara Nessim. An Artful Life*, New York, Abrams, 2013.
19. Ti-Grace Atkinson, « Afterword », art. cité, p. CCXLVI, note 7. Pour une étude détaillée de ces diagrammes, voir Sam McBean, « Feminist Diagrams », *Feminist Theory*, vol. 22, nº 2, 2021, p. 206-225.
20. Ti-Grace Atkinson, « Abortion », dans *id.*, *Amazon Odyssey*, *op. cit.*, p. 2.
21. *Id.*, « Metaphysical Cannibalism or Self-Creativity », dans *id.*, *Amazon Odyssey*, *op. cit.*, p. 80.
22. *Id.*, « Afterword », art. cité, p. CCXXX.
23. *Ibid.*

Daniel Belasco est historien de l'art et directeur général de la Al Held Foundation, New York.

Rachel Middleman

Jay DeFeo et Sonia Gechtoff dans le San Francisco des années 1950

Un dialogue

Évoquant le San Francisco des années 1950, l'artiste Jay DeFeo (1929-1989) dit de sa voisine, la peintre Sonia Gechtoff (1926-2018) : « Souvent, nos idées [...] se rejoignaient au point que parfois, quand j'allais la voir, j'avais sous les yeux le tableau qui était encore en germe dans mon esprit[1]. » Cette description de leur lien quasi télépathique est à la base de cet essai consacré aux expériences partagées et aux préoccupations esthétiques communes de ces deux artistes. Entre 1955 et 1958, les deux amies ont vécu en voisines dans le célèbre immeuble d'artistes de Fillmore Street, d'où l'immense tableau de DeFeo, *The Rose* (1958-1966), sera descendu du premier étage par une ouverture créée en démontant une fenêtre et une partie du mur extérieur. Les réflexions qui suivent, sur l'influence mutuelle entre DeFeo et Gechtoff, peuvent servir d'étude de cas pour tout un réseau de femmes artistes qui travaillaient à San Francisco dans les années 1950, comme Bernice Bing (1936-1998), Joan Brown (1938-1990), Madeleine Dimond (Martin) (1922-1991), Deborah Remington (1930-2010) et d'autres. Des artistes qui ont joué un rôle central mais ne sont pas toujours appréciées à leur juste valeur dans la communauté alternative des années 1950, communément appelée « Beat Generation ». Le terme « beat » qualifie souvent des écrivains comme Jack Kerouac ou Allen Ginsberg, mais les artistes plasticiens – parmi lesquels on comptait beaucoup de femmes – ont participé aussi à cet environnement social créatif et expérimental. Si DeFeo est la plus connue, d'autres commencent à trouver une place dans l'histoire de l'art ; ainsi, Gechtoff et Remington ont été incluses, à côté de DeFeo, dans l'exposition « Women of Abstract Expressionism », organisée en 2016 par le Denver Art Museum, dans le Colorado[2].

En élargissant ce domaine de recherche, je m'appuie sur le travail fondamental mené par Susan

Landauer – qui documente l'expressionnisme abstrait à San Francisco –, sur l'approche féministe de Joan Marter, qui revalorise la place des femmes artistes de l'École de New York, et sur la remise en question par Ann Gibson de la construction discriminatoire de l'expressionnisme abstrait en tant que catégorie, pour ne citer que quelques exemples importants de la littérature consacrée à ce sujet[3]. Je convoque également des autrices comme Rebecca Solnit et Anastasia Aukeman, qui ont étudié les groupes d'artistes interdisciplinaires de la contre-culture à San Francisco, et dont les travaux mettent en évidence l'influence de DeFeo. Elles citent par exemple Manuel Neri, qui s'est mis au plâtre après avoir vu les sculptures de DeFeo, Wallace Berman et sa fascination pour ses collages, et Bruce Conner, qui, dans ses assemblages, s'est inspiré pour ses suspensions des cadeaux de Noël emballés et accrochés par DeFeo au plafond de son appartement de Fillmore Street[4]. Il est intéressant d'observer l'influence qu'a pu exercer une artiste femme sur les pratiques d'artistes masculins, car l'histoire de l'art, reconduisant le sexisme historique dans son propre monde, a presque toujours raconté l'histoire inverse. Mon propos est donc d'explorer plus avant le caractère réciproque et interconnecté des œuvres issues de cette communauté d'artistes, et de mettre en lumière certaines femmes moins connues de cette scène culturelle.

Dans la période qui suit immédiatement la Seconde Guerre mondiale, San Francisco connaît un afflux d'étudiants en art grâce aux bourses pour l'éducation accordées aux anciens combattants. En 1945, le conseil d'administration de la California School of Fine Arts (CSFA, aujourd'hui San Francisco Art Institute) nomme à la direction de l'école le conservateur de musée Douglas MacAgy dans l'espoir de redonner vie à une institution défaillante. En quelques années, le nouveau directeur crée une école d'art progressiste, réputée pour son abstraction expérimentale. Il attire un grand nombre d'étudiants et convainc des artistes de renom de rejoindre le corps enseignant. Le peintre le plus célèbre et le plus influent est sans nul doute Clyfford Still (Mark Rothko et Ad Reinhardt y ont enseigné aussi mais seulement pendant de courtes périodes).

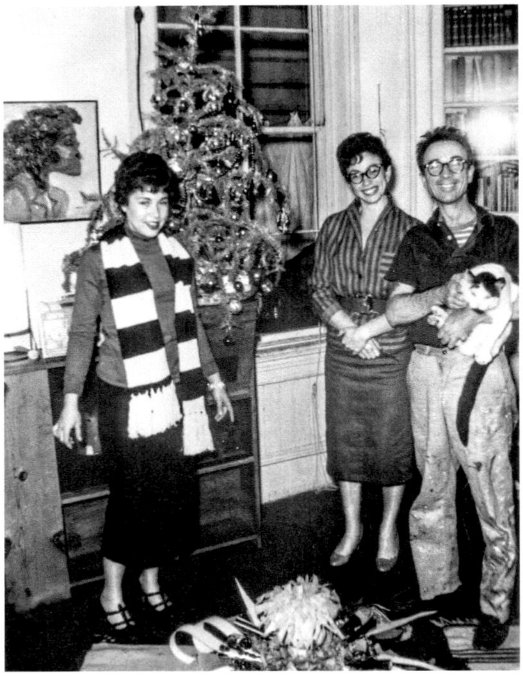

Jay DeFeo, Jim Kelly et Sonia Gechtoff (de g. à dr.) lors d'une soirée de réveillon dans l'appartement des Gechtoff à San Francisco, photographiés par Wally Hedrick, vers 1957, épreuve gélatino-argentique, JDF no. R0444, photo Wally Hedrick Trust, courtesy The Jay DeFeo Foundation

Parmi les autres enseignants présents durant le mandat de MacAgy (jusqu'en 1950), on peut citer Elmer Bischoff, Dorr Bothwell, Edward Corbett, David Park, Hassel Smith, Clay Spohn. Ce renouveau fait émerger plusieurs jeunes artistes accomplis, qui vont contribuer à donner forme à la nouvelle scène artistique de la ville.

Si les galeries d'art offrent peu d'ouvertures à San Francisco au milieu du siècle, les musées locaux apportent un certain soutien aux nouvelles tendances[5]. Grace McCann Morley, directrice du San Francisco Museum of Art de 1935 à 1958, exerce ainsi une grande influence sur le cours de l'art moderne dans la région, défendant l'avant-garde et faisant venir sur la côte Ouest, dès les années 1930, d'importantes expositions organisées par le MoMA à New York. Dans les années 1940, elle présente les premières expositions personnelles d'Arshile Gorky (1941), Clyfford Still (1943), Jackson Pollock (1945) et Robert Motherwell (1946)[6]. Elle réserve aussi des espaces du musée aux artistes contemporains locaux et leur donne une visibilité accrue en accueillant par ailleurs les expositions annuelles de la San Francisco Art Association.

Durant son séjour à San Francisco dans les années 1950, Sonia Gechtoff se consacre à l'art avec ferveur, stimulée par les activités qui se déroulent dans l'orbite du CSFA mais aussi par les conversations, expositions et fêtes qui se tiennent dans les ateliers, galeries, bars et cafés. Après avoir obtenu son diplôme de premier cycle à la Philadelphia Museum School of Art en 1950, elle s'installe à San Francisco à l'automne 1951 sur la recommandation d'une amie, qui lui décrit avec enthousiasme les peintures insolites (de Clyfford Still) qu'elle a vues récemment. Attirée par cette ville située loin de chez elle, moins chère et moins intimidante que New York, elle suit à la CSFA un cours de lithographie avec Budd Dixon et s'intègre dans le groupe soudé que forment les enseignants et les étudiants. Still a quitté la ville juste avant qu'elle n'arrive, mais l'un de ses étudiants, Ernest Briggs, lui parle longuement de ses idées. « Tout cela me paraissait tellement unique, étonnant et fantastique, se souvient Gechtoff, cette idée de peindre pour le plaisir de peindre. L'idée de chercher une image disparaissait; c'était comme ouvrir une immense porte. J'avais 24 ans et j'étais prête pour ça[7]... » Peu de temps après son arrivée à San Francisco, elle abandonne donc la figuration pour l'abstraction non objective et développe ce qui deviendra son style personnel.

Jay DeFeo, quant à elle, est originaire de la baie de San Francisco et a fait toutes ses études d'arts plastiques à la University of California à Berkeley. L'influence de son éducation se mêle aux échos de ce qui se passe chez les expressionnistes abstraits à San Francisco, de l'autre côté de la baie[8]. Après son master en 1951 et un diplôme d'enseignante, elle obtient une bourse pour voyager en Europe. Durant son séjour à Florence, particulièrement productif, elle crée plus de deux cents œuvres, dont de nombreuses peintures gestuelles et abstraites à la détrempe[9]. De retour à Berkeley en 1953, elle travaille à d'autres médiums en plus de la peinture, s'intéressant notamment à la sculpture en plâtre et fil de fer, et à la joaillerie. Elle rencontre aussi l'artiste Wally Hedrick, qu'elle épouse en 1954, et le couple s'installe la même année dans un petit appartement à San Francisco. Sa première exposition personnelle dans la ville se tient à The Place – bar et lieu de rencontre beat de North Beach –, où elle expose des tableaux exécutés durant son séjour à l'étranger.

En 1955, DeFeo et Hedrick emménagent dans l'immeuble de Fillmore Street, dans un appartement plus grand, et ils sont suivis peu après par Gechtoff et son mari, le peintre James Kelly, qu'elle a rencontré à la CSFA et qu'elle a épousé en 1953[10]. Gravitant dans les mêmes milieux artistiques de San Francisco, les couples se connaissent. D'après Aukeman, le poète Michael McClure – qui, lui, emménage à la même adresse avec sa femme Joanna McClure en 1956 – avait donné à l'immeuble le nom bien choisi de « Painterland[11] ». Y vivent également, au milieu de la décennie, les peintres James Weeks et Lynn Williams Weeks, Craig Kauffman, et James Newman, qui ouvre la galerie Dilexi en 1958 avec Robert Alexander. Lorsque Gechtoff et Kelly déménageront, leur appartement sera repris par Joan Brown et son premier mari, Bill Brown[12].

L'absence de galeries d'art et autres possibilités de vendre à San Francisco oblige les artistes à subvenir à leurs besoins en occupant d'autres emplois, et à trouver eux-mêmes des moyens d'exposer. Hedrick est, avec un groupe d'amis – Deborah Remington, John Allen Ryan, David Simpson et Hayward King, et leur professeur d'anglais, le poète Jack Spicer – l'un des membres fondateurs de la Six Gallery (1954-1957)[13]. La Six Gallery reprend alors l'espace laissé vacant par la King Ubu Gallery (1952), créée quelques années plus tôt par le poète Robert Duncan et les artistes Jess et Harry Jacobs (Jacobus) dans un garage aménagé de Fillmore Street, non loin de l'école d'art[14].

Les fondateurs de la Six Gallery annoncent leurs intentions : « Nous nous engageons à exposer non seulement les succès et les réalisations mûrement abouties, mais aussi les demi-réussites, les erreurs et les tâtonnements[15]. » Comme King Ubu avant elle, la galerie – qui reprend l'esprit spontané et irrévérencieux de Dada – organise des expositions d'art, des projections de films, des lectures de poésie et des spectacles de jazz[16]. En 1955, la première lecture de « Howl » par Allen Ginsberg a lieu lors d'une soirée de poésie. Parmi les autres légendes, citons la destruction d'un piano sur site et l'exposition par Manuel Neri de tableaux dont la peinture était encore fraîche le jour du vernissage[17]. L'artiste se souviendra plus tard que « personne ne vendait rien, ce qui nous laissait une liberté incroyable, car le monde de l'art n'avait pas de visée commerciale. En 1956 et 1957, quand j'ai commencé à y passer beaucoup de temps, il n'y avait pas vraiment d'autres galeries. Et il n'était pas nécessaire de vendre pour que la vie soit passionnante[18]. » En 1955, toutefois, la mère de Gechtoff, Etya [Ethel] Gechtoff, qui avait dirigé des galeries à Philadelphie et soutenu la carrière de son mari peintre paysagiste, ouvre la East & West Gallery, en face de la Six. C'est un nouveau lieu d'exposition pour les artistes, et l'amorce d'un petit quartier de galeries.

Les vies personnelles et professionnelles de DeFeo et Gechtoff se sont entrelacées au travers de ces espaces et de ces relations sociales, et surtout, de leur proximité en tant que voisines. « Nous avions, se souvient DeFeo, cette sorte de retour constant de l'une à l'autre, étant pour ainsi dire chacune d'un côté du même mur. C'est une drôle de chose qui se produisait entre nous, psychologiquement. Pas seulement avec la peinture. Par exemple, nous partions en ville faire des courses, chacune de notre côté, et nous pouvions rentrer avec la même paire de chaussures[19]. » Ce genre de lien télépathique amusant est symptomatique d'une étroite complicité féminine faite d'expériences partagées.

Durant cette période, les deux artistes passent d'un style de peinture abstraite – qui maintient néanmoins un équilibre entre la figure et le fond –, à des compositions en *allover*, puis à un format avec image centrale[20]. L'emménagement dans un appartement plus spacieux a des répercussions sur les dimensions des œuvres de DeFeo, qui commence la série *Mountain* en 1955, en partie inspirée par les récits des premières ascensions du mont Everest et du K2, qui fascinent son entourage[21]. Avec une palette principalement noire, blanche et grise, elle crée d'épais paysages aux lignes sinueuses, presque irréels. De son côté, Gechtoff opère une transition vers une série d'abstractions gestuelles, qui évoquent des paysages dominés par des tons bruns et verts terreux, ponctués de quelques accents lumineux, comme dans *Look to the Mountains* (1956).

Origin de DeFeo et *Mystery of the Hunt* de Gechtoff, deux toiles de 1956, s'inspirent de la nature en suggérant le mouvement des herbes ou la force de la crête d'une vague. Certains de leurs dessins de cette époque présentent d'ailleurs ce même mouvement organique[22]. Landauer note que les artistes ont toutes deux commencé alors à utiliser des couteaux à palette pour appliquer la pâte en couches épaisses, combinant plusieurs couleurs sur le couteau pour les appliquer ensuite en un seul mouvement sur la toile. « En 1956, écrit-elle, DeFeo se lance dans la première d'une série d'abstractions de grandes dimensions, animées et grouillantes, faites de rafales de touches et de traits au pinceau ou au couteau, toujours chargé de plusieurs couleurs. La technique se rapproche de celle de Gechtoff, mais les surfaces de certaines toiles deviennent des incrustations faites de superpositions denses, où le relief des crêtes et des vallées est accentué au point de projeter des ombres[23]. » À propos d'*Origin*, la restauratrice Carol Mancusi-Ungaro, qui a travaillé sur cette toile, écrit : « La polyvalence qu'offrent les diverses brosses et le couteau à palette, associée à l'incorporation de particules dans le médium, permet la création simultanée de plages de pâte visqueuse et de touches dont la topographie est résolument bosselée[24]. » Les toiles des deux artistes présentent des différences d'épaisseur et de mode d'application. Dans celles de DeFeo, les touches de couleur sont plus subtiles, et l'artiste manifeste un intérêt pour la texture, étroitement lié, selon elle, à un « choix limité de couleurs discrètes[25] ». Rétrospectivement, elle considère *Origin*, *The Veronica* et *The Rose* comme un triptyque ; ces œuvres, explique-t-elle, « s'inspirent toutes, d'une façon ou d'une autre, de formes végétales » et elles « représentent trois étapes de la vie »[26].

Contrairement à l'utilisation parcimonieuse qu'en fait DeFeo, la couleur joue généralement un rôle important dans les compositions de Gechtoff, y compris, parfois, dans des combinaisons discordantes. « En 1956-1957, écrit l'artiste à ce propos, j'ai créé une série de très grandes peintures, dont celle-ci [*Painting IV*], exécutée à l'aide de petites touches au couteau sur toute la surface et destinée à évquer des

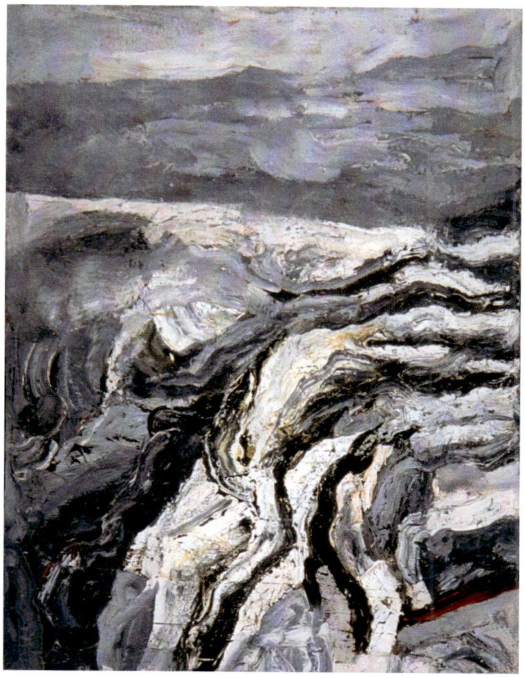

Jay DeFeo, *Mountain No. 2*, 1955, huile sur toile, 116,8 x 91,4, JDF no. E1286, Fine Arts Museums of San Francisco (FAMSF) – de Young Museum and Achenbach Foundation for the Graphic Arts, © 2022 The Jay DeFeo Trust/Adagp, Paris, photo The Jay DeFeo Foundation

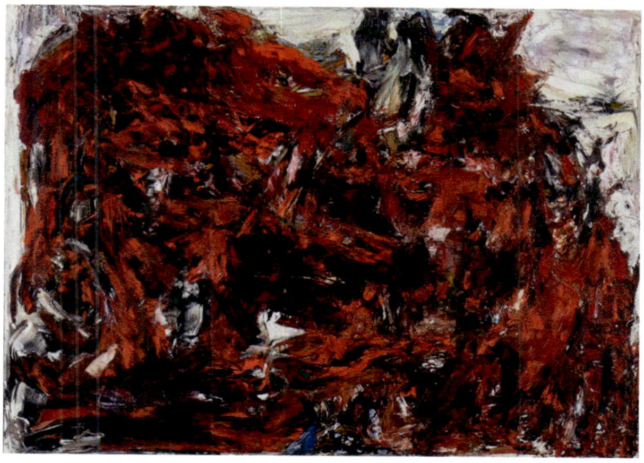

Sonia Gechtoff, *Look to the Mountains*, 1956, huile sur toile, 172,72 x 246,38, The Fine Arts Collection, Jan Shrem and Maria Manetti Shrem Museum of Art, University of California, Davis, gift of the artist, © Sonia Gechtoff Estate. Courtesy David Richard Gallery, photo Cleber Bonato, courtesy of The Fine Arts Collection, Jan Shrem and Maria Manetti Shrem Museum of Art, University of California, Davis

images de paysage[27]. » Ces toiles, comme celles de DeFeo, enveloppent le spectateur dans des champs de motifs et de textures. *Mystery of the Hunt* doit son nom, dit Gechtoff, à un poème de Michael McClure « censé évoquer le paysage dans une vision panoramique [...]. Soucieuse aussi de lui donner un caractère mystique, j'ai utilisé des taches de couleurs vives derrière la couleur monochrome[28]. » Elle décrit ainsi un « ton argenté monochrome » produit par la lumière de San Francisco, l'un des éléments naturels qui ont influencé son travail et celui d'autres artistes[29].

Ces références aux éléments naturels sont révélatrices d'un intérêt général, dans ce cercle d'artistes, pour les connotations spirituelles et l'expérience directe de la nature. Plus largement, l'environnement de l'ouest des États-Unis, avec ses paysages dégagés et accessibles et la douceur de son climat, pourrait être l'un des facteurs expliquant la différence entre le courant expressionniste abstrait de San Francisco et celui de New York[30]. Les collines escarpées de la Californie offrent des vues panoramiques sur la baie et sur les montagnes. De même, la matérialité et le mystère de la nature sont au cœur de la poésie à l'époque. Évoquant la période de la Six Gallery, McClure écrit : « La poésie était alors, comme aujourd'hui, irrémédiablement et subjectivement en quête de liberté, de nature, de réalité physique et de ce que j'appelle la construction de l'âme[31]. »

Ninfa Valvo, conservatrice de la peinture et de la sculpture au M.H. de Young Memorial Museum, propose à Gechtoff une importante exposition personnelle en janvier 1957, cela contre l'avis de son directeur qui, en voyant l'exposition, demande que l'on décroche ces « trucs minables[32] ». La presse de San Francisco est toutefois plus positive[33]. Dans l'exposition, Gechtoff prend position en convoquant une citation du poème de McClure[34].

Walter Hopps, grand défenseur de l'art contemporain en Californie, accueille l'exposition Gechtoff à Los Angeles pour en faire la première exposition personnelle à la nouvelle Ferus Gallery. Il soutiendra d'ailleurs DeFeo et Gechtoff en organisant pour elles des expositions personnelles et de nombreuses expositions collectives en Californie du Sud. En particulier, toutes deux sont sélectionnées (avec Deborah Remington et Madeleine Dimond) pour l'exposition « Action I (Merry-Go-Round) », qui, en 1955, réunit des artistes du nord et du sud de la

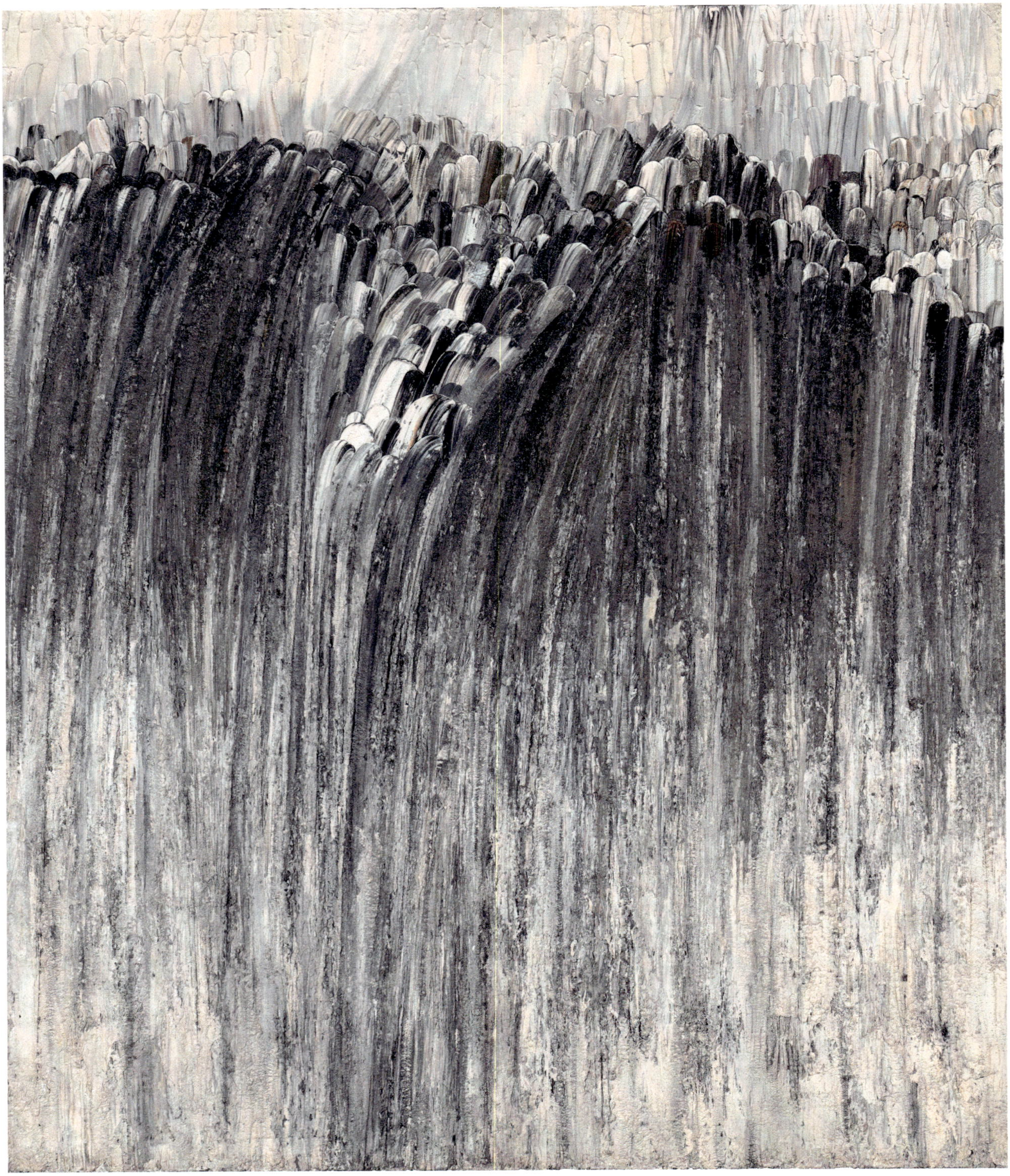

Jay DeFeo, *Origin*, 1956, huile sur toile, 23,7 x 202,6, JDF no. E2743, University of California Berkeley Art Museum and Pacific Film Archive, © 2022 The Jay DeFeo Trust/Adagp, Paris, photo Sibila Savage, The Jay DeFeo Foundation

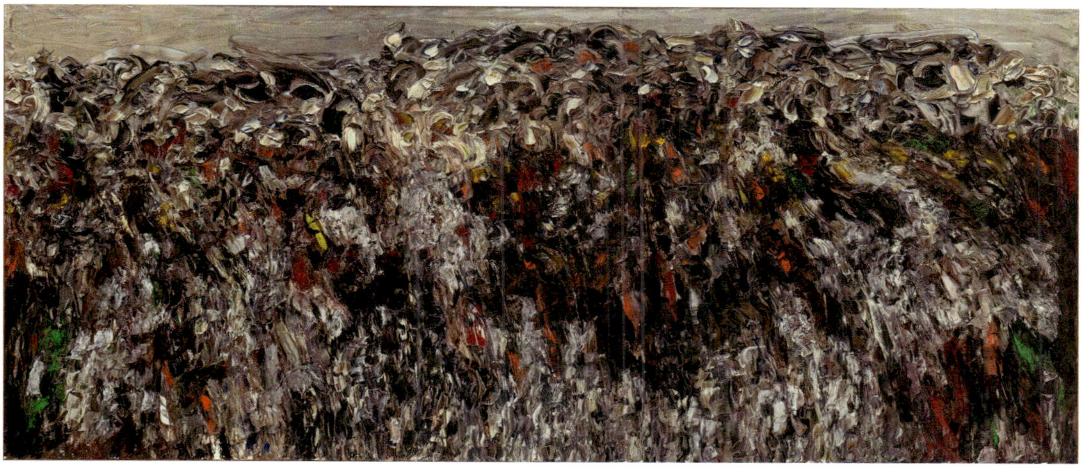

Sonia Gechtoff, *Mystery of the Hunt*, 1956, huile sur toile, 114,94 x 269,24, San Francisco Museum of Modern Art, gift of Irving Blum. © Sonia Gechtoff Estate. Courtesy David Richard Gallery, photo Katherine Du Tiel

Californie pour ce qui restera dans les mémoires comme la première grande exposition publique de l'expressionnisme abstrait sur la côte Ouest[35]. L'exposition inaugurale de la Ferus Gallery présente de nouvelles œuvres abstraites en provenance des deux villes, notamment de DeFeo et de Gechtoff, mais aussi de peintres plus confirmés comme Hassel Smith et Clyfford Still[36]. Les deux femmes sont souvent associées (pour le meilleur et pour le pire) en raison de leur esthétique commune, mais aussi parce que ce sont souvent les deux seules femmes à prendre part à des expositions collectives.

En 1958, les toiles de Gechtoff ont tendance à se concentrer autour d'une image centrale portant une signification symbolique, plutôt que sur une composition *allover* ou évoquant un paysage. *The Map* (1958), par exemple, repose sur une forme cruciforme blanche et noire, motif que l'on retrouve souvent aussi chez DeFeo parmi d'autres images religieuses et mystiques. Vers le centre, alors que la peinture noire devient plus dense et plus sombre, une explosion semble se produire depuis l'intérieur, qui se tord et se transforme en un nœud de couleurs vives. Cette même année, l'artiste commence son œuvre la plus connue, *The Rose*. Bien que très différentes dans leur qualité hautement sculpturale et leur conception en étoile, les deux œuvres se caractérisent par une symétrie inhabituelle et une énergie rayonnante. Le vocabulaire visuel de ces toiles de grandes dimensions présente des similitudes chez les deux artistes, mais le mode d'application de la pâte est différent : il est plus gestuel dans *The Map* de Gechtoff, plus sculptural dans *The Rose* de DeFeo.

Ces affinités finissent néanmoins par prendre un caractère difficilement soutenable pour les deux artistes, car elles font « disparaître la joie de la découverte », explique DeFeo[37], qui prend également à cœur les critiques de Gechtoff, et à qui il arrive de détruire des œuvres[38]. De plus, leurs différences – dans leur personnalité comme dans leurs attitudes – ont pu créer des tensions dans leur relation. Gechtoff avait été initiée aux subtilités des milieux artistiques professionnels de la côte Est, tandis que DeFeo avait un côté plus subversif vis-à-vis des règles institutionnelles et de la bienséance. Enfin, Gechtoff peignait rapidement, terminant parfois un tableau en une journée, ce qui n'était pas le cas de DeFeo, si l'on en juge par les huit années qu'elle a passées sur *The Rose*. « À l'époque, a-t-elle déclaré, être expressionniste abstrait voulait dire que si on ne faisait pas deux ou trois choses par jour, on en faisait au moins une… J'espère que mon approche spontanée de la matière n'a pas changé, mais visiblement, j'ai adopté un mode de travail de plus en

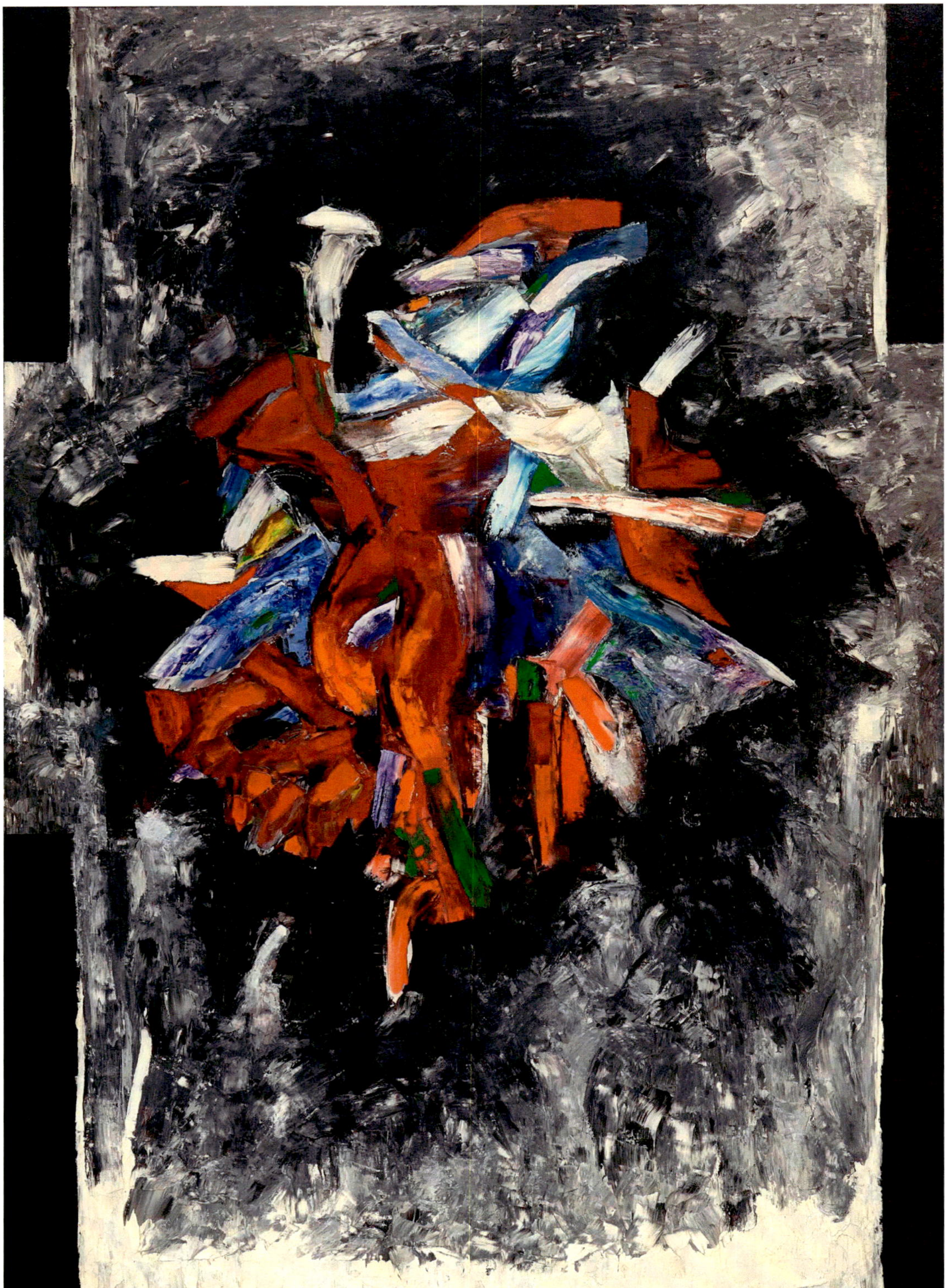

Sonia Gechtoff, *The Map*, 1958, huile sur toile, 246,38 x 180,34, © Sonia Gechtoff Estate. Courtesy David Richard Gallery, photo Yao Zu Lu

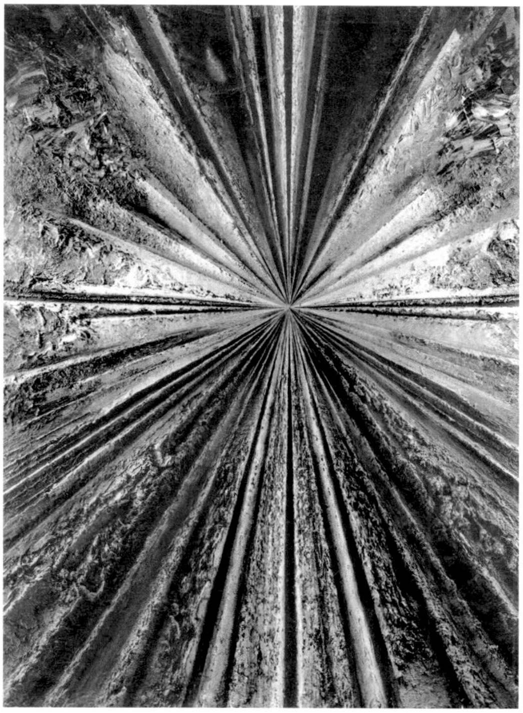

Jay DeFeo, première version de *The Rose* (intitulé alors *Deathrose*), 1958-1959, tirage gélatino-argentique, 22,9 x 16,8, JDF no. P1773B, © 2022 The Jay DeFeo Trust/Adagp, Paris, photo © 2022 The Jay DeFeo Foundation

plus lent, et ces choses ne se font pas en un jour[39]. »

En 1958, Gechtoff quitte San Francisco pour New York, accompagnée de Kelly. Ayant rejoint la galerie Poindexter, elle profite de la dynamique des expositions collectives nationales et internationales. Morley sélectionne Gechtoff pour plusieurs expositions, notamment pour le pavillon Américain de l'Exposition universelle de Bruxelles en 1958, ce qui lui vaudra une couverture médiatique nationale[40]. (Morley acquiert également quelques-unes de ses œuvres pour la collection du musée, avec des fonds que l'institution lui avait accordés pour acheter un bureau.) À New York, Gechtoff continue, dans un premier temps, à utiliser cette gestuelle audacieuse qui jaillit du centre de la toile en un éventail de couleurs vives. Elle explore aussi des formes circulaires et autres compositions géométriques dans des gravures, des dessins et des peintures, et obtient des formes visuellement plus contrôlées de son expressionnisme exubérant par une combinaison d'acrylique et de graphite.

En 1959, Dorothy Miller, conservatrice au MoMA, visite l'exposition personnelle de DeFeo à la galerie Dilexi, à San Francisco, et, après avoir rencontré l'artiste dans son atelier, elle l'invite, ainsi qu'Hedrick, à participer à l'exposition « Sixteen Americans » (1959-1960), qui présente les tendances de l'avant-garde des années 1960. Y figurent *Origin*, *The Veronica* et trois grands dessins. (L'artiste ne présente pas *The Rose*, car elle veut encore y travailler.) Cette exposition aurait pu marquer le début d'une carrière, mais DeFeo va prendre une autre orientation. Certes, elle attire l'attention de la presse et elle continuera d'exposer dans les galeries de la côte Ouest, mais, après avoir mis la touche finale à *The Rose* en 1966, elle cesse de travailler pendant quatre ans. Dans les années 1970, elle reviendra à la peinture, aux collages, aux dessins et aux photographies. Dans les dix années qui précèdent sa mort, elle crée ainsi plusieurs tableaux de grandes dimensions à l'huile associée à d'autres médiums, dans des compositions dynamiques où les éléments organiques et géométriques sont animés par ses surfaces tactiles caractéristiques.

Dans les œuvres tardives de DeFeo et de Gechtoff, les touches expressives des deux femmes, leurs formes géométriques, mais aussi leurs palettes personnelles, apparaissent comme des traces de l'esthétique que chacune a élaborée dans les années 1950, et, de fait, de l'importance de la convergence brève mais intense qui les a unies. La déclaration de DeFeo dans le catalogue de *Sixteen Americans* pourrait résumer cette approche commune : « Je me considère autant expressionniste que symboliste. Si l'expression implique de créer un impact émotionnel, je ne peux l'obtenir que par la retenue et le raffinement ultime[41]. »

L'étude des réseaux d'amitié entre DeFeo et Gechtoff dans le San Francisco des années 1950 nous permet de comprendre comment le dialogue entre ces deux femmes artistes a alimenté une période productive durant laquelle chacune a affiné sa réponse créative singulière aux défis que la peinture devait relever à l'époque.

Traduit de l'anglais par Jean-François Allain

Notes

1. Jay DeFeo, entretien d'histoire orale avec Paul Karlstrom, 18 juillet 1975, enregistrement audio, entretien d'histoire orale avec Jay DeFeo, 3 juin 1975-23 janvier 1976, Washington D.C., Archives of American Art, Smithsonian Institution. Le présent entretien a eu lieu le 3 juin 1975, le 18 juillet 1975 et le 23 janvier 1976. Pour la clarté du propos, l'auteur rapporte l'entretien au style indirect.
2. Sur Jay DeFeo, voir par exemple, Dana Miller, *Jay DeFeo. A Retrospective*, New York, Whitney Museum of American Art, 2012; et, récemment, « Jay DeFeo : A Symposium at The Courtauld », 28 mai 2021, qui présentait le fruit de nouvelles recherches : <https://courtauld.ac.uk/whats-on/jay-defeo-a-symposium/>.
3. Susan Landauer, *The San Francisco School of Abstract Expressionism*, Oakland, University of California Press, 1996; Joan Marter (dir.), *Women of Abstract Expressionism*, New Haven, Yale University Press, 2016; Anne Eden Gibson, *Abstract Expressionism. Other Politics*, New Haven, Yale University Press, 1997.
4. Rebecca Solnit, *Secret Exhibition. Six California Artist of the Cold War Era*, San Francisco, City Lights, 1990, p. 51, 62; *id.*, « Heretical Constellations : Notes on California, 1946-61 », dans Lisa Phillips (dir.), *Beat Culture and the New America, 1950-1965*, New York, Whitney Museum of American Art, 1995, p. 82; Anastasia Aukeman, *Welcome to Painterland. Bruce Conner and the Rat Bastard Protective Association*, Oakland, University of California Press, 2016, p. 184.
5. Voir S. Landauer, « Advantages of Obscurity : Women Abstract Expressionists in San Francisco », dans J. Marter (dir.), *Women of Abstract Expressionism*, *op. cit.*, p. 42-57.
6. Kara Kirk, « Grace McCann Morley and the Modern Museum », février 2017, San Francisco Museum of Modern Art, <https://www.sfmoma.org/essay/grace-mccann-morley-and-modern-museum/>, publié pour la première fois dans *San Francisco Museum of Modern Art. 75 Years of Looking Forward*, San Francisco, San Francisco Museum of Modern Art, 2009, p. 71-77.
7. « Interview with Sonia Gechtoff by Marshall N. Price, 2006 », *Sonia Gechtoff. The Ferus Years*, catalogue numérique, New York, Galerie Nyehaus, 2011, <https://issuu.com/kylelamar/docs/sonia_booklet_issuu>.
8. Jay DeFeo, entretien d'histoire orale avec Paul Karlstrom, 18 juillet 1975, cité *supra*.
9. D. Miller, « Jay DeFeo : A Slow Curve », dans *Jay DeFeo. A Retrospective*, *op. cit.*, p. 17.
10. Jay DeFeo, entretien d'histoire orale avec Paul Karlstrom, 18 juillet 1975, cité *supra*.
11. A. Aukeman, *Welcome to Painterland*, *op. cit.*, p. 4.
12. Pour une description détaillée de l'immeuble de Fillmore Street et de son rôle comme foyer de la communauté artistique jusqu'au milieu des années 1960, voir A. Aukeman, *Welcome to Painterland*, *op. cit.*
13. Beaucoup de ces jeunes artistes avaient quitté Pasadena pour monter à San Francisco et poursuivre des études à la CSFA.
14. *An Art of Wondering. The King Ubu Gallery, 1952-1953*, cat. d'expo., Davis, Natsoulas Novelozo Gallery, 1989.
15. *Lyrical Vision. The 6 Gallery, 1954-1957*, Davis, Natsoulas/Novelozo Gallery Press, 1989, p. 13.
16. Bruce Nixon, « The Six Gallery », *The Beat Generation. Galleries and Beyond*, Davis, John Natsoulas Press, 1996, p. 89.
17. *Ibid.*, p. 88-89.
18. Manuel Neri cité *ibid.*, p. 91.
19. Jay DeFeo, entretien d'histoire orale avec Paul Karlstrom, 18 juillet 1975, cité *supra*.
20. Bill Berkson note que DeFeo et Hedrick « partageaient un même goût pour les formats de mandala et autres motifs centrés comme les triangles, les arbres priapiques, les orbes et les croix » (B. Berkson, « Without The Rose : DeFeo in Sixteen Americans », *Jay DeFeo and the Rose*, Berkeley, University of California Press, 2003, p. 45).
21. D. Miller, « Jay DeFeo : A Slow Curve », art. cité, p. 21.
22. Voir à titre de comparaison, Sonia Gechtoff, *Untitled*, 1956, dessin sur papier, 67,9 x 50,8 cm, San Jose Museum of Art, et Jay DeFeo, *Untitled*, vers 1957, graphite, fusain, encre, crayon gras, huile et tempera sur papier, 168,9 x 104 cm. Wally Hedrick se souvient que « Jay regardait vraiment les dessins de Léonard de Vinci sur l'écoulement de l'eau/les tourbillons et les études de plantes » (cité dans Marla Prather, « Avant-propos », dans *Jay DeFeo and the Rose*, *op. cit.*, p. XIV).
23. S. Landauer, « Advantages of Obscurity », art. cité, p. 55.
24. Carol Mancusi-Ungaro, « When Material Becomes Art », dans *Jay DeFeo. A Retrospective*, *op. cit.*, p. 81.
25. *Ibid.*
26. Jay DeFeo, entretien d'histoire orale avec Paul Karlstrom, 18 juillet 1975, cité *supra*, et DeFeo, « Chronological History of Major Blocks of Work », cité dans D. Miller, « Jay DeFeo : A Slow Curve », art. cité, p. 30. DeFeo dit ailleurs que la trilogie commençait avec *The Eyes* (1958, « Rough notes of conversation with Jay DeFeo, San Francisco, April 6, 1969 », lettre de Douglas Davis à Jay DeFeo, 2 juin 1969, Berkeley, University of California, The Bancroft Library, Jay DeFeo Papers, BANC MSS 98/56 c).
27. S. Gechtoff, Permanent Collection Questionnaire, vers 1986, San Francisco Museum of Modern Art Archives.
28. *Ibid.*
29. S. Gechtoff, ART CART Oral History, Research Center for Arts and Culture, publié le 29 janvier 2014, Columbia University Libraries, <https://academiccommons.columbia.edu/doi/10.7916/D8XK8CHK>.
30. Mary Fuller, « Was there a San Francisco School? », *Artforum*, vol. 9, n° 5, janvier 1971, p. 46-55.
31. Michael McClure, « Poetry of the 6 », dans *The Beat Generation*, *op. cit.*, p. 74.
32. Berit Potter, « Grace McCann Morley : Defending and Diversifying Modern Art », juin 2017, San Francisco Museum of Modern Art, <https://www.sfmoma.org/essay/grace-mccann-morley-defending-and-diversifying-modern-art/>.
33. Alfred Frankenstein, « Sonia

Gechtoff Exhibit Blazes with Vision », *San Francisco Chronicle*, 23 janvier 1957, p. 19.
34. Alexander Fried, « Smell the Paint? Sonia Gechtoff Puts Furious Energy Into Her Oils », *San Francisco Chronicle* (1957), coupure de presse, Washington D.C., Archives of American Art, Smithsonian Institution, Sonia Gechtoff Papers, 1952-1980.
35. « From interview with Walter Hopps, September, 1996 », dans *The Beat Generation*, *op. cit.*, p. 100.
36. « Objects on the New Landscape Demanding of the Eye », Galerie Ferus, 1957.
37. Jay DeFeo, entretien d'histoire orale avec Paul Karlstrom, 18 juillet 1975, cité *supra*.
38. *Ibid.*
39. *Ibid.*
40. « Interview with Sonia Gechtoff by Marshall N. Price, 2006 », art. cité, p. 10; « Americans at Brussels : Soft Sell, Range & Controversy », *Time Magazine* (1958), coupure de presse, Sonia Gechtoff papers, cité *supra*.
41. Jay DeFeo dans Dorothy C. Miller, *Sixteen Americans*, cat. d'expo., New York, Museum of Modern Art, 1959, p. 8.

Rachel Middleman est professeur associé en histoire de l'art à la California State University, Chico, et l'autrice de *Radical Eroticism. Women, Art, and Sex in the 1960s* (University of California Press, 2018).

Harmony Hammond, *Flap*, 2008-2011, huile et technique mixte sur toile, 250,95 x 201,42, Harmony Hammond Core Collection. © Adagp, Paris 2022, photo John Vokoun

Harmony Hammond et Elvan Zabunyan

Conversation

Elvan Zabunyan : J'aimerais d'abord revenir sur votre parcours artistique et, à l'occasion de la présentation des *Floorpieces*[1] dans l'exposition « Elles font l'abstraction », vous demander de présenter les étapes du chemin parcouru depuis les années 1970, en particulier la façon dont cette installation a déterminé votre apport à l'histoire de l'abstraction des cinq dernières décennies.

Harmony Hammond : Au début des années 1970, comme de nombreuses artistes féministes aux États-Unis, j'ai abandonné le territoire de la peinture, dominé par les hommes, et j'ai sciemment commencé à utiliser des matériaux, des techniques et des stratégies formelles adoptées dans les arts traditionnels des femmes et les créations des cultures non occidentales, précisément en raison de la marginalisation dont leurs histoires et leurs organisations ont fait l'objet. Cette pratique était sous-tendue par la conviction que les matériaux et la façon dont ils sont manipulés donnent un sens aux œuvres d'art. Nous avons voulu apporter un contenu genré aux préoccupations post-minimalistes portant sur les matériaux et le processus. En 1973, j'ai créé cette série de cinq peintures au sol, dont trois étaient incluses dans l'exposition « Elles font l'abstraction ». Avec ma fille, nous allions à l'époque dans le quartier de la confection, au sud de Manhattan, pour récupérer des chutes de rouleaux de tissu tricoté, des déchets industriels jetés dans des bennes à ordures ou laissés sur le trottoir dans de grands sacs en plastique. Ces bandes de tricots ont été nattées selon les techniques traditionnelles des tapis tressés, mais à une échelle légèrement plus grande et plus épaisse, puis enroulées et cousues à un lourd support en tissu et partiellement peintes à l'acrylique – le tapis tressé devenant physiquement et conceptuellement « le support de la peinture ». Faisant référence aux tapis tressés, sans en avoir néanmoins la fonction, les *Floorpieces* ouvrent un espace de négociation entre la peinture décrochée du mur [*off the wall*] et la sculpture presque plate. Placées en groupe directement au sol, sans rien aux murs, elles remettent en question les présupposés sur la « place de la peinture ».

E. Z. : S'il me paraissait important de commencer par les *Floorpieces*, il me semble aussi nécessaire, afin de bien saisir votre production actuelle, de faire une halte à une époque intermédiaire, celle de vos *Wrapped Sculptures*.

H. H. : Ces sculptures enveloppées, qui datent de la fin des années 1970 et du début des années 1980, ont été influencées par Eva Hesse. Son travail a exercé une profonde influence sur de nombreuses artistes féministes, dont moi-même, qui d'ailleurs perdure encore amplement aujourd'hui. Du tissu recyclé a été ici enroulé autour d'une armature de bois en guise de squelette, faisant de la matière

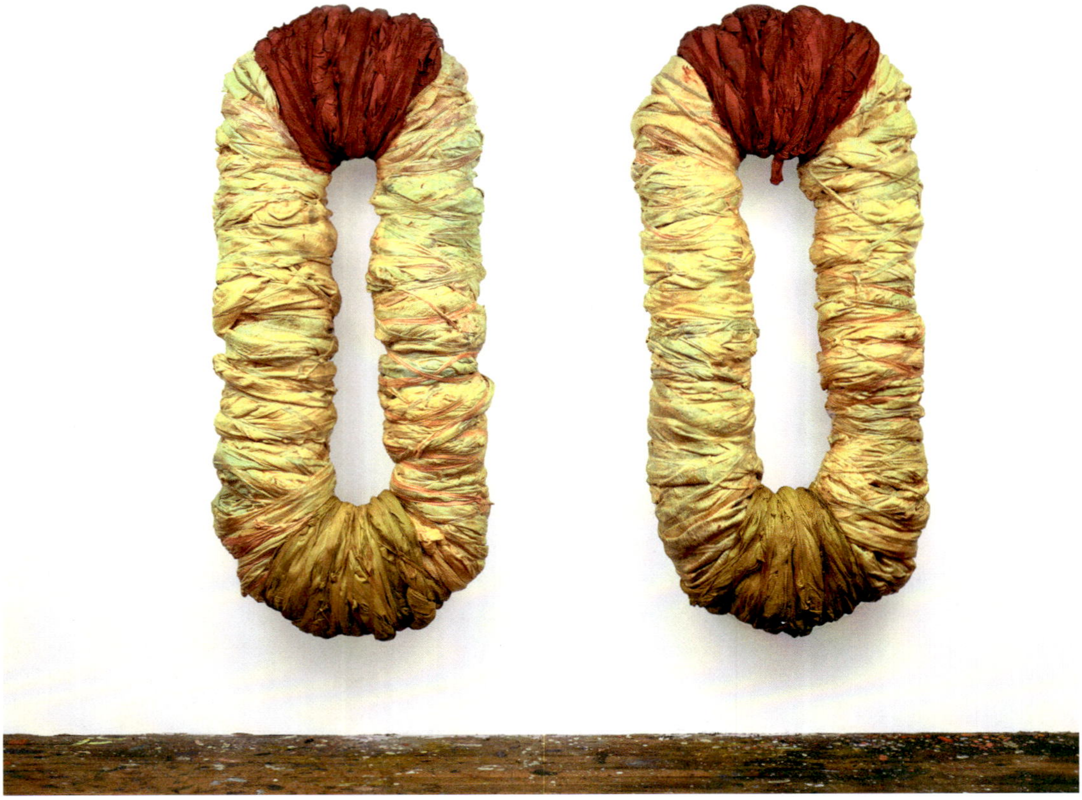

Harmony Hammond, *Radiant Affection*, 1983-1984, technique mixte, 233,68 x 269,24, New York, Metropolitan Museum of Art, gift of Judith Daner, 1986 (1986.270a,b), © Adagp, Paris 2022, photo D. James Dee

enroulée un muscle ou un tissu organique, la surface se trouvant littéralement recouverte d'une peau de peinture acrylique ou latex. Les formes qui en ont résulté ne sont donc pas rembourrées. Pas question non plus d'attacher ni de bander, mais de construire quelque chose à partir de la chose elle-même, de l'intérieur vers l'extérieur – une métaphore pour ce credo du premier mouvement de libération des femmes : « Le personnel est politique. » Passer du personnel au monde, occuper l'espace. Le processus d'enveloppement, tridimensionnel et en spirale, est additif, je dirais même qu'il a trait à la peinture, dans la mesure où c'est le processus d'enveloppement qui active la surface.

Le titre de l'œuvre *Radiant Affection* (« Affection rayonnante », 1983-1984) est tiré du livre d'Annie Besant, *Thought Forms* (1901, *Les Formes* pensées, 1905) mais, au moment où j'ai réalisé ces sculptures, je pensais à l'ouvrage très important de Monique Wittig, *Le Corps lesbien* (1973), où l'autrice décrit l'intérieur brut et passionné du corps sexué. Les couleurs des tissus transparaissent à travers le gesso, et les couches successives de latex, semblables à une peau, suggèrent l'intérieur du corps physique. Les formes elles-mêmes sont des substituts du corps ou de parties du corps. *Radiant Affection* fait à cet égard penser à la fois aux ouvertures du corps féminin et à des yeux. Je m'intéresse beaucoup à tous les orifices du corps en tant que lieux de passage.

E. Z. : À partir de ces œuvres qui joignent physiquement la sculpture dans sa réalisation et le corps, la spatialité est très forte. L'échelle humaine détermine les formats, l'interaction entre intérieur et extérieur est très puissante, la sculpture raconte, comme vous venez de le rappeler, toute une histoire du corps dans sa multiplicité. Comment la matérialité de la peinture permet-elle de se raccorder à ces formes narratives, à la fois corporelles et sculpturales ?

H. H. : Finalement, je suis retournée à la peinture, mais à mes propres conditions, avec un contenu genré. J'ai réalisé une série de petits tableaux tissés, qui semblent être physiquement tissés à partir de la peinture. Ils mobilisent certaines des stratégies visuelles que j'utilise encore aujourd'hui. De loin, les peintures semblent monochromes, mais de près, elles révèlent des sous-couches de couleurs différentes.

Depuis une dizaine d'années, je réalise de grands tableaux chargés en matière, quasi monochromes, sur toile tendue. Ceux-ci participent au récit de l'abstraction moderniste, tout en interrompant et en subvertissant la fiction de pureté et d'universalité du modernisme, et cela principalement par le biais de ce que j'appelle l'engagement matériel, ou l'agencement des matériaux, et la façon dont ceux-ci sont physiquement manipulés pour apporter un contenu social et politique à l'abstraction formelle. Ces peintures sont donc également issues des préoccupations post-minimalistes et féministes portant sur les matériaux et les processus, dont j'ai parlé, plutôt que de la réduction moderniste. Elles appellent intentionnellement un contenu. Mon travail n'est pas pur, isolé, autoritaire, universel, autoréférentiel, autosuffisant ou retiré de la fonction sociale. J'invoque des références et des associations. J'accueille dans le champ de la peinture le monde extérieur situé sur ses bords. Les tableaux, qui contiennent des morceaux de toile effilochés et des pièces de toile de jute brute, des sangles, des lacets et des œillets, ainsi que des couches de peinture épaisse, ont recours à des stratégies formelles et à des métaphores matérielles suggérant la connexion, la retenue, l'action et la voix – ce que certains appellent l'abstraction sociale.

Nombre de ces peintures sont réalisées sur des toiles de coton à œillets. Les œillets métalliques évoquent les bâches, les tentes, les toiles de protection – ils sont fonctionnels, ils ont un rôle à jouer. Ils protègent les trous et les empêchent de se déchirer. Ils ont également un lien avec la peinture. À la fin des années 1960, de nombreux artistes utilisaient des œillets pour accrocher de manière informelle des peintures sur des toiles non tendues. Pour moi, la toile à œillets suscite d'autres associations. Beaucoup de mes peintures quasi monochromes sont réalisées sur des toiles récupérées, employées à l'origine pour recouvrir les tatamis tissés utilisés pour l'aïkido, un art martial japonais que j'ai étudié et pratiqué pendant trente-six ans. De longues bandes de toile de 1,80 à 2,5 mètres de large sont cousues ensemble pour former une couverture rectangulaire pour les tatamis qui, à leur tour, recouvrent le sol. Lorsque ces couvertures s'usent, il faut les remplacer. On m'a donné des vieilles couvertures en toile, marquées par le contact répété des corps, dont le mien, et je les ai tendues sur châssis à la place de la

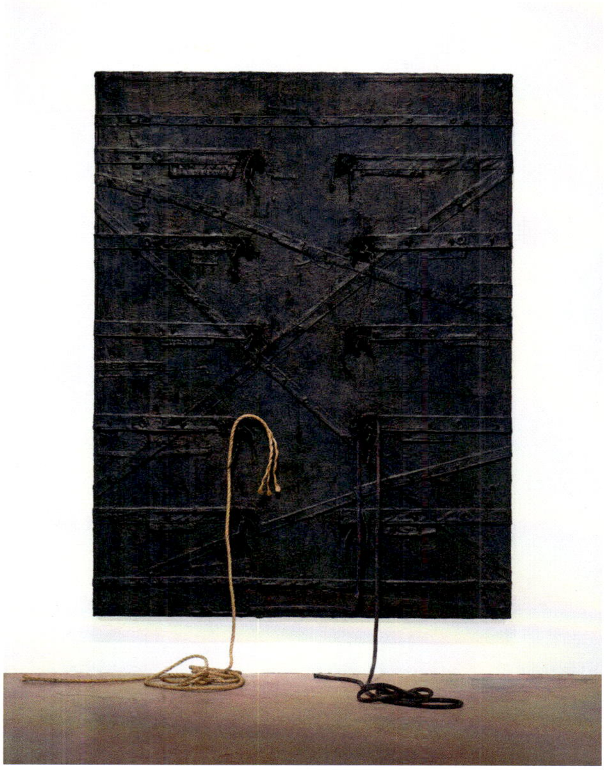

Harmony Hammond, *Rib*, 2013, huile et technique mixte sur toile, 229,36 x 184,15, © Adagp, Paris 2022, photo John Vokoun, courtesy Alexander Gray Associates, New York

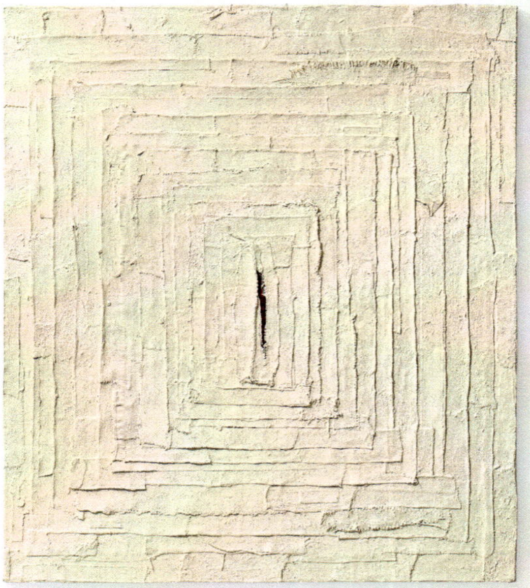

Harmony Hammond, *Bandaged Quilt #1*, 2018-2019, huile et technique mixte sur toile, 183,04 x 163,35 x 10,16, collection particulière, New York, © Adagp, Paris 2022, photo Eric Swanson

toile de jute traditionnelle. Les œillets se trouvaient dans les ourlets des toiles, que j'ai coupés et que j'ai commencé à utiliser comme sangles. Lorsque j'ai été à cours de sangles à œillets, j'ai commencé à en fabriquer moi-même.

Tout comme les sculptures enveloppées, ces peintures sont construites de l'intérieur vers l'extérieur. Elles procèdent par superposition. C'est un processus de va-et-vient – peindre, envelopper, puis peindre, puis envelopper, etc. Une fois encore, la manipulation physique des matériaux active la surface. Il n'y a pas d'esquisse préparatoire, pas de recherche préalable ou quoi que ce soit qu'on puisse considérer comme préliminaire. L'œuvre naît du processus de fabrication.

E. Z. : J'aimerais reprendre cette dernière phrase qui me semble très caractéristique de votre travail, mais aussi de beaucoup de pratiques qui prennent leur essor dans les années 1970. Fabriquer et créer sont liés à ce processus en devenir que vous évoquez. Les matériaux que vous utilisez sont, eux aussi, des matériaux qui se déroulent et s'enroulent, qui donnent visuellement et physiquement la sensation d'une spatialité, liée à une temporalité. Il y a dans cet espace créé la sensation d'être protégé/e, mais aussi, dans le même temps, blessé/e et soigné/e. La toile et le corps sont encore une fois traités comme des formes corrélées, interdépendantes.

H. H. : Pour beaucoup de gens, les sangles suggèrent l'attache, le bandage, le bondage et la contrainte, un corps qui négocie sa liberté de mouvement. J'ai à dessein enroulé les sangles autour de la toile tendue, autour de l'objet peinture en tant que corps. À première vue, les sangles semblent contraignantes, comme si elles faisaient tenir le tableau. Mais si vous regardez de plus près, il devient clair que les sangles ne sont pas si serrées. Elles ne restreignent ni n'étranglent. Les sangles – souvent assemblées –, ou même les lacets ou les punaises utilisés à l'origine pour les mettre en place, ne maintiennent pas le tableau. C'est la peinture, et donc l'acte de peindre, qui tient l'ensemble du tableau.

Cinch VI (2012-2013) est de la taille d'un torse. Les sangles parallèles peuvent évoquer des côtes, mais aussi un corset. Alors que les lacets enfilés dans les trous de l'œillet admettent la possibilité de serrer, de tirer et de comprimer, ils pendent sans être attachés. Cela crée une tension, un potentiel. Nous pourrions tirer les lacets et serrer les sangles, ou peut-être bien les défaire, ce qui rendrait le corps de la peinture plus vulnérable. C'est la même chose dans *Rib* (« Côte », 2013), un tableau beaucoup plus grand, mais dont les extrémités sont simplement attachées. Il n'y a pas de laçage qui zigzague d'avant en arrière entre les sangles en forme de côtes. Au lieu de cela, nous avons une longue corde et un long cordon, qui pendent de manière provocante et suggèrent des actions possibles.

J'aimerais parler du rôle de la couleur en relation avec la lumière, l'ombre et la signification. Les surfaces en relief des peintures de couleur claire, comme *Blanco* (2013), *Buffer* (2011) et *Cinch VI*, captent les reflets et projettent des ombres qui soulignent l'aspect sculptural de la peinture, élargissant ainsi le plan plat de l'image. Les ombres sont

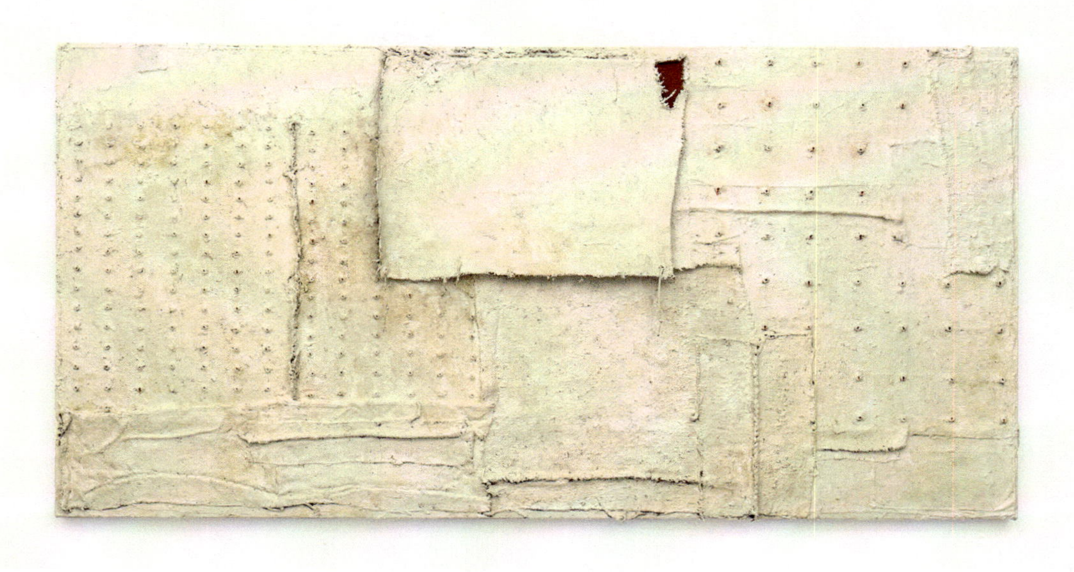

Harmony Hammond, *Chenille #7*, 2018, huile et technique mixte sur toile, 148 x 300,4 x 14, collection particulière, New York, © Adagp, Paris 2022, photo Dan Bradica

aussi importantes que la peinture elle-même. Dans les peintures plus sombres, comme *Rib* ou *Muffle* (2009), vous ne pouvez pas vraiment localiser la couleur et la surface. Malgré l'épaisseur de la peinture, selon l'angle de la lumière et votre position par rapport au tableau, la couleur et la surface changent, elles sont indéterminées, instables, fugitives. J'aime l'association que « fugitif » établit avec « hors-la-loi ». En refusant d'être une chose en particulier, en restant elles-mêmes, les peintures occupent possiblement une sorte d'espace fugitif ou *queer* et, ce faisant, elles se maintiennent en opposition : refus de participer pleinement à la narration admise de la peinture moderniste et en même temps refus d'avoir l'air *queer*, bien que nous puissions dire que les peintures performent de façon *queer*.

E. Z. : À propos d'une *façon queer* de performer, j'aimerais inviter dans la conversation, en plus du volume, la surface. Celle-ci n'est pas lisse, c'est une texture qui renvoie à la peau et à ses aspérités. Dans l'une de vos déclarations, vous dites que toute peinture est en lien avec la peau de la peinture (*the skin of paint*). La peau de la peinture appelle le corps et par conséquent le corps peint. Cette notion, cette idée de la « peau de la peinture », que je trouve vraiment belle, rejoint la notion de surface que vous travaillez ; et *Flap* (« Rabat », 2008-2011) est, il me semble, un très bon exemple du lien avec la peau de la peinture et donc du lien à la surface.

H. H. : Oui, la plupart des peintures sont en effet des peaux de peinture, et la peau de peinture appelle le corps et donc, le « corps peignant ». Celui-ci est à la fois l'objet de la peinture, mais aussi le corps qui réalise la peinture – le, la peintre. Au mieux, je crois que les peintures transmutent le champ pictural en corps, lequel, c'est à espérer, est ensuite ressenti sur le corps du spectateur.

Flap est en effet un bon exemple, car il s'agit là vraiment d'une question de surface. Il y a un rabat au centre tout le long de la toile, formé par deux morceaux de toile cousus ensemble comme une couverture pour tapis d'aïkido. J'aime montrer les coutures, les rabats, les sangles, les lacets et les punaises. Il m'importe beaucoup que les stratégies de connexion soient visibles. Je n'aime pas le sans couture numérique. Si on regarde *Flap* en détail, on comprend la relation entre le monochrome et la matérialité. Ce que je fais, le pas tout à fait monochrome, ce qui devient ou ne devient pas monochrome, la perturbation du monochrome, est un endroit du travail où le contenu entre en jeu. Une peinture peut sembler monochrome de loin, mais de près des couches de couleur sont visibles à travers les craquelures, les crevasses, les fentes à la surface et les trous des œillets. Tout tourne autour de ce qui est caché, de ce qui est révélé, enfoui, poussé par le dessous de la peinture, une surface sous tension. Je ne suis pas d'accord avec les lectures du monochrome à partir de l'absence, du vide ou du blanc, car elles définissent le monochrome par rapport à l'image ou à la signification. Ces lectures ne tiennent pas compte de la matérialité de la peinture elle-même en tant que porteuse de sens. J'essaie d'utiliser la peinture comme un matériau équivalent à tout autre type de matériau, tout en sachant bien sûr qu'elle ne l'est pas, qu'elle a sa propre histoire. Je fais référence à cette histoire et je la repousse.

E. Z. : J'aimerais à présent évoquer la série des *Bandaged Grids* «Grilles bandées»), qui, selon moi, est particulièrement représentative de l'accumulation des différentes couches et strates de peinture. Il y a une insistance sur la visibilité de la texture, il y a une épaisseur, une profondeur.

H. H. : Dans les *Bandaged Grids*, des bandes de toile sont fixées comme des bandages sur une grille irrégulière de trous d'œillets qui percent la surface de la peinture, ce qui a pour effet d'attirer l'attention sur ce qui est caché en dessous. Une fois de plus, comme dans *Flap*, les sous-couches de peinture ont un rôle à jouer car elles s'affirment, elles suggèrent du sang et d'autres fluides corporels qui s'échappent des trous de la peau de la peinture et tachent les bandages. Les orifices suintants et les bandages réfutent la nature de la grille moderniste en interposant dans le formalisme strict un récit désordonné, corporel et même violent. Les bandages impliquent toujours des blessures. Une grille de bandages conteste donc la nature objective de la grille. Une *Bandaged Grid* est une interruption de l'ordre égalitaire utopique, mais elle sous-entend également la possibilité, aussi fragile soit-elle, de tenir ensemble, de guérir.

La série des *Bandaged Quilts* («Quilts bandés») fait suite à celle des *Bandaged Grids*. *Bandaged Quilt #1* (2018-2019) participe de l'héritage masculin de la peinture monochrome minimaliste, mais se réapproprie les compositions abstraites à travers le vernaculaire féminin de traditions artisanales genrées, en l'occurrence le *quilting*. L'œuvre est créée à partir de bandes superposées de toile de jute et de coton appliquées depuis le bord du tableau vers le centre, empruntant un motif irrégulier de quilt *log cabin*[2]. Superposées à plusieurs reprises, peintes en blanc cassé et discrètement tachetées, les bandes de tissu évoquent des bandages. Les quilts ont toujours été fabriqués à partir de différents types de tissus. Ici, nous avons ce qui semble être un patchwork de bandages, mais ceux-ci ne couvrent pas tout à fait toute la surface. Au centre, une fente rouge sang reste visible. Les origines des quilts et du *quilting* sont genrées, et, comme le corps féminin, ceux-ci ont été violés et exploités.

Les *Bandaged Grids* ont également donné naissance à une série que j'ai appelée les *Chenilles*. Le terme «chenille» est généralement utilisé pour décrire des tissus dont les poils épais sont constitués d'extrémités ou de touffes de fil en relief qui dépassent à angle droit d'un support en tissu. Les *tufters*, qui fabriquent les touffes de fil duveteuses, comme les *quilters*, partagent une technique similaire consistant à perforer le tissu par l'arrière, leur histoire reste d'ailleurs sous-estimée. Dans ces tableaux, la référence à la chenille est visuelle. La chenille est *performée* sur la surface de la toile par la peinture et d'autres matériaux, plutôt que par la perforation de l'aiguille et du fil. Des morceaux et des pièces de toile de jute brutes, ainsi que des œillets sont incorporés dans les épaisses couches de peinture. Les œillets en relief recouverts de peinture rappellent les motifs en touffes de chenille et la couleur blanche évoque la texture douce et confortable, et la chaleur toute domestique des couvre-lits en chenille matelassés, c'est pourquoi j'ai appelé cette série les peintures *Chenille*. Cependant les peintures, elles, ne sont pas douces ni confortables. Il y a une brèche, comme si les couches de couleur refusaient d'être enterrées et s'affirmaient par en dessous, poussant

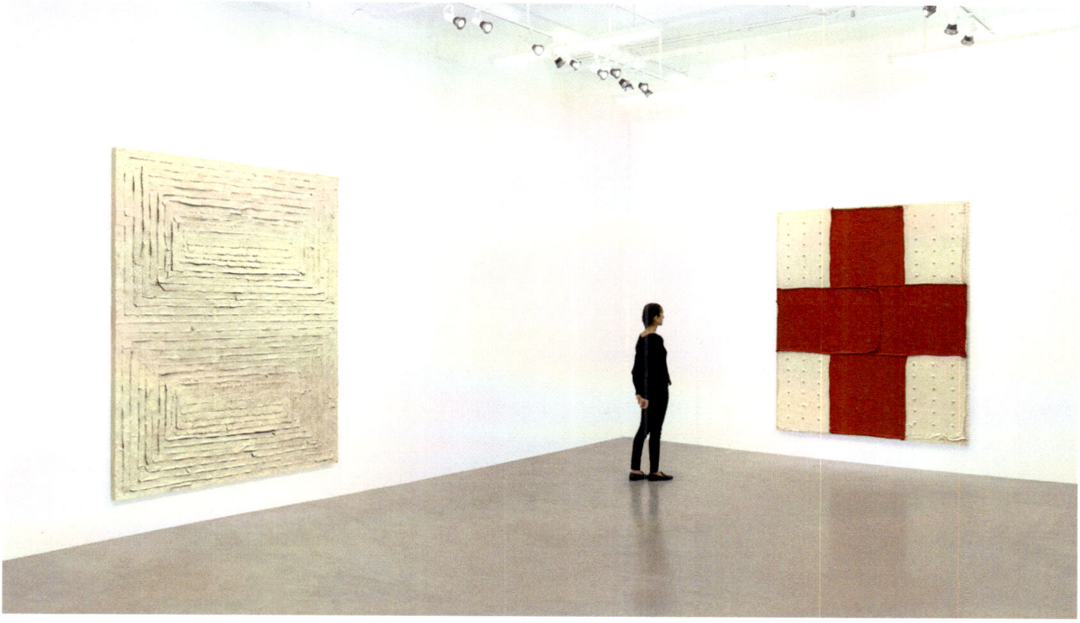

Vue de l'exposition de Harmony Hammond «Crossings», New York, Alexander Gray Associates, 12 nov. 2020-30 janv. 2021, à g.: *Bandaged Quilt #3* (2020), à dr.: *Red Cross* (2019-2020). © Adagp, Paris 2022, photo Dan Bradica, courtesy Alexander Gray Associates, New York

à travers les coutures et les déchirures de la toile de jute, suintant par les trous des œillets ou s'infiltrant dans le blanc cassé, le colorant d'un or brunâtre. La couleur a donc un rôle à jouer ici. Elle insinue une potentielle perturbation dans ce couvre-lit chaud en chenille blanche.

E. Z. : La considération d'un détail du tableau – à laquelle vous invitez – permet une immersion visuelle inédite dans la matière et les textures. L'historien de l'art Daniel Arasse proposait à cet égard une «histoire rapprochée de l'art»[3], car «la fonction du détail est, disait-il, de nous appeler, de faire écart, de faire anomalie[4]». Ceci me ramène au terme *queer*, qui, étymologiquement (*quer* en allemand), signifie «traverse», et contient l'idée de ne pas se déplacer de façon linéaire mais d'emprunter des chemins de traverse. Pourriez-vous revenir ainsi sur *Chenille #7*?

H. H. : *Chenille #7* possède un rabat exagéré. Le rouge foncé ressort par en dessous. Comme si, en soulevant le rabat, on allait retirer une croûte et voir la peau à vif et le sang; ce rouge sang qui s'écoule des trous des œillets si ceux-ci ne sont pas bouchés par la peinture, que j'utilise comme cataplasme cicatrisant. Ce qui m'intéresse, ce sont les ruptures et les sutures.

E. Z. : Vous évoquez les blessures puis la guérison et le rétablissement. Dans l'exposition «Crossings» à la galerie Alexander Gray Associates à New York durant l'hiver 2020-2021, ont été exposées des toiles évoquant la Croix-Rouge, mais on a aussi, sur le plan purement visuel, un entrecroisement entre les œuvres. Un dialogue et un aller-retour se créent entre les œuvres. Ce dialogue est un *croisement*, en écho à la croix visible sur chacune.

H. H. : Oui, c'est ainsi que vous pouviez appréhender l'ensemble des œuvres depuis les escaliers en entrant dans la galerie. L'exposition présentait des peintures de la série *Cross*, des *Bandage Quilts*, une peinture de la série *Chenille* et une *Bandaged Grid*. Le thème de la croix n'était pas le point de départ des toiles de la série *Cross*. Celles-ci sont nées des peintures de la série *Chenille*, auxquelles se sont ajoutés de grands panneaux de toile de jute grossière provenant de sacs à café recyclés, que j'ai placés sur des pans de chenille blanche tachés, comme des bras géants ou des bandages en forme de croix. Au départ, je n'ai même pas pensé à la forme de la croix, mais plutôt au X qui marque un endroit, une intersection, un signe plus, et même un substitut abstrait de la silhouette – les sacs de jute étant d'une dimension adéquate pour que les corps humains puissent les soulever et les porter. Pour la plupart, les sacs sont coupés le long des coutures, afin qu'ils conservent la proportion du corps. Au début, j'ai essayé d'ignorer la forme de la croix qui se dégageait, mais elle a continué de s'affirmer – c'était tellement visible. Après m'être dit «je ne fais pas de croix» (ce qui, avec le recul, n'est pas tout à fait vrai), j'ai trouvé le courage suffisant pour traiter celles-ci comme forme non seulement plate mais aussi signifiante. Il est intéressant de noter qu'en tant que signe, même si elle se rapporte ici dans son échelle à notre musculature et en dépit de la peinture épaisse, la croix reste indéterminée. Elle fait référence à diverses associations culturelles – c'est notamment l'emblème de l'aide médicale et humanitaire –, à l'iconographie religieuse, le martyre, les fléaux et, comme la grille, au canon historique moderniste. J'aime beaucoup ce que vous avez dit, Elvan, à propos du dialogue, du va-et-vient entre les toiles, à travers l'espace de la galerie. Entre la croix noire[5] et la croix rouge[6] se trouvait ainsi exposée la peinture blanche intitulée *Double Bandaged Quilt #3*, dont l'entaille rouge centrale est recouverte d'un bandage.

La signification des peintures de la série *Cross*, commencées au début de l'été 2019, s'est intensifiée au fil du temps, du fait de l'environnement stressant dans lequel nous vivons aujourd'hui. Vous pouvez voir comment les bras de la croix se chevauchent dans une sorte d'étreinte, similaire au mouvement des sangles des *Bandaged Grid*, qui embrassaient le corps peignant, mais vous constatez aussi l'importance des bords en tant qu'espace de négociation, frontière entre le corps peignant et la vie. En définitive, les tableaux de la série *Cross*, avec leurs croix placées sur des étendues blanches tourmentées, parlent d'injustices sociales, d'affirmation BIPOC[7], d'intersections, de sacrifice, d'aide médicale et humanitaire, et peut-être de guérison et de rétablissement.

E. Z. : L'échelle est dans votre travail très étroitement liée à la proportion du corps. Même présentée dans un *white cube*, l'œuvre résonne avec les corps de celles et ceux qui la regardent, l'expérimentent, il y a un échange que je dirai de corps à corps. L'attention au corps en tant qu'il occupe un espace est, il me semble, un fil rouge qui traverse toute votre production depuis les années 1970, depuis les *Floorpieces* jusqu'aux œuvres les plus récentes.

H. H. : La relation entre le travail et mon corps, et donc avec les corps, c'est tout simplement comme cela que je travaille. Ce n'est pas prémédité ou conscient, c'est directement ce que je fais. Lorsque je travaillais sur les *Floorpieces*, je m'asseyais littéralement au milieu et je torsadais ou enroulais en spirale les tresses vers l'extérieur, en les cousant à partir du centre jusqu'au bord sur un support circulaire d'étoffe et sur une longueur d'environ un mètre et demi. Ils sont tous de dimensions différentes, mais correspondent à peu près à la largeur de mes bras, à l'espace qu'occupe mon corps. Ces pièces ont été faites à une époque où je faisais beaucoup d'aïkido. Je m'asseyais au centre d'un *Floorpiece* pour y travailler, puis je faisais une pause et me rendais au cours d'aïkido, où nous roulions et nous déplacions en cercle, puis je revenais et me remettais aux *Floorpieces*. Tout cela faisait partie du travail.

E. Z. : Vous évoquiez la question du croisement comme intersection. Pourrait-elle aussi appeler l'intersectionalité dans sa définition contemporaine?

H. H. : Concernant l'intersection et l'intersectionnalité, c'est très clair pour moi : tout art, y compris le mien, participe à de multiples narrations. Il y a donc de nombreuses intersections et de nombreux points d'entrée. C'est ce qui permet à l'art de rester vivant et pertinent.

Traduit de l'anglais par Marie-Mathilde Bortolotti

Notes

1. *Floorpieces*, 1973, tissu et peinture acrylique, diamètres variables.
2. Agencement de blocs de tissus rectangulaires en forme de «cabane de rondins», du centre vers les bords [N.d.R.].
3. Daniel Arasse, *Le Détail. Pour une histoire rapprochée de l'art*, Paris, Flammarion, 1992.
4. *Id.*, *Histoires de peintures*, Paris, Gallimard, 2006, p. 290-291.
5. *Black Cross*, 2019-2020, huile et technique mixte sur toile, 267 x 200 x 11,4 cm.
6. *Red Cross*, 2019-2020, huile et technique mixte sur toile, 235,6 x 194,3 x 10,8 cm (ill. p. 141).
7. BIPOC : initiales de Black, Indigenous, and People Of Color [N.d.R.].

Harmony Hammond est une figure clé du mouvement artistique féministe à New York. Elle a cofondé la galerie A.I.R. en 1972 et la revue *Heresies. A Feminist Publication of Art and Politics* en 1977. Son œuvre a été exposée dans le monde entier et est représentée par Alexander Gray Associates à New York. En 2019, une rétrospective a été organisée à l'Aldrich Contemporary Art Museum, qui a voyagé au Sarasota Museum of Art en Floride en 2020. Ses œuvres figurent notamment dans les collections permanentes de l'Art Institute of Chicago, du Brooklyn Museum, du Metropolitan Museum of Art, du Minneapolis Institute of Arts, du Museum of Modern Art de New York, du National Museum of Women in the Arts, du New Mexico Museum of Art, du Phoenix Art Museum, du Wadsworth Atheneum, du Walker Art Center et du Whitney Museum of American Art. Ses archives font partie de la collection permanente du Getty Research Institute à Los Angeles. Son livre *Wrappings. Essays on Feminism, Art, and the Martial Arts*, publié en 1984, est fondamental sur l'art féministe des années 1970. Elle est également l'autrice de *Lesbian Art in America. A Contemporary History*, ouvrage majeur sur le sujet publié par Rizzoli en 2000, qui a reçu un Lambda Literary Award. En 2013, elle s'est vu décerner le Distinguished Feminist Award de la College Art Association, ainsi que le Women's Caucus for Art Lifetime Achievement Award de la College Art Association et le Anonymous Was A Woman Award en 2014.

Elvan Zabunyan est historienne de l'art contemporain, professeur à l'université Rennes 2 et critique d'art. Ses travaux croisent les problématiques raciales, postcoloniales et féministes ainsi que l'histoire politique et culturelle des États-Unis en lien avec l'engagement artistique depuis les années 1960. Ses recherches actuelles portent sur la mémoire de l'esclavage comme outil politique dans l'art contemporain et feront l'objet d'un livre. Elle a publié *Black is a color. Une histoire de l'art africain-américain* (Dis Voir, 2004; version anglaise 2005), *Theresa Hak Kyung Cha – Berkeley – 1968* (Les presses du réel, 2013, à paraître en anglais). Elle est l'autrice de nombreux articles et essais parus dans des monographies, des recueils collectifs, des catalogues d'exposition et des périodiques. Elle a codirigé *Constellations subjectives. Pour une histoire féministe de l'art* (Ixe, 2020) et *Decolonizing Colonial Heritage. New Agendas, Actors, and Practices in and beyond Europe* (Routledge, 2021). Elle est membre du comité éditorial de la revue *Esclavages et Post-esclavages* (CIRESC/CNRS), pour laquelle elle a codirigé en mai 2020 le dossier «Pratiquer l'histoire par les arts contemporains» et publié un entretien avec Jay Ramier en mai 2021.

Les Cahiers du Musée national d'art moderne

Essais inédits d'auteurs confirmés, travaux de jeunes chercheurs, textes d'importance historique jusque-là inaccessibles : tous les trois mois *Les Cahiers du Musée national d'art moderne* donnent à lire en français le meilleur de ce qui s'élabore dans le domaine de l'histoire et de la théorie de l'art moderne et contemporain.

Retrouvez une large sélection d'anciens numéros de la revue sur notre boutique en ligne à cette adresse : boutique.centrepompidou.fr A large choice of issues is available on our online shop: boutique.centrepompidou.fr

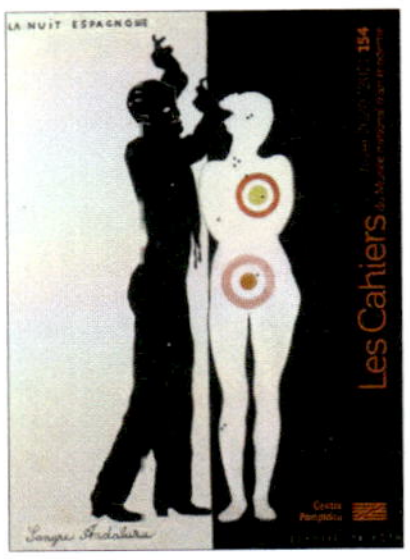

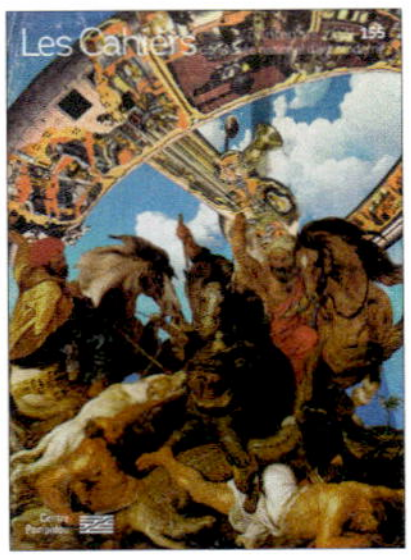

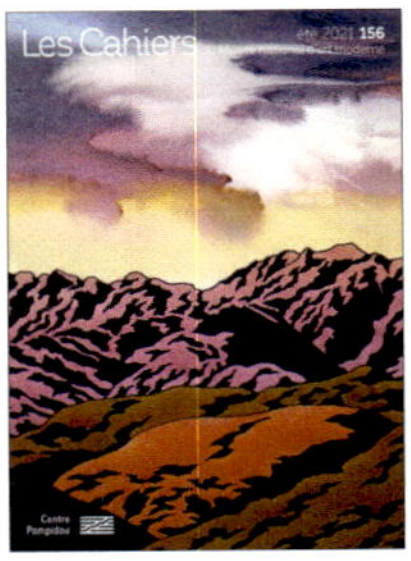

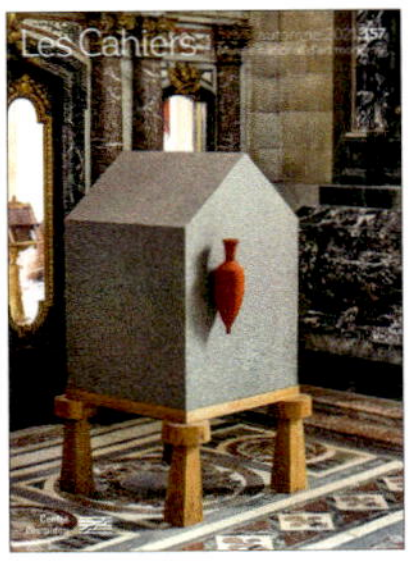

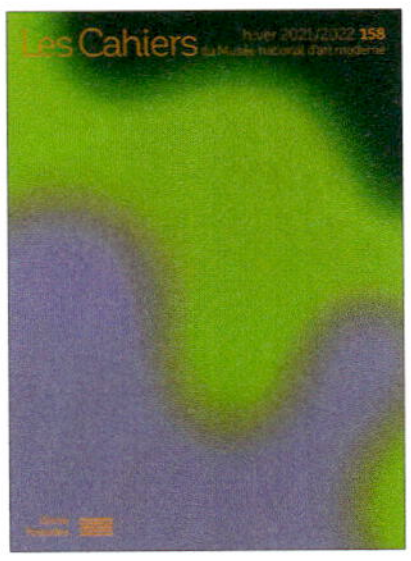

Bulletin d'abonnement / Subscription form

☐ Abonnement annuel. Votre abonnement prendra effet à réception de votre paiement et débutera à partir du numéro choisi : / The annual subscription will apply since reception of your payment and will start from the issue chosen:

1er numéro / 1st number: ☐ 160 (prochain numéro à paraître / upcoming issue to be published) ☐ 158 ☐ 157 ☐ 156

Tarifs / Rates

☐ Normal / Regular: 90 € (TTC) ☐ Étranger / Foreigner: 100 €

Si vous êtes : Adhérents Centre Pompidou / Members Centre Pompidou — Étudiants / Students — Collectivités / Collectivities

Bénéficiez de nos tarifs préférentiels / Benefit from preferential rates:

☐ Réduit / Reduced: 85 € (TTC) ☐ Étranger réduit / Foreigner reduced: 90 €

Option abonnement hors-série 2021 / Optional subscription special issue 2021: ☐ France : 22 € (TTC)

☐ Étranger / Foreigner: 25 €

Règlement par / Payment by:

☐ Chèque bancaire / bank check ☐ Virement par mandat / order to transfer (RIB) 10071 75000 00001005175 75

Bulletin d'abonnement à retourner à Les Cahiers du Musée, chez SARL DSI, 2 rue Yves Brombach, 31300 Toulouse, accompagné des références de votre règlement (numéro de chèque ou libellé du virement). Votre chèque doit être adressé à l'ordre de M. l'Agent comptable du CNAC Georges Pompidou et envoyé à : Centre Pompidou, Service Comptabilité, 75191 Paris Cedex 04.

Please address your order to Les Cahiers du Musée, at SARL DSI, 2 rue Yves Brombach, 31300 Toulouse, France, with your reference of payment. Please address your payment to M. l'Agent comptable du Centre Pompidou, and send it to: Centre Pompidou, Service Comptabilité, 75191 Paris Cedex 04 – France.

Renseignements / information: Tél.: +33 (0) 1 56 32 63 63 Courriel / e-mail: lescahiersdumusee@dsi-ap.com

Conformément à la loi « Informatique et Libertés » et au règlement européen n° 2016/679, vous disposez d'un droit d'accès, de modification, de rectification, de suppression et d'opposition ainsi qu'un droit à la portabilité des informations vous concernant que vous pouvez exercer en envoyant un e-mail à dpo@centrepompidou.fr ou un courrier à Direction des Editions, Centre Pompidou, 4 rue Brantôme, 75191 Paris Cedex 04.

Nom / Name ....

Adresse / Address ....

Courriel / e-mail ....

Ville / Town ....

Pays / Country ....

Date ....

Signature